La vida que quiero

La vida que quiero

Una hoja de ruta hacia tu felicidad

Laura Ribas

conecta

Papel certificado por el Forest Stewardship Council®

MIXTO
Papel procedente de
fuentes responsables
FSC® C117695

Penguin
Random House
Grupo Editorial

Primera edición: abril de 2022
Primera reimpresión: abril de 2022

© 2022, Laura Ribas
© 2022, Penguin Random House Grupo Editorial, S. A. U.
Travessera de Gràcia, 47-49. 08021 Barcelona
Diseño de maqueta: Marta Soldevila

Printed in Spain — Impreso en España

ISBN: 978-84-17.992-45-3
Depósito legal: B-3.039-2022

Compuesto en M. I. Maquetación, S. L.

Impreso en Black Print CPI Ibérica
Sant Andreu de la Barca (Barcelona)

CN 9 2 4 5 3

Para Elsa y Arnau,
quienes me esperaban en mi mejor destino

ÍNDICE

3 La acción

4 La espera

5 La arribada

Prólogo

Laura Ribas es inclasificable. No es para nada una influencer (a pesar de que influye en mucha gente), ni una instagramer que retransmite su vida en las redes (a pesar de los muchos seguidores que tiene en Instagram y redes sociales). Su vida no es en absoluto glamurosa, no toma zumos verdes nada más despertarse. Laura es como nosotros, una mujer normal (si es que existen las personas normales). Nos identificamos con ella, empatizamos con ella porque reconocemos en nosotros sus defectos (si es que los defectos existen). Sus inseguridades y miedos son primos hermanos de los nuestros. Y sus logros —que los hay, y muchos— son fruto del talento y, sobre todo, del trabajo. Uno de sus mantras es un lugar común que no por ser un refrán deja de ser recomendable: «A Dios rogando y con el mazo dando».

Descubrí a Laura Ribas a través de sus vídeos (como tanta gente) hace bastantes años, antes de que se convirtiese en un fenómeno en internet. Parte de mi trabajo, como director y presentador del programa *L'ofici de viure* (El oficio de vivir) en Catalunya Ràdio y TV3, consiste en buscar especialistas del ámbito de la psicología y la espiritualidad que no solo sepan de qué hablan, sino que sepan hablar de lo que saben. El vídeo gracias al que descubrí a Laura fue el del velero (lo cita unas cuantas veces en este libro): un velero francés, antiguo, de los años treinta del siglo pasado. El vídeo me llamó la atención y me gustó. Hoy sé que no es del agrado de Laura, y así lo dice en este libro: «Seguro que me arrepentiré de escribir esto y de darte ideas, pero ahí va. A mis clientes que están considerando incluir vídeos en su marketing, a menudo les invito a que vayan a mi canal de YouTube y vean mis primeros vídeos, para que se les quite el miedo y la vergüenza. Son tan penosos, salgo tan forzada y están tan mal hechos que, por suerte, les ayuda a pasar a la acción, ya que inevitablemente piensan que, si Laura se atrevió a subir semejante porquería, ellos pueden hacerlo ¡incluso mejor!».

Este fragmento es un ejemplo, a mi modo de ver, de uno de los puntos fuertes de Laura: su autenticidad. Ella siempre se nos muestra sin trampa ni cartón. Con sus contradicciones. Fue esta autenticidad lo primero que me llamó la atención de sus vídeos (que no consideré, ni mucho menos, penosos). Descubrí a una buena comunicadora que tenía muchas cosas por transmitir —en principio, sobre marketing online— y que lo hacía de forma espontánea, sin guion aparente, una espontaneidad que es probable que no hubiese logrado en un plató televisivo, bajo los focos. Internet y las redes sociales permiten que muchas personas anónimas se muestren como son. Pero cuando logran notoriedad empiezan a comportarse como los famosos de toda la vida. Se creen importantes. Se identifican con su imagen. No son conscientes de que tarde o temprano esa identificación les hará sufrir.

El libro que tienes en las manos es ameno y fácil de leer, pero no es una obra de autoayuda facilona. Las pautas que nos ofrece están llenas no solo de rigor, sino de claroscuros y matices. Y en el matiz se encuentra la verdad.

El camino que nos invita a seguir incluye aspectos como la compasión hacia uno mismo y los demás: he leído muy pocos libros de estas características en los que este sentimiento desempeñe un papel importante.

En *La vida que quiero* hay retos, objetivos, planes de acción, pero al mismo tiempo ofrece una visión de la realidad profunda, o la realidad más real. Jiddu Krishnamurti, uno de los grandes referentes espirituales del siglo pasado, dijo: «No es sano estar adaptados a una sociedad profundamente enferma». Muchos males de nuestra sociedad, por no decir todos, provienen de nuestra desconexión de la realidad más profunda, de nuestro ser esencial, como lo denomina Laura. No somos lo que nos han dicho que somos. O no somos solo eso (nuestro nombre, nuestros apellidos, nuestro país de nacimiento, nuestra profesión...). Hay algo más. Y sin tener en cuenta ese algo más (que es lo más importante) es imposible lograr la vida que deseamos. Celebro que Laura se ocupe de ello en este libro y lo lleve —marca de la casa— a un terreno práctico y fácil de entender.

Celebro, en suma, que haya escrito un libro necesario. Celebro que nos abra horizontes, que no se quede en la superficie, y nos informe de sus aciertos y errores. Me admira que un buen día fuese capaz de ir más allá de un ámbito en el que ya estaba consolidada —el marketing online— para introducir un enfoque humanista en su trabajo de divulgación y acompañamiento, y hablar de mentalidad y crecimiento personal y espiritual, aun sabiendo que se cerraba puertas. Estaba siendo coherente con su ser esencial.

Laura ya logró la vida que quería. Aquí nos cuenta cómo lo hizo posible, los pasos que siguió, y nos abre la mirada al autoconocimiento y nos invita a dar nuestros propios pasos con ejercicios medibles y sencillos. ¿Qué más podemos pedirle? Bueno, ya puestos le pido que cuando logre la nueva vida que quiere —la casa rodeada de bosque, con piscina y una larga mesa bajo la pérgola donde celebrar cenas con amigos y familia— nos lo cuente en otro libro. La imitaremos con mucho gusto.

GASPAR HERNÀNDEZ,
escritor y periodista

Introducción

Realizarse en la vida es como navegar. Lo sé porque pasé ocho meses viviendo en un velero, navegando por las islas griegas. ¡Espera! No cierres aún el libro, por favor. Sé que ahora mismo puedo parecerte esnob y pedante, pero deja que te cuente un poco más, te prometo que no te lo digo para fardar. De hecho, no viví en un barco por placer, sino ~~por tonta, digo, por amor,~~ bueno, digamos que por trabajo, y recuerdo aquellos meses como una absoluta agonía en los que me sentí completamente atrapada.

Te hablaré sobre mi aventura náutica más adelante, pero ahora nos interesa lo que tienes entre tus manos. Así que siéntate un momento y deja que te cuente.

Fíjate, ¿ves? Lo que en realidad sujetas es un mapa. Un mapa hacia ti mismo que traza la ruta hacia tu mejor destino. No es un mapa para complacer a los demás, para cumplir las expectativas que la gente ha depositado en ti ni para que hagas lo que se espera de ti a estas alturas de la vida. Tampoco es un mapa para hacerte rico (aunque también te puede servir, si eso es lo que quieres en el fondo de tu alma).

El libro que tienes en tus manos es un mapa para crear la vida que realmente TÚ quieres, no importa cómo sea, grandiosa o modesta y anónima, llena de grandes gestas y proezas o tranquila y predecible. Lo que importa aquí es asegurarte de que tus anhelos y tus objetivos nacen realmente de ti y que caminas en la dirección correcta, sin desviarte.

Verás, en la vida está claro que siempre se llega a algún lugar, pero, puestos a alcanzar un destino, ¿no sería mejor que fuera el que tú eligieras para ti? ¿No preferirías que ese destino fuera el que más feliz te hiciera?

Quizá pienses que eso no lo decide uno, que la vida es dura, que todo eso suena muy bonito pero que la realidad es muy distinta. Y aunque estoy de acuerdo contigo en que la vida puede ser complicada y que existen dificultades, problemas y tragedias, también creo que, con el equipamiento adecuado y la actitud correcta, la vida puede llegar a ser lo que en el fondo siempre habías soñado, e incluso superar tus expectativas.

Y es que este es el gran secreto: la escurridiza felicidad que tanto anhelamos se consigue a través de la realización, es decir, haciendo realidad y alcanzando nuestros sueños y objetivos, que, al lograrlos, nos acercan un poco más a la vida que queremos.

Este libro es, pues, un mapa práctico hacia tu realización tanto personal como profesional. El mapa está un poco arrugado porque llevo una década usándolo, pero te lo cuenta todo, fase por fase. Acércate, que lo verás mejor.

Mira, zarpamos con la fase de La Ruptura. El inicio de tu realización es un poco turbulento, y en un primer momento podría parecer todo lo contrario de la materialización de la vida que quieres. Es una fase en la que tu realidad y tu identidad se derrumban. El cambio se activa ya sea porque lo buscas o porque se impone, y podríamos definirlo como una llamada a la acción de tu ser esencial. ¿Ah, que no lo conoces? Bueno, no te preocupes porque acabaréis siendo grandes compañeros de viaje, idealmente para el resto de tu vida.

La segunda etapa del camino es la de La Ideación y en ella te asegurarás de que, esta vez sí, perfilas al detalle la vida que más feliz te hará, siendo fiel a ti mismo. No solo saldrás de esta fase creyendo que lo que quieres es posible, sino que también sentirás que eres capaz y que mereces lo que quieres. Jamás habrás tenido tan claro cuáles son las coordenadas exactas de tu mejor destino.

La tercera fase es muy divertida, más que nada porque, si bien hasta ese momento todo el trabajo que has hecho ha sido interior, empezarás a actuar en el mundo exterior. Claro, eso hará que se activen todos tus miedos y bloqueos. Por suerte, te ayudaré a navegar con éxito por esta etapa y a superar estos frenos gracias a las herramientas que compartiré contigo. Lo mejor de todo es que en esta misma fase te enseñaré a crear tu plan de acción, que se convertirá en tu hoja de ruta. A pesar de la incertidumbre, te sentirás seguro.

La cuarta y última etapa del viaje es, desde mi punto de vista, la más interesante. En ella comparto aquellos elementos y cualidades que necesitas fortalecer en ti para ser capaz de perseverar hasta conseguir lo que quieres. De ella saldrás lleno de esperanza y motivación, y sentirás que puedes esperar con paciencia porque tendrás la certeza de que lo que quieres está en camino.

Aquí lo tienes. El proceso de realización que te lleva a la vida que quieres abarca estas cuatro fases y no hay forma de saltárselas. No puedes pasar de la ruptura a la espera ahorrándote la ideación y la acción, aunque gracias a este libro sí podrás acelerar el proceso y hacer que tu viaje sea más corto y requiera menos recursos.

Te decía al principio que la vida es como navegar y procuraré explicarme mejor con algunos ejemplos. Puedes despertarte un día queriendo ir a determinada isla, pero darte cuenta al instante de que los vientos no son favorables y de que tu barco no tiene capacidad para enfrentarse a semejante fuerza. Otras veces, en plena travesía, el motor se estropea y sabes que no podrás entrar solo a vela en la bahía a la que te diriges, así que te toca desviarte de la ruta, navegar hacia otra isla y comerte siete horas más de navegación. En algunas ocasiones toca retroceder porque algo no funciona bien, y aunque es frustrante perder uno o dos días, en el fondo sabes que es la decisión más prudente. A veces los vientos son maravillosamente generosos y el barco navega con fluidez, como si estuvieras montado en un dragón. Otras, el viento desaparece durante días y crees que te vas a volver loco. Nada ocurre, todo se para, el aire es asfixiante, y el calor, abrasador. Te pondrías a remar con las manos, pero te agotarías y no serviría de nada; solo puedes esperar. Quizá estás en una época del año en la que los vientos del norte son tan fuertes que, si quieres volver a puerto desde el sur, solo puedes navegar unas pocas horas al alba y con las velas muy reducidas, ya que a partir del mediodía la fuerza del aire podría romper el barco. El esfuerzo es extenuante, pero es la única forma de regresar. En ocasiones, un temporal te desvía y terminas en una isla que nunca habías planeado visitar, pero al llegar a ella descubres, sorprendido, que es bella y mucho más interesante que tu destino original.

La cosa no queda aquí. Cuando navegas a vela, incluso bajo las mejores condiciones climatológicas, tienes que estar corrigiendo el rumbo constantemente, porque la corriente y el viento te hacen retroceder, pues el agua no es un elemento fijo, y te empujan hacia atrás. Además, según la dirección del viento, hay ocasiones en las que solo puedes avanzar haciendo grandes zigzags, con lo que tardas un montón en llegar y te exasperas.

Aunque lo más sorprendente de todo es que... ¡siempre acabamos llegando! A veces, milagrosamente vivos.

La vida funciona igual. Navegar es la mejor metáfora del proceso de realización de nuestros sueños y objetivos, y me gusta especialmente porque no niega las dificultades ni las adversidades.

El deseo de una vida mejor es el destino que marcas en el mapa, las coordenadas hacia las que apuntas. Las corrientes, las tempestades y los vientos en contra son los problemas y los retos de la vida que surgen inevitablemente y con los que vamos encontrándonos. El timón es tu voluntad; la brújula, la voz de tu ser esencial, y las técnicas de navegación, tus recursos internos y externos para sortear los problemas hasta llegar al puerto elegido.

Con este libro te ayudaré a identificar en el mapa el destino que más feliz te hará, a saber escuchar las indicaciones de tu ser esencial, a permanecer firme en el timón y a usar las mejores técnicas para navegar pese a las tormentas y los vientos en contra, hasta llegar a la vida que quieres.

Aprendí todo esto por la vía dura, tras estrellarme profesionalmente y después de alguna que otra crisis personal. El punto de inflexión que cambió el curso de mi vida y con el que dije basta fue el cierre de un negocio con apenas treinta años y un préstamo pendiente de devolver que ascendía a treinta mil euros. ¿Cómo podía haberlo hecho tan mal? ¿Cómo había llegado a semejante situación? ¿Por qué no encontraba una profesión y un negocio que realmente me llenaran? ¿Por qué estaba tan cabreada con la vida? Por si fuera poco, al cabo de un año y medio, la relación en la que estaba y por la cual me había mudado a otro país se terminó. Era como si la vida me estuviera dando justo lo contrario de lo que le pedía. ¿Es que no me escuchaba?

Esa época fue el detonante, lo que activó mi necesidad de entender cómo y por qué mi vida era tan NO lo que quería. ¿Qué había hecho yo para contribuir a ese desastre? ¿Cuáles eran las creencias y pensamientos que me habían llevado a la ruina económica y emocional?

Pero las circunstancias no permitieron que me rindiera. Empecé una nueva empresa (soy una persona incontratable) con la que alcancé un éxito en los negocios que jamás hubiera podido imaginar y en la búsqueda de mi propia felicidad inicié un proceso de autoconocimiento que me llevó, en los siguientes diez años, a realizar formaciones sobre el ciclo del cambio, a leer libros sobre el tema sin cesar y, finalmente, a seguir el curso de certificación de *coaching* de la prestigiosa socióloga Martha Beck, doctorada en Harvard.

Toda mi experiencia profesional y personal culminó en los siguientes años con la creación de mi método de Marketing Transformacional® en el que baso mi programa empresarial ALQUIMIA®, con el que ayudo a pequeños empresarios a hacer crecer sus negocios con conciencia y a crear la empresa de sus sueños que les permita tener la vida que quieren.

Podríamos decir que he unido mis dos pasiones, la estrategia y el autoconocimiento, para crear un enfoque de los negocios humanista, en el que no entiendo a la persona y la empresa como dos agentes separados, sino más bien como las dos caras de una misma moneda que hay que trabajar a la vez.

Si para ti tu realización profesional, tanto si trabajas por cuenta ajena como por cuenta propia, es tan importante y necesaria para tu felicidad como lo es para mí, si no quieres elegir entre satisfacción personal y realización profesional, si rechazas ideas como la de que quien tiene éxito con el dinero es desafortunado en el amor, si no acabas de entender por qué no puedes tenerlo todo, este libro para ti.

Mi intención es, pues, ayudarte a crear tu mejor vida en todos los aspectos, tanto personal como profesional, trabajes por cuenta propia o por cuenta ajena. La vida que quizá incluso no te permites desear porque crees que es imposible, que no eres capaz de alcanzarla o que no la mereces. Una vida en la que tu trabajo no solo te llene, sino que sea compatible con tu felicidad personal e, incluso, la posibilite.

Aspiro también a darte claridad y a ayudarte a ver en qué punto del proceso de realización de tus sueños te encuentras, para motivarte a continuar y a seguir perseverando. En última instancia, me gustaría que al terminar este libro te sintieras inspirado y listo para reclamar tus sueños hasta hacerlos realidad.

No te puedo prometer que sea un viaje fácil, pero sí que la travesía estará llena de posibilidades. ¡Sube a bordo, zarpamos ya!

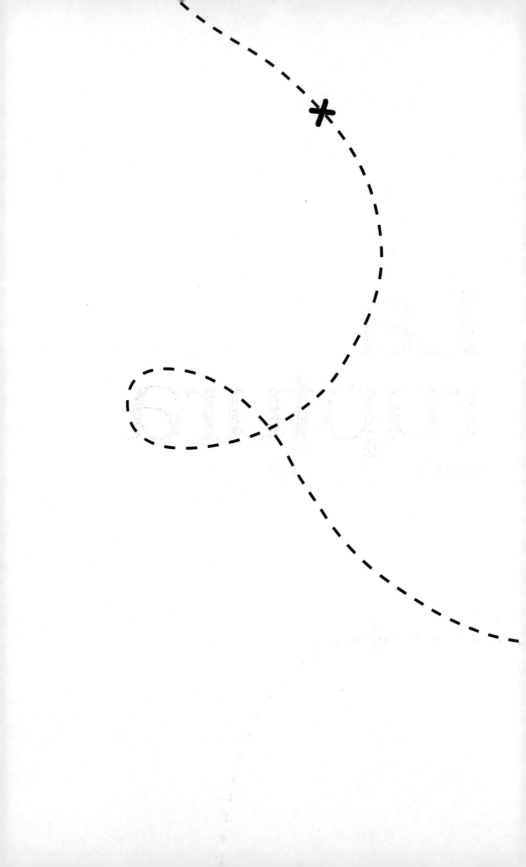

La ruptura

FASE 1

El viaje empieza con turbulencias, pero quiero que sepas que, aunque inevitables, son pasajeras y que una vez las nubes se despejen saldrá un sol tan radiante y verás las cosas tan claras que llegarás incluso a apreciar las dificultades y los retos de esta etapa. Quiero pues que confíes, no solo en mí, sino en ti y en la vida, porque lo que te espera al otro lado superará todas tus expectativas.

Verás, la vida que quieres no puede darse si no te desprendes de lo que no funciona. Por eso el viaje hacia tu destino empieza, necesariamente, con una despedida, y toda despedida implica una ruptura con lo anterior. A veces esta ruptura es voluntaria; otras, se impone.

Tu camino hacia la vida que quieres arranca porque algo en tu vida no te satisface, no funciona o se rompe. Quizá lo que activó tu deseo de cambiar tu vida fue un problema concreto, lo que hizo que tu travesía fuera una decisión voluntaria; quizá tu viaje empezó en el momento en que te ofrecieron un traslado o supiste que esperabas, por fin, un hijo, es decir, aceptaste lo que la vida te daba; o a lo mejor el cambio se impuso en tu vida cuando y como no lo querías porque te despidieron, te dejaron o enfermaste.

Sea cual fuere la forma en que se inició tu cambio, lo buscaras o lo rechazaras, lo eligieras o se te impusiera, empieza con una fractura con lo anterior, una desintegración de lo que venía siendo tu vida y de lo que conocías.

Los motivos por los que comienzas tu viaje o por los que tu vida se pone patas arriba son los desencadenantes de tu cambio, la tormenta. En el mejor de los casos, estás preparado, achicas velas y la superas. Pero en el peor, naufragas y vas a la deriva. ¿Cómo sobrevivir a ella? Tomando el timón, dándote cuenta de que solo tú podrás sacarte de esa situación y llevarte no solo a puerto seguro, sino al destino que tú elijas, y no a la isla a la que te arrastren las corrientes. Solo cuando tomas las riendas de tu vida y eres consciente de tu responsabilidad y tu capacidad de acción, empiezas a corregir el rumbo. Pero ¿hacia dónde esta vez? ¿Vas a repetir los mismos fallos? ¡Claro que no! De este naufragio no solo vas a salir vivo, sino también sabio y feliz. Y es que hay una parte en ti que tiene la respuesta y conoce las coordenadas que hay que introducir en tu GPS. Lo llamo tu ser esencial, y el pobre lleva toda la vida diciéndote cuál es la mejor ruta hacia la vida que más feliz te hará. Una vez reconectes con él y vuelvas a escuchar alto y claro sus señales estarás apuntando en tu mapa hacia dónde navegarás, pero esta vez nada te va a parar.

Lo que acabo de contarte son las tres etapas de las que consta esta fase y que debes atravesar para avanzar en tu camino:

- Los desencadenantes.
- La toma de responsabilidad.
- La reconexión con tu ser esencial.

En los próximos capítulos voy a ayudarte a identificar y a dotar de sentido a lo que activó tu cambio, a darte recursos y herramientas para tomar de nuevo y con fuerza el control de tu timón, y a acceder a esa parte de ti que conoce las coordenadas, para corregir el rumbo y, esta vez sí, dirigirte hacia la vida que quieres.

- 1 -

Los desencadenantes

Olga no entendía por qué a esas alturas de la vida volvía a encontrarse en la misma situación: un jefe abusivo, misógino y manipulador que le hacía *mobbing*. Estaba viviendo una auténtica pesadilla.

Por otro lado, lo que Olga no contaba a todo el mundo era que tenía un proyecto, un pequeño negocio incipiente que consistía en una consultoría de marketing digital en la que trabajaba con algún cliente de vez en cuando, todo lo que podía con el tiempo que le quedaba entre su empleo y el cuidado de su bebé.

Su jefe no pagaba los sueldos cuando tocaba, faltaba dinero en las nóminas y estaba en contra del trabajo en remoto. Respondía a la asertividad de Olga con represalias, manipulando la agenda, quitándole funciones y recursos, haciéndole luz de gas y buscando formas de dejarla en evidencia para poder alegar errores graves que justificaran un despido claramente improcedente y ahorrarse así la indemnización.

La situación se volvió tan hostil que ir al trabajo era para Olga una continua agresión a su salud mental y emocional que la llevó a un estado de ansiedad permanente. Su confianza en sí misma desapareció y empezó a experimentar ataques de pánico. Cuando por fin habló del tema en el centro médico, la psicóloga no dudó ni un minuto en darle la baja.

Olga se encontraba inmersa en una crisis de manual. Su puesto de trabajo era una auténtica zona de guerra, su autoestima pendía de un hilo y se sentía completamente perdida, no entendía el sentido de la situación ni por qué volvía a encontrarse en semejante escenario, puesto que su anterior empleo tenía paralelismos con este (jefe sociópata y paranoico, prácticas abusivas de control de sus empleados, etc.).

Por otro lado, Olga disfrutaba de los proyectos y de los clientes de su pequeño negocio. Con ellos le pasaba el tiempo volando y sus clientes respondían reconociendo su talento y agradeciendo su trabajo, lo cual era un claro indicador de que su negocio estaba alineado con su ser esencial y su talento.

Conozco a Olga desde hace los suficientes años para saber que su deseo de tener un negocio propio había estado dándole vueltas por la cabeza desde hacía mucho tiempo, aunque ella no fuera consciente de ello.

La vida le mandó una crisis para que se tomara en serio su negocio. De hecho, la vida le seguiría mandando empleos tóxicos y jefes paranoicos tantas veces como fuera necesario hasta que Olga hiciera el favor de enfocarse en su sueño. Porque eso era lo que en realidad quería: un negocio alineado con su talento y el estilo de vida que anhelaba. Así que la vida le respondió concediéndole su deseo, solo que tuvo que ponerse intensa porque Olga no supo escuchar las señales más sutiles.

La vida, inevitablemente, ocurre, pero con lo que voy a contarte a continuación, los acontecimientos que te sucedan y las circunstancias en las que estés cobrarán un nuevo sentido. Y es que entender por qué y para qué te pasan las cosas te ayuda a no dejarte llevar por el pánico, a confiar en el proceso y a seguir caminando. Quizá aún no sepas hacia dónde, pero te aseguro que en unos capítulos esto dejará de ser una incógnita para ti.

Verás, existen tres formas en las que se inicia tu viaje, te pasan las cosas o se desencadena el cambio en tu vida.

La primera es la crisis. Esta forma de empezar tu transición es la más intensa y disruptiva. Sucede sobre todo cuando tu evolución ya no puede esperar más y, básicamente, es tu cambio imponiéndose. En una crisis algo muere, se desintegra. Puede ser tu identidad (era una persona felizmente casada y ahora me pide el divorcio. Era un empresario admirado pero mi negocio ha quebrado) o puede ser un aspecto de tu vida.

La crisis puede tener forma de despido, de ruptura, de enfermedad, de accidente, de embarazo no previsto, de pandemia, de cierre de un negocio, etc. En cualquier caso, sea cual sea la forma con la que arranca, la crisis se da por acontecimientos externos, es decir, no por decisión propia. No se trata de algo que tú eliges, sino de algo que te sucede.

La respuesta más frecuente ante la crisis es la resistencia, la negación o el victimismo. Sin embargo, es importante que, una vez superado el aturdimiento producido por la bofetada de la vida y procesado el duelo por lo que has perdido, te incorpores y pongas atención en la oportunidad que se está abriendo ante ti.

A la vida yo le pedía dos cosas y pensaba que había sido suficientemente clara: un negocio próspero y una familia. Sin embargo, a los treinta años, la vida me mandó justo lo contrario. Cerré mi negocio y, al poco, la relación con quien creía que sería el padre de mis hijos se terminó. Entré de cabeza en una crisis monumental. Mi identidad se vio seriamente afectada, ya no era la dueña de aquel negocio ni la novia de aquella persona. La vida que tenía había desaparecido. Naufragué.

Con el tiempo me di cuenta de que la vida sí me dio lo que le pedía. Me mandó el cierre de un negocio porque el que tenía no era compatible con el estilo de vida que yo quería y me mandó una ruptura sentimental porque no podía ser feliz con aquella persona. La vuelta que me hizo dar la vida fue enorme y, la verdad, hubiera preferido que el cambio hubiera sido más suave, pero como ignoré los avisos, la vida me mandó una crisis bestial para que hiciera el favor de ocuparme, de una vez por todas, de lo que tenía que hacer.

La lectura que yo hago de las crisis es que estas suceden para crear el espacio necesario para que lo que quieres pueda aterrizar en tu vida. Pero, claro, si lees estas líneas mientras estás inmerso en tu propia crisis, quizá mis palabras te parezcan ingenuas o, incluso, de mal gusto. Después de todo, decir «Todo tiene un sentido» es fácil cuando ya estás al otro lado. La cosa cambia mucho cuando te encuentras en pleno proceso de desintegración. Sin embargo, intentar conectar los puntos desde el presente no es posible, ya que si te encuentras en la fangosa trinchera de una crisis y en pleno desmembramiento de tu vida te preguntarás «¡¿Qué malditos puntos son los que debo conectar para darle sentido a lo que estoy viviendo?!», «¡Suena muy bonito, pero que me diga alguien a mí para qué me está pasando esto y qué sentido tiene, porque yo solo estoy sufriendo!».

Las crisis nos hacen tambalear, llegan a quebrar los cimientos de nuestra vida y no hay otra forma de sobrevivir con gracia a este tipo de transiciones que tener fe en la vida y confiar en que, aunque ahora mismo te sientas absolutamente perdido, lo que estás viviendo o lo que viviste es un punto de inflexión necesario en tu vida, para que te desprendas de lo que no te sirve, como una serpiente que muda su piel, desarrolles la conciencia necesaria y te acerques un paso más a la vida que quieres.

El segundo desencadenante de tu viaje es la oportunidad que, al contrario que la crisis, acostumbra a ser percibida como algo positivo y, sobre todo, como algo no impuesto ya que en realidad lo puedes rechazar.

La oportunidad puede tener forma de oferta de empleo, propuesta para asociarte con alguien, invitación a un viaje, escribir un libro, un *match* en Tinder, dar una ponencia, aprender una nueva metodología e, incluso, una oferta de traslado.

De hecho, las oportunidades son precisamente eso, bifurcaciones e invitaciones de la vida. ¿Recuerdas aquellos cuentos en los que podías decidir si el protagonista elegía la opción A, B o C? El final siempre cambiaba según el recorrido. Lo mismo ocurre con las oportunidades. Según lo que aceptes, tu vida irá por un camino u otro, y activará cambios y procesos distintos. Tu viaje variará según lo que aceptes o rechaces.

La oportunidad sigue siendo algo externo, a lo que siempre puedes decir no, bien porque te aleje de tu visión y simplemente no te interese o bien por miedo y bloqueos internos. Sin embargo, el hecho de que sea algo en un primer momento positivo (puesto que no se te impone) que finalmente aceptes no te ahorrará el vértigo del intenso proceso de tu cambio. No te evitará la incertidumbre, ni la angustia por saber si funcionará o no, ni siquiera el esfuerzo, los errores o los fallos.

En concreto este desencadenante no te ahorrará que, ante futuros momentos duros de la vida, te preguntes si no te hubiera ido mejor si te hubieras quedado con aquel novio en lugar de quien terminó siendo tu marido, o si no hubiera sido una mejor decisión estudiar otra carrera. Nunca lo sabrás y, la verdad, ya no valdrá la pena que te hagas estas preguntas.

Quizá sea un desencadenante más amable que la crisis, pero puede ser una auténtica tortura para los típicos indecisos. Al ser una invitación en lugar de una experiencia obligada, sientes que las consecuencias de tu decisión recaen en ti, cosa que algunas personas llevan especialmente mal. Claro que hay gente que jamás decide nada…, pero de esos te hablaré más adelante.

El tercer desencadenante de tu viaje es el crecimiento. Este detonante explica la sensación que puedes experimentar cuando un día miras a tu alrededor y sientes que lo que ves o tienes no es suficiente, ya no te gusta o se te ha quedado pequeño. Quizá tu empleo ya no te motiva, a pesar de que estás bien en él. A lo mejor, ya no te satisface cómo estabas posicionando tu empresa, quizá empiezas a sentirte asfixiado en el pueblo donde siempre has vivido, o poco estimulado por el grupo de amigos con el que siempre te juntas.

El problema de este tipo de detonantes es que cuesta hacerte caso. Las señales son sutiles, después de todo, no tienes un problema (si no consideramos un problema tu insatisfacción e infelicidad) y te cuesta mucho darte permiso para hacer caso a lo que esa voz dentro de ti te susurra.

Tampoco cuentas con el permiso externo, ya que a ojos de los demás parece que te hayas vuelto loco: «¿Cómo vas a dejar tu trabajo? ¿Qué chorrada es esa de que no te llena? Lo que importa es que estás fijo y te pagan bien».

Pero la vida es maravillosa y no para de mandarte señales para indicarte el camino hacia tu mejor destino. Algunas de estas señales son internas (sensaciones, emociones, pensamientos), otras, externas (un producto en tu empresa deja de venderse como antes, un problema con un compañero de trabajo, un pie fracturado), por lo que aprender a leer las señales es una habilidad esencial para navegar por la vida y saber corregir el rumbo, de lo contrario, y tal como explican Patrick Williams y Lloyd J. Thomas en su libro *Total Life Coaching*: «La vida está constantemente aportándonos información o mensajes. Cuando no los escuchamos, el mensaje se convierte en lección. Cuando no aprendemos, las lecciones se convierten en problemas. Cuando no nos ocupamos de los problemas, se convierten en crisis. Y cuando las crisis no se resuelven crean caos en nuestra vida».

El reposicionamiento de mi empresa hace unos años es un buen ejemplo de desencadenante por crecimiento. Desde el inicio de mi negocio me había estado mostrando al mundo como una consultora de marketing y ventas al más puro estilo empresarial, y aunque de vez en cuando hablaba de temas relacionados con el crecimiento personal, lo hacía con la boca pequeña y casi pidiendo perdón, puesto que la mayor parte de mi contenido estaba centrado en estrategia y negocios. Sin embargo, llevaba tiempo sintiéndome estancada. Yo quería hablar mucho más de mentalidad e, incluso, de espiritualidad.

Al cabo de unos años, empecé a aborrecer mi negocio y recuerdo que pensé que, si tenía que hablar una semana más de marketing, me tiraba por el balcón. Me sentía apática, poco creativa y falta de ideas. Cuando me planteaba las vías con las cuales podía hacer crecer mi empresa, todas ellas muy *business*, me entraba un aburrimiento descomunal y no me veía desarrollando proyectos en esa línea manteniendo al mismo tiempo la motivación necesaria para superar los retos que conllevaban aquellos potenciales proyectos.

Así que un día me harté de ir de *business woman* y decidí presentarme como quien realmente soy, para predicar lo que realmente creía y enseñar lo que realmente hacía en mi propia empresa. En el 2019 nació una nueva web, en la que ya no salía con traje chaqueta, ni con un portátil en las manos, sino que aparecía al aire libre, con el pelo revuelto por el viento, con vaqueros y una camiseta, y con una sonrisa de oreja a oreja, al tiempo que mi contenido, sin abandonar del todo el marketing y la estrategia, empezó a girar cada vez más alrededor de la mentalidad, el crecimiento personal y la espiritualidad, dando pie a mi enfoque humanista de los negocios.

Mi creatividad se desató y mi motivación se activó, encontré entusiasmo y energía a raudales a pesar de coincidir con los años más agotadores de mi vida, físicamente hablando, debido a la crianza de mis hijos (la falta de sueño y descanso era extrema). Ya no sentía apatía sino entusiasmo, a pesar de mis ojeras.

No te negaré que tuve miedo. Después de todo me estaba cargando la imagen, la identidad que había estado proyectando de mujer de negocios y que tan bien me había funcionado. Tampoco te negaré que hubo repercusiones en los resultados de mi empresa. Ya no te vendía más clientes y más ingresos sin más, sino realización personal a través de tu éxito empresarial, algo que, aunque te parezca increíble, es un mensaje que convence menos.

Pasaron unos dos años de incertidumbre, en los que temí haberme equivocado. Recuerdo incluso que pensé: «No lo entiendo, ¿cómo es posible que este giro no me haya catapultado, si he hecho caso de las instrucciones de mi ser esencial?». Aunque mi cuenta bancaria no fuera tan espectacular como en los años anteriores, mi cuenta emocional me decía que confiara, que iba por buen camino. En esos años estuvimos trabajando en el desarrollo de nuevas estrategias y productos que nos ayudaron a consolidar la empresa en su nuevo posicionamiento. Estaba claro que habíamos confundido al mercado y a nuestros seguidores, y que el nuevo posicionamiento necesitaba tiempo para macerar.

Hasta que un día ocurrió.

Recibí un email de quien se convertiría en mi editora y, ni más ni menos, de la editorial de mis sueños. No podía creerlo. Yo ya tenía la intención de reescribir mi libro por mi cuenta aun sin contar con ninguna editorial, incluso había reservado los meses de primavera de 2021 para ello. Estaba alucinando, el email y su propuesta coincidían con mi calendario. El círculo se cerraba, todo cobraba sentido. Pude empezar a conectar los puntos y a entender el camino abrupto que había tomado en los últimos años. ¡Mi ser esencial había tenido razón todo ese tiempo!

El libro que tienes en tus manos es precisamente el resultado de un desencadenante en crecimiento (me reposicioné) y de oportunidad (la propuesta de escribir este libro) a la que di un sí como la copa de un pino. Podría perfectamente haber rechazado la invitación y haberme dejado enredar por mis miedos y bloqueos, pero opté por aceptar esa propuesta, aunque fuera temblando, así que me tiré a la piscina.

Te cuento mi ejemplo, para mostrarte que las señales de la vida y los mensajes de tu ser esencial siempre te indicarán la dirección hacia tu mejor vida y la absoluta realización de tu potencial. Pero hacerles caso es un verdadero acto de fe y sentirás que te estás tirando por un precipicio o haciendo una inmolación, en mi caso, empresarial. Tardé dos años en entender el proceso, tiempo en el que solo contaba con mi brújula interior y la dirección que me marcaba entre la niebla, porque yo, te lo juro, que no veía nada.

Mi pregunta para ti es, teniendo en cuenta los acontecimientos de tu vida y tus circunstancias, ¿en qué detonante crees estar? ¿Cómo sucedió todo cuando se inició tu cambio? ¿Ignoraste intensidades más suaves para terminar actuando finalmente en plena crisis? ¿Qué señales decidiste ignorar?

 Estas son preguntas en las que te invito a reflexionar y que también encontrarás en el cuaderno de viaje que acompaña a este libro y que puedes descargarte gratuitamente en **LaVidaQueQuiero.com/bonus**

Entender que las cosas que te suceden se dan en la intensidad que más necesitas para que te acerques a la vida que quieres te ayuda a no desesperar cuando todo lo que conocías se desmorona (si estás en crisis), a confiar en ti mismo (si estás en crecimiento) y a elegir mejor (si estás en oportunidad).

Con cualquiera de estos desencadenantes zarpas en la dirección de tu mejor vida. Con el crecimiento eres tú sacando los remos, con la oportunidad tienes la promesa y el potencial de nuevos vientos y con la crisis vives un auténtico naufragio que te obliga a cuestionarlo todo.

En cualquier caso, para dirigirte con eficacia y sin perder más tiempo hacia la vida que quieres te faltan un par de cosas más: asegurarte de que tomas con fuerza el timón y que introduces, esta vez sí, las coordenadas correctas en tu GPS interno. Y esto es precisamente lo que voy a enseñarte a hacer en las siguientes páginas.

- 2 -

Toma de responsabilidad

Hubo dos momentos en los que creí que me iba a morir en el barco. Ambos incidentes tuvieron como protagonistas fuertes vientos, grandes olas, un motor estropeado, una inclinación del barco prácticamente perpendicular al agua y acantilados demasiado cerca. En ambas ocasiones me pregunté: «¿Quién me ha mandado a mí meterme en un barco? ¡Que alguien me saque de aquí!».

Una de las cosas que más odiaba de navegar era que, al estar en un barco, tenía que seguir hasta el final. No podía bajarme cuando me hartaba, tal como podía hacer en tierra firme, en cualquier situación. No me podía largar. Estaba obligada a quedarme en el maldito barco hasta que llegáramos a nuestro destino, porque la alternativa de saltar por la borda no me resultaba ni práctica ni atractiva. Así que me quedó más que claro que o nos sacábamos nosotros mismos de ahí y llevábamos la embarcación a buen puerto o nadie lo haría por nosotros. Además, mi compromiso por mantenerme viva era tan absoluto que hacía lo que me ordenaran con tal de llegar a nuestro destino.

Así que aquí nos encontramos, tanto si se desencadenó tu viaje por crecimiento, como si fue por oportunidad o por crisis, tienes la vida patas arriba y todo está desordenado. Lo que conocías ha quedado atrás, los mapas que tienes no te sirven porque están anticuados y delante solo se te presenta el abismo de la incertidumbre. ¿Cómo enderezar el camino?

Cualquiera que sea tu situación, para salir de ella y ponerte en la dirección hacia tu mejor destino, uno de los primeros pasos que debes dar o cambios que debes hacer en ti es tomar la responsabilidad de tu vida, de tu felicidad y de tus circunstancias. Porque al igual que es uno mismo quien debe agarrar el timón con fuerza y navegar su barco hasta puerto seguro atravesando tormentas por injustas e inoportunas que sean, tú debes hacer lo mismo con tu vida.

Tu toma de responsabilidad viene determinada por dos factores: el victimismo y el compromiso. Vamos a adentrarnos en estos temas un momento para asegurarnos de que no solo te sepas responsable y capaz de cambiar tu vida, sino de que, además, estés completamente comprometido con el cambio que quieres hacer.

EL VICTIMISMO

Marcos se sentía un desgraciado. Su pareja, Irene, le había puesto sobre la mesa la separación después de dos años agónicos de mala relación. Ella ya no podía más. El perpetuo mal humor de Marcos, su insatisfacción con la vida, su insistente foco puesto en lo que estaba mal y sus constantes reproches hicieron que a Irene ya no le quedara más energía para luchar por esa relación después de haberlo dado todo y más. Así que la separación se consumó. Y ahora Marcos iba como alma en pena, culpando a Irene de haberle hecho un infeliz. Porque, si mientras estaban juntos, la culpa de todo era de Irene, ahora que estaban separados, también, ¡por supuesto! No fuera a ser que se hiciera responsable de su parte y se diese cuenta de que tenía un serio problema de victimismo. El caso de Marcos era tan agudo que podría vivir dos vidas y aún no vería que quizá él contribuyó en algo a la separación.

Tal vez este ejemplo te parezca extremo, pero, en cierta medida, todos hemos adoptado el papel de víctima en algún momento de nuestra vida, porque es cómodo.

El victimismo (que no es lo mismo que ser víctima de algo) es una lectura de los acontecimientos que repercute en una actitud en la que nos vemos desvalidos, agentes pasivos incapaces de cambiar nada y receptores de desgracias e injusticias. De hecho, sabrás que has caído en la narrativa victimista cuando te encuentres pensando o diciendo expresiones en la línea de:

- Es culpa de X que ahora [inserta una situación que no te guste].
- ¿Por qué me pasa esto siempre?
- Si Fulanito dejara de hacer X, entonces todo sería mejor.
- Si mi [pasado, infancia, gobierno, economía, sistema, expareja, etc.] no hubiera X yo ahora tendría/sería X.
- ¡Qué injusto!
- Pobre de mí…
- Soy un desgraciado.

¿Te das cuenta de lo fácil que es vernos como víctimas? ¡Cuántas veces nos quejamos! ¡Cuántas veces nos sentimos desvalidos y a merced de los acontecimientos!

Sin embargo, el antídoto que hace que salgas de la fase de la ruptura en la que te encuentras y que te catapulta a la siguiente etapa es nada más y nada menos que la toma de responsabilidad. En el momento en que entiendes que no eres víctima de nada y que solo tú eres responsable de tu vida y de tu propia felicidad, entras de cabeza en la siguiente fase, la de la ideación. Así que cuanto más te resistas a tomar las riendas de tu vida, a agarrar con fuerza de nuevo el timón, a pesar de las grandes olas y los fuertes vientos, y más te aferres a esta visión de los acontecimientos, en la que las cosas te pasan a ti, más tardarás en crear la vida que deseas.

El pensamiento más revolucionario que puedes tener es creer que, en realidad, no eres víctima de nada ni de nadie. Tú solo, con tus actos y decisiones, has llegado adonde estás y, por lo tanto, lo que hay en tu vida es, en gran medida, un reflejo de lo que tú crees que es posible y que mereces. A las circunstancias de la vida llegamos por la suma de nuestros actos, pensamientos y decisiones, por las cosas que hemos hecho y dicho, y por las cosas que hemos permitido y tolerado. Así que, por activa o por pasiva, lo que tienes lo has creado tú.

Con esto no estoy negando los actos abusivos o las desgracias, como tampoco estoy diciendo que no existan las víctimas. Existen, ¡por supuesto! Lamentablemente suceden atrocidades e injusticias, y quien hace daño a alguien debe responder por sus actos. Además, la víctima necesita y merece reconocimiento. A lo que me estoy refiriendo es que nacemos con unas cartas para jugar la partida de la vida. Algunos nacen con una buena mano; otros, con una combinación penosa, sin embargo, eso no es garantía de éxito ni de fracaso. La cuestión es qué haces con las cartas que te han tocado. Porque, aunque entender el origen de tu mala autoestima debido, por ejemplo, a la familia desestructurada en la que fuiste a parar, puede explicarlo todo, al final saberlo no te es realmente útil ni nada cambia si no actúas. Lo que pretendo es, pues, que en lugar de volver la mirada hacia el pasado y estancarte en él, hagas el proceso de duelo que tengas que hacer y pongas la mirada rumbo al futuro.

Verás, como te contaba en la introducción del libro, cuando tenía unos treinta años pasé un total de ocho meses en un barco entre las islas griegas y la costa turca. Y aunque suena impresionantemente bohemio, déjame decirte que fue agotador. Era un antiguo velero francés de competición, de los años treinta del siglo pasado, todo de madera. Tenía dos mástiles enormes y una vela mayor de sesenta metros cuadrados (el doble del tamaño del estudio en el que había estado viviendo hasta entonces). Era tan bello como incómodo. Tenía el motor de un tractor Mercedes-Benz de los años sesenta que le habían trasplantado, no había nada automático, el bombeo del agua que se filtraba en la bodega era manual (¡porque al barco le entraba agua!), no tenía ducha, la nevera «funcionaba» porque comprábamos y metíamos en un congelador desenchufado enormes bloques de hielo que se iban fundiendo con el paso de los días, contaba con solo veinte voltios de potencia eléctrica y, evidentemente, no tenía internet. De hecho, empecé mi negocio mientras navegaba con ese velero y aún no sé cómo lo logré. Recuerdo bajar al dingui mi portátil recalentado de dos toneladas de peso, y cuya batería duraba veinte minutos, llegar al chiringuito de la playa que fuera y pedir las claves del wifi y un enchufe, cual extraviado explorador suplicando agua en el desierto. Por suerte, el tiempo lo cura todo y, como en las malas relaciones, ya (casi) me he olvidado de lo malo y me quedo con los bonitos recuerdos: el cielo nocturno saturado de estrellas, las calas vírgenes, las islas habitadas solo unos meses al año, las puestas de sol, los amables habitantes de esos países, el azul turquesa del agua o el aire con olor a tomillo al acercarnos a tierra.

De esa experiencia salió la metáfora en la que se basa este libro y con la que te quiero decir que, a pesar de los reveses de la vida, tú puedes corregir el rumbo. Porque, te pase lo que te pase, siempre tendrás la capacidad de seguir adelante, con las cartas que te hayan tocado, porque (y esto es lo más fundamental) te tienes a ti mismo. Y al final, más que saber el porqué de las cosas, que vendría a ser el puerto del que zarpaste, lo importante es llegar a tu destino.

El problema del victimismo es que cuando entras en él, pierdes poder porque, sumergido en él, no cambias nada. La narrativa victimista nos hace creer que estamos a merced de los acontecimientos de la vida, que somos agentes pasivos. Sin embargo, la realidad es que, incluso en las situaciones más duras, siempre podemos elegir cómo queremos responder ante ellas.

Lo que toleras

Judith era una diseñadora de interiores en cuyo estudio trabajaba con clientes de alto poder adquisitivo. En una de nuestras sesiones empezó a abrirse y me comentó que sentía que sus clientes y proveedores se aprovechaban de ella y no la respetaban. Sus clientes le pedían cosas que no estaban presupuestadas, esperaban de ella que trabajara cualquier día de la semana o que respondiera el teléfono aunque fuera un sábado por la noche, y sus proveedores la trataban con condescendencia. Eso hacía que acumulase resentimiento y que sintiera que, en cierto modo, abusaban de ella. Como el comportamiento de los demás no es algo que nosotros podamos cambiar, mi trabajo con Judith fue hacerle ver que su responsabilidad era cambiar sus propias acciones y preguntarse qué estaba haciendo o diciendo ella y, sobre todo, no haciendo o no diciendo, que fomentara esas situaciones. Su falta de asertividad daba pie a que los demás se tomaran libertades que la perjudicaban, por lo que le sugerí que empezara a poner límites, a ejercerlos, y también a gestionar mejor las expectativas de sus clientes.

Uno puede quejarse de los demás, pero ¿qué estamos tolerando o permitiendo de lo que nos ocurre con nuestra inacción? Tomar responsabilidad de tu vida y tu felicidad te obliga a entender que tú fomentas cualquier situación en la que te sientas víctima tolerándola, que tu inacción contribuye a la creación de la situación.

Beneficios secundarios

Nos instalamos en la queja porque es más fácil culpar a los demás, las instituciones, la economía, el socio, tu infancia y tu pasado, que hacerse cargo de la responsabilidad y actuar en consecuencia.

Sentirnos víctimas es más cómodo, después de todo, no nos obliga a actuar ni a asumir el peso de ninguna decisión. Así que al acomodarnos en el victimismo caemos en la queja. Pero ¿sabes qué sucede cuando nos quejamos? Nada. ¡Nada cambia!

La queja nos distrae. Nos lamentamos porque si dejáramos de hacerlo veríamos la acción o decisión que tenemos pendiente de hacer y no queremos. Porque tomar las riendas de nuestra vida es ser consecuente. Dejar de quejarte implica tomar decisiones que te incomodan o aterran, y como nos dan miedo los cambios que supondría dejar de lamentarnos y actuar, preferimos seguir quejándonos.

Por eso, en nuestro victimismo, siempre hay un beneficio secundario al que, si rascas un poco, llegarás sin dificultad. Piensa en ello. Busca una situación de la que te sientas víctima y reflexiona sobre qué ganas asentándote en ese papel.

El amigo que se queja siempre de su trabajo gana no cuestionarse qué hacer con su vida profesional ni tener que enfrentarse a la realidad de que se ha quedado desfasado, y de que en cualquier momento prescindirán de él. El jefe que se queja siempre de su empleado pero no se atreve a despedirlo gana no sentirse mal, mantener su imagen de buena persona y no verse como el malo de la película. La amiga que se queja siempre de su novio pero que no lo deja gana no tener que hacer frente a la soledad y el vacío.

Instalarte en el victimismo y no actuar puede parecer más fácil, pero el precio es tremendamente alto, porque pagas con tiempo de vida, con tus sueños y con tu propia realización personal.

Cambio de paradigma

Te propongo un cambio de enfoque. Como creo haberte convencido ya de que instalándote en el victimismo no cambiarás nada ni llegarás a crear la vida que quieres, te sugiero que utilices la siguiente herramienta: el empoderamiento dinámico de David Emerald.

En lugar de interpretar la vida distribuyendo los roles entre buenos y malos, cambia estos adjetivos por los siguientes:

- El malo, perpetrador o agresor pasa a ser el «retador».
- Y la víctima (tú) pasa a ser el «creador».

De modo que si en lugar de sentirte víctima de una situación, te vieras como el «creador», ¿qué crearías a partir de ella? ¿Qué te está pidiendo la vida que hagas ante esta situación? ¿En qué persona te está pidiendo la vida que te conviertas? ¿Qué puedes sacar de esa situación?

Este cambio de perspectiva es radicalmente eficaz para tomar la responsabilidad de tu vida y superar la fase de ruptura en la que te encuentras en el proceso de creación de la vida que quieres.

Con el fin de ayudarte a pasar a la siguiente fase de tu proceso de creación de la vida que quieres lo más rápida y fácilmente posible, te propongo una serie de ejercicios. Por un lado te invito a no quejarte durante una semana. Prohibido lamentarse durante siete días. Lo interesante de este ejercicio es que, al no poder quejarte, te obliga a elegir entre dos alternativas:

a) Aceptar genuinamente, y no a regañadientes, lo que hay.
b) Buscar una solución.

Creo que si de todo el libro, solo hicieras este ejercicio, verías igualmente cambios drásticos en tu vida.

Como segundo ejercicio te propongo que pienses en situaciones o personas de las que te quejas en tu vida y que a continuación respondas las siguientes preguntas:

- ¿Para qué me está pasando a mí esto?
- ¿Qué me están pidiendo las circunstancias que haga?
- ¿Qué cambio, acción o decisión tengo pendiente de hacer para que este problema deje de estar en mi vida?
- ¿Qué puedo hacer yo?

 Completa la siguiente tabla escribiendo directamente en el libro o descargando gratis el cuaderno de viaje en **LaVidaQueQuiero.com/bonus**, en el que encontrarás todos los ejercicios de integración que te propongo reunidos en un mismo sitio.

Situación no satisfactoria de la que me quejo	¿Qué me está pidiendo la vida que haga?	¿Cuándo lo voy a hacer?

Habrá situaciones complicadas y lentas de cambiar, pero la vida que quieres construir empieza con la toma de responsabilidad de tu propia realización. En el momento en que lo hagas entrarás en la segunda etapa de tu viaje hacia tu mejor destino.

COMPROMISO

Uno de los factores que más determina si conseguirás lo que quieres no es cuánto sabes, ni cuán hábil eres, ni con qué presupuesto cuentas. Evidentemente, todo esto ayuda, pero el sorprendente factor que más condiciona tu éxito es, ni más ni menos, tu compromiso con tu objetivo y tu capacidad de automotivación. ¿Por qué? Porque cuanto mayor es tu compromiso por tu sueño más apropiada será tu actitud para conseguirlo. ¿Y a qué me refiero con actitud? Pues a la postura que tienes ante la vida, venga el viento de cara o en contra. Porque, claro, empezar lo hacemos todos con ganas. Nos ilusiona nuestra idea o el cambio que queremos realizar en nuestra vida, pero no pasa mucho tiempo hasta que nos damos cuenta de que eso que queremos quizá vaya a tomarnos más tiempo del que pensábamos o que no va a ser tan fácil ni inmediato. Esos contratiempos nos caen como un balde de agua fría y son toda una desilusión. El nivel de compromiso con tu sueño determinará cuánto pelearás por él. Así que a continuación te explico qué determina tu compromiso y cómo puedes reforzarlo.

La urgencia de tu cambio

Una de las pocas cosas buenas de arruinarte y tocar fondo, si no la única, es que tu situación es tan desesperada que haces lo que haga falta para salir de agujero. Al no tener un plan B, la única salida es una huida hacia delante. De un plumazo se te van todas las tonterías y la situación es tan adversa que está más que justificado cualquier acto osado o desesperado.

Al empezar mi actual negocio debía tanto dinero y me sentía tan atrapada por mis circunstancias que ni me paré a hacerle caso a mi miedo cuando lancé la web con mi nombre o cuando me puse a grabar los primeros vídeos. Mi actitud era muy resolutiva y estaba decidida a salir de aquella situación lo antes posible, a pesar de verme horrible y de morirme de la vergüenza. «¿Qué hay que hacer? ¿Vídeos? ¿Lanzamientos? ¿Webinars? ¿Hablar en público? Pues lo hago. ¿Que me muero de los nervios y me da algo si me critican? Me parece muy bien, Laura, pero ahora no tienes tiempo para eso».

Cuando la vida aprieta, te ayuda a librarte de todas las excusas con las que podrías enredarte y escudarte. En cambio, cuanto mejor te van las cosas, más fácil resulta desviarte de tu ruta.

Esther vivía del fondo fiduciario de su adinerada familia. Su abuelo había hecho una fortuna con su fábrica textil, y había sabido diversificar y hacer inversiones inteligentes que permitían a todos sus nietos y bisnietos llevar una vida acomodada. Así que Esther no tenía ni que preocuparse del alquiler puesto que vivía con su marido, quien también se ganaba muy bien la vida, y con sus hijos adolescentes en uno de los pisos modernistas en pleno Eixample de Barcelona que pertenecían a la familia. Dedicaba los días a trabajar media jornada en un bufete de abogados, y a su propio cuidado y ocio.

Sin embargo, Esther llevaba tiempo sintiéndose vacía. Era consciente de lo afortunada que era por tener semejante estilo de vida pero no podía evitar sentirse insatisfecha y sin propósito alguno. Los niños ya eran mayores y su trabajo le resultaba poco significativo. Dentro de sí llevaba tiempo sintiendo un runrún que no la dejaba en paz. Estaba a punto de cumplir los cincuenta y se preguntaba si esto era todo lo que podía esperar de la vida, todo lo que podía hacer y todo lo que podía dejar en este mundo.

Cuando llegó a mí llevaba ya un año con el blog que había empezado. En él hablaba sobre espiritualidad, meditación y crecimiento personal, temas que le encantaban y a los que dedicaba gran parte de su tiempo. Pero creía que iba muy lento y que no le rendía como le gustaría. Desarrollamos juntas el plan de acción para su negocio y consensuamos un año repleto de lanzamientos, campañas y estrategias que la ayudaran a tener la visibilidad necesaria y a aumentar sus ventas. Sin embargo, a los cuatro o seis meses, y a pesar de empezar con ganas, la motivación de Esther empezó a flaquear. El esfuerzo que implicaban todos esos cambios, junto con la falta de garantías de que funcionarían y el sacrificio que suponían, hacían que se cuestionara si todo aquello valía la pena y que luchara con menos garra por su sueño.

En realidad, Esther no estaba haciendo frente a problemas o retos mayores que los de la mayoría de los pequeños empresarios. Tener éxito toma mucho tiempo y requiere mucha constancia, hasta que el negocio toma inercia y funciona por sí solo. Sin embargo, ella sí contaba con un plan B. Su vida (afortunadamente) era demasiado buena, no había en ella más fricción ni incomodidad que su insatisfacción interna. Al final, su actitud la llevó a abandonar su objetivo por no pelear lo suficiente.

Lo mismo le ocurría a Javier, quien desde hacía diez años trabajaba de ocho a tres en un banco, donde ganaba un sueldo decente que le permitía tener una vida tranquila, previsible y tiempo libre. Su sueño era montar un bar, pero ya ningún amigo le creía, no solo por el tiempo que llevaba diciéndolo, sino también por lo acomodado que le veían en su día a día.

Óscar se quejaba de su trabajo y de su jefe coincidiendo curiosamente con los meses de más demanda y estrés, y decía que quería montar una empresa de consultoría. Pero se le pasaban las ganas cuando cobraba el bonus y el trabajo volvía al ritmo normal.

El matrimonio de Núria iba normal, sin fuegos artificiales ni grandes crisis, pero sentía que se apagaba poco a poco en él. Su marido era un buen hombre, aunque conformista y carente de ambición, mientras que el espíritu de Núria era aventurero y creativo. Ella sabía que no acababa de estar bien, pero como nada «se había roto» y parecía que todo eran manías suyas, lo dejaba estar. Además, la idea de separarse por una menudencia como el aburrimiento no le parecía suficiente para justificar la pérdida de estatus y de comodidades que sufriría si seguía adelante con la idea.

Vanessa era funcionaria y sentía que su cerebro se derretiría si continuaba un mes más con aquel trabajo. Sin embargo, se había acostumbrado a la previsibilidad y la tranquilidad de saber que tenía un empleo para toda la vida, con pagas extras incluidas. Y aunque su micronegocio le aportaba alegría y entusiasmo, no se atrevía siquiera a tomarse un año de excedencia para intentar darle una oportunidad.

O Fernando, a quien la reputación de su empresa y la comodidad que le daba tras quince años de intenso trabajo le impedían atreverse a dar el salto y dedicarse a una nueva profesión.

Con estos ejemplos no estoy diciendo que si tienes una buena vida y circunstancias favorables no lucharás jamás por un sueño, pero sí debo advertirte del riesgo que corres, para que seas consciente de ello y sepas evitar esa posibilidad.

Cuanto más intensamente sientas que necesitas cambiar y más urgentes sean tus circunstancias, más fácil lo tendrás para comprometerte con tu objetivo y luchar por él. Lo cual me lleva a hacerte la siguiente pregunta:

¿Cuánto quieres lo que quieres?

En la era del *Prime* y de las meteóricas *startups* tecnológicas nos dejamos deslumbrar por el resultado final de otras personas y se nos vende un éxito instantáneo que nos hace creer que lo estamos haciendo fatal si no triunfamos en el primer año de negocio o antes de cumplir los treinta. Nos hemos vuelto impacientes y poco sacrificados. El problema es que además somos unos ingenuos. Compramos antes a quien nos dice que tiene la fórmula para ayudarnos a ser ricos, guapos o a conseguir el amor de nuestra vida, que a quien nos dice que son nuestro esfuerzo y constancia lo que hará que triunfemos. Pero, claro, ¿quién va a querer comprar sacrificio y esfuerzo? Eso no es atractivo.

Lo que nadie nos cuenta es que el éxito o la felicidad aparente que nos muestran las redes sociales es el resultado de pasar muchos años picando piedra, que se tarda mucho tiempo en llegar hasta cierto nivel, años en los que en su vida había de todo menos glamur.

Acostumbro a contar a mis clientes que yo tardé dos años en poder vivir exclusivamente de mi negocio, y que seguramente hubiera tardado más si no hubiese roto con mi pareja y hubiese tenido que volver a España. De hecho, durante los primeros años trabajé media jornada en un museo en Múnich vigilando que nadie tocara los cuadros o hiciera fotos. Tuve mucha suerte. Encontré ese empleo a las doce horas de aterrizar en Alemania a través de una amiga de quien era entonces mi pareja. Era el trabajo ideal para mí en aquel momento, pues no hablaba ni papa de alemán y con saber decir *Kein Foto machen* o *Bitte nicht berühren* ya colaba. El resto del día solo tenía que estar callada. No hay empleo más contrario a mi forma de ser que ese (imagina, yo una activadora y hacedora encerrada en una sala sin poder sentarme ni hacer nada más que mirar paredes durante horas). Y aunque ese empleo no era suficiente para vivir, me dejaba tiempo para trabajar en mi negocio. Y vaya si lo hice. Trabajaba todos los días al salir del museo, hasta las tantas, de madrugada, los fines de semana, prácticamente siempre. Mi objetivo era librarme de mi deuda lo antes posible, y apartaba la mitad de todo lo que ganaba con mi negocio, fueran 100 o 3.000 €, para saldar lo que debía.

Fueron dos años de mucha precariedad, sobre todo al principio. Pero estaba comprometida por completo y absolutamente entregada a mi meta. Mi cabreo con la vida era monumental, así que tenía mucha gasolina.

Cuando nos proponemos conseguir algo hay sacrificio en ese proceso, y no ser consciente de ello ni saber que tendrás que esforzarte puede llevarte a abandonar tu sueño.

Así que te pregunto: ¿Cuánto quieres lo que quieres? ¿Lo quieres lo suficiente para trabajar hasta las tantas? ¿Para hacer ese MBA que le quitará tiempo a tu familia durante un par de años? ¿Para sacrificar caprichos, ropa y vacaciones, y así poder ahorrar para la entrada de un piso? ¿Para trabajar en tu negocio incipiente mientras tus amigos salen a cenar, montan una barbacoa o se van de viaje el fin de semana? ¿Estás dispuesto a vivir de tus ahorros y a no saber cuándo funcionará tu negocio, si es que acaba funcionando? ¿Quieres esa relación lo suficiente para dejar de querer tener siempre la razón? ¿Para aparcar tus ansias de control?

Ojalá pudiera decirte que los sueños se hacen realidad sin esfuerzo, pero, aunque hay algunas cosas que nos las da la vida casi sin pedirlas, la gran mayoría de los objetivos que nos marcamos requieren cierto sacrificio y mucha tenacidad. Así ha sido siempre, la única diferencia de ahora, pienso, es que este esfuerzo nos sorprende y hay una mala gestión de las expectativas, algo de lo que te hablaré más adelante, pero vayamos por partes.

Lo importante a estas alturas del viaje es que sabes que puedes cambiar tu vida gracias a tu acción y a tus decisiones. Tu compromiso con tus anhelos es ahora absoluto y agarras el timón con fuerza y determinación, pero ¿hacia dónde apuntar ahora? Nos falta un factor más de la ecuación, ¿recuerdas? Ha llegado el momento de que te presente a alguien…

- 3 -

Tu ser esencial

Estábamos teniendo aquella horrible conversación de cuando una pareja está rompiendo. La decisión la inició él y al poco la secundé, pero ¡me resistí durante meses a aceptar la obviedad de que lo nuestro no funcionaba!

Él me estaba dejando y, como en las películas, yo veía que hablaba pero ya no le escuchaba, sus labios se movían pero el sonido no me llegaba. De pronto oí: «Laura, sal de aquí y vuelve a España» tan claro y alto que parecía que alguien estuviera hablando justo detrás de mí. Era una orden, pero ¿de quién? Acto seguido y ante mi asombro, de mi boca empezaron a salir frases como: «Claro, estoy de acuerdo, pues lo dejamos. Dame un par de semanas para empaquetar, hacer el traslado y cerrar mi trabajo en el museo. Ah, genial, pues si te vas a casa de tus padres unos días, mejor», cuando yo lo que quería decir era: «Te quiero. Intentemos arreglarlo». Era una locura, tenía dos discursos por dentro, pero mi boca solo seguía las instrucciones que recibía. Aquella noche me dormí llorando, pero al día siguiente desperté sintiendo alivio y ligereza. Es más, a lo largo de las semanas que tardé en cerrar mi vida en Alemania llegué a sentir verdadero entusiasmo y alegría por dejar aquella historia atrás y volver a Barcelona.

Mi ser esencial me apartó del precipicio al que me estaba asomando peligrosamente. Los meses anteriores a la ruptura ya intentó decírmelo, pero yo no le presté atención. Me mandó pesadillas, me mandó agotamiento, me mandó dermatitis, me mandó tristeza, soledad y falta de sentido... Un día hasta me dijo: «Laura, es que ya no quieres casarte con él. ¿Entonces? ¿Por qué sigues aquí?». Por suerte, en medio de esa conversación, yo estaba tan aturdida y ella fue tan firme que le hice caso sin rechistar. Los meses que siguieron fueron un verdadero acto de fe. Me lamí las heridas en casa de mi madre, donde aterricé, y trabajé en mi negocio con la determinación que da no tener un plan B. Y la vida que vino a continuación superó mis expectativas.

Hay una parte en nosotros esencialmente pura que es nuestro ser más auténtico y verdadero. La llamo «ser esencial», y cada uno de nosotros venimos con él instalado de fábrica. De la misma forma que naces con un cuerpo tangible, con un ADN que marca el color de tus ojos, tu estatura y la textura de tu pelo, a este mundo llegas también con una parte intangible que dicta que te guste la guitarra, que prefieras lo salado a lo dulce o la montaña al mar. Es la que hace que te encante pintar e inventarte historias en lugar de crear complejas estructuras con piezas de Lego, o la que hace que seas tímido o extravertido, impaciente y movido o tranquilo y soñador.

Tu ser esencial es inmune a las influencias externas y hubiera sido el mismo aunque hubieras nacido en otra familia, otro país, otra cultura o incluso otra época. Los gustos y preferencias de tu verdadera naturaleza no cambian según tu entorno.

Lo más interesante de todo es que tu ser esencial es esa parte de ti que sabe el destino y la ruta hacia tu mejor vida, la que más feliz te hará y, por lo tanto, marca las coordenadas de la vida que quieres.

Esta parte de ti, la más auténtica, te habla a través de tus emociones, que son una línea directa a sus mensajes e indicaciones. Tu cuerpo, con sus sensaciones, es también una de las formas en las que tu ser esencial se comunica contigo. Incluso controla los niveles de energía de que dispones.

Por otro lado, es innegable que somos seres gregarios, evolutivamente programados para vivir en comunidad; eso hace nuestra existencia más cómoda, y en el pasado aumentaba las probabilidades de supervivencia, pero además el aislamiento no nos sienta bien, afecta a nuestra salud mental y emocional. Vivir apartados de los demás no solo nos hace la vida logísticamente más complicada, sino que llega a afectar a nuestro humor y cordura.

Nuestra sociedad y nuestro entorno, sin embargo, ejercen una gran presión sobre nosotros, y como en el fondo lo único que queremos es ser aceptados, ser amados y pertenecer, desde niños, y a medida que vamos creciendo, empezamos a modelar nuestra persona, nuestras preferencias y nuestra conducta para conseguir la aceptación, la validación, el reconocimiento o el amor de los demás.

Es en ese momento cuando surge la división y se gesta nuestro ser social, aquella parte de nosotros cuyo objetivo fundamental es encajar. Nuestro ser social, a diferencia del esencial, tiene el foco puesto permanentemente fuera, en lo que piensan los demás, lo que hacen los demás, lo que aparentas ante los demás, etc.

Tu ser social cambia según el entorno o la cultura en la que estás. Es lo que explica por qué cuando cambias de grupo de amigos, ciudad o país, de pronto, dejas de querer lo que querías y cambian tus gustos e incluso tu forma de vestir.

A diferencia del ser esencial, que es el que rige tus emociones, tu energía, tu intuición y tu cuerpo, el ser social gobierna la lógica y el lenguaje verbal. Es una parte de ti que también tiene sus funciones, ya que gracias a ella podemos convivir en sociedad sin atropellarnos, hace que lleguemos puntuales a nuestros compromisos, que paguemos el alquiler y que sigamos ciertas normas.

El problema está en el desequilibrio entre estas dos partes. Vivimos totalmente pendientes de lo que está fuera, de lo que piensan y dicen los demás, y hemos llegado a tal punto que vamos por la vida desconectados por completo de nuestra verdadera naturaleza, tomando decisiones únicamente de acuerdo con los resultados externos que podemos obtener.

Si a eso le sumamos que nuestra cultura occidental es una oda al pensamiento lógico y analítico, que nos lleva a ridiculizar y ver con condescendencia cualquier otra cultura en la que se aprecien otros tipos de inteligencia no lógica, el resultado siempre es un entorno en el que las personas amordazamos nuestro ser esencial hasta que dejamos de escucharlo, ya que lo que nos dice desestabiliza el plan que hemos proyectado, rompe la imagen que tienen los demás de nosotros y amenaza nuestra pertenencia al clan.

El precio siempre termina siendo el mismo: ansiedad, depresión, enfermedades o, como mínimo, una sensación de vacío, de falta de sentido en nuestra vida. No es de extrañar que tantas personas lleguen a puntos de inflexión en su vida en los que se preguntan: «¿Es esto todo? ¿Qué estoy haciendo? ¿Por qué no soy feliz, si aparentemente lo tengo todo?». Y que la respuesta a la primera pregunta sea un débil «no», lo único que apenas alcanza a decir tu ser esencial desde el sótano donde lo tienen encerrado.

En tu vida todo va bien hasta que un día tu ser esencial y tu ser social dejan de ir en la misma dirección. De hecho, silenciamos e intentamos apartar a nuestro ser esencial cuando creemos que a la gente de nuestro entorno no le gustará lo que realmente queremos, y eso da lugar a un conflicto interno en el que tu ser social saldrá con argumentos y buenas razones con «sentido común», mientras que tu ser esencial te mandará señales en forma de ansiedad, insomnio, tristeza o apatía.

Es más, es tal el miedo que siente tu ser social que se vuelve un auténtico *bully* y llega incluso a ridiculizar tus más privados anhelos. Nos maltratamos a nosotros mismos para cumplir con las expectativas de nuestra sociedad, nuestro entorno y nuestra cultura, aun a costa de nuestra parte más genuina. Dejamos de oír nuestro interior porque estamos totalmente identificados con lo de fuera, lo que se supone que debemos ser, tener o hacer.

Esta es una de las principales razones por las que la gente no consigue ser feliz, porque decide teniendo solo en cuenta la validación externa, que, en nuestra sociedad, es sobre todo dinero, estatus, poder, fama, número de seguidores en redes, admiración de los demás, etc., en lugar de considerar seriamente otro tipo de métricas de éxito, como, por ejemplo, paz mental, tiempo libre, satisfacción personal, disfrute del día a día, impacto y legado, calidad de nuestras relaciones y demás.

Esto es precisamente lo que le ocurría a Pablo, quien me contaba que tenía insomnio desde hacía meses y una latente ansiedad. El problema era que Pablo no se hacía las preguntas adecuadas y se empeñaba en forzar la máquina ocupándose de los síntomas, sin ir al origen de su dolencia. Ya podía tomar somníferos, que la realidad era que detestaba su trabajo y la presión que sentía intensificaba aún más su infelicidad. El problema empezó en la misma carrera que eligió, empresariales, presionado por su familia y convencido de que sería una carrera con salidas profesionales, algo que nadie niega. Sin embargo, lo que Pablo quería hacer era escribir. Pero en lugar de buscar una profesión o un empleo que le permitiera satisfacer su anhelo, aceptó uno que iba en su contra. Su ser esencial sufría y el insomnio y la ansiedad eran gritos de auxilio que no desaparecerían con un parche.

Mi misión con este libro es ayudarte a conseguir un éxito significativo, en el que la abundancia y el éxito económico vayan acompañados de una profunda sensación de plenitud y de sentido, y, por lo tanto, donde tu ser esencial tenga cabida en la toma de decisiones.

Necesitamos bajar el volumen de nuestro ser social para alcanzar a oír de nuevo la voz de nuestro ser más verdadero. No te negaré que confiar en él y en las indicaciones que te da requiere de cierto coraje y de mucha fe. Después de todo, cuanto más te apartas de la ruta de tu alma, más locas parecen sus instrucciones: «¿Cómo que me tengo que divorciar de Pepe? ¡Pero si acabamos de comprarnos un piso!», «¿Cómo que resulta que quiero ser médico? ¡Pero si tengo cuarenta años!». Además, cuando has hecho caso de tu verdadera naturaleza, a menudo pasan meses, o incluso años, hasta que entiendes por qué tu ser esencial te hizo dar semejante rodeo. Hacerle caso siempre te conducirá hacia la felicidad y la realización profesional y personal. Y aunque no he hecho un estudio clínico con treinta mil voluntarios para testar mi hipótesis, ni en mi propia vida y en la de mis clientes he encontrado excepciones a esta afirmación.

En ti, en tu ser esencial, tienes todas las respuestas que buscas fuera, así que, en las próximas páginas, te ayudaré a reconectar con él para que su voz sea clara y constante en tu vida, y tengas tu brújula interior bien calibrada apuntando siempre a tu verdadero norte.

CÓMO RECONECTAR CON TU SER ESENCIAL

Tu verdadera naturaleza siempre está emitiendo señales, solo que no las oyes. Es como tener una radio y estar sintonizando la emisora equivocada pese a que tu alma lleva años emitiendo diez puntos más hacia el lado contrario. Por suerte, tu ser esencial no se ha largado a ninguna parte y está siempre contigo, solo debes bajar el volumen del ruido de lo que te rodea para escuchar mejor sus mensajes.

Recuerda que tu ser esencial es el que tiene las coordenadas de la vida que quieres. Así que, aunque agarres con fuerza el timón, si vuelves a poner en el GPS un destino no alineado contigo, volverás a naufragar. A continuación te explico algunas de las prácticas, herramientas y ejercicios que mejor funcionan para reconectar con tu ser esencial.

Momentos de soledad

Para desarrollar la capacidad de escuchar las señales de tu verdadero yo necesitas espacio, entendido como momentos de soledad, quietud e introspección. Deja que me explique. Me gusta el concepto de soledad que da Cal Newport, quien la define como «aquello que pasa dentro de tu cerebro, no en tu entorno (…). La soledad es un estado subjetivo en el cual tu mente está libre de los *inputs* de otras mentes». Cuando digo «soledad», no me refiero a que te exilies en una cabaña en el monte o que elimines todo contacto con el mundo exterior. Me refiero a crear momentos en los que no recibas mensajes de lo que piensan los demás. ¿Cómo se hace eso? Con momentos de desconexión, sin redes sociales, sin emails, sin wasaps, sin prensa ni noticias, sin películas en *streaming*, sin llamadas, incluso sin libros ni pódcast. Soledad puede ser media hora de tu día durante la cual simplemente estás contigo mismo, sin nada que te ayude a pasar el rato o a evadirte. No necesitas estar confinado para ello, el entorno es lo de menos, lo que importa es lo que llega a tu mente.

Soy consciente de que el simple hecho de leer esto y de imaginarte una hora solo contigo mismo sin distracciones puede crearte ansiedad, pero ¿no es curioso que la idea de estar solo sin nada más te agobie? ¿Que temamos tanto el aburrimiento?

Te decía que ahí afuera hay muchísimo ruido, cada vez más. El nivel de distracción es extremo, y el número de plataformas que compiten por nuestra atención, desproporcionado. No hay cerebro que no sucumba a la evasión en la que entramos cuando nos atrapa la tecnología.

Sin embargo, tener momentos de soledad nos ayuda a hallarnos a nosotros mismos, a dar con las respuestas que buscamos fuera, a encontrar sentido a nuestras emociones y a tomar decisiones basándonos en lo que realmente queremos, y no en las expectativas de los demás. Estos momentos de soledad nos ayudan a regularnos en un mundo adrenalínico, a encontrar nuestro centro, a enraizar de nuevo, a volver a nosotros mismos.

En estos momentos de soledad no necesitas hacer nada especial. Puedes estar sentado en un banco al sol o paseando por un parque. Lo importante es que NO son momentos productivos ni hay distracciones ni estímulos, así que nada de música, ni de pódcast ni de visitas a un museo. Solo tú contigo mismo.

Y es que la falta de estos momentos de soledad y de quietud es lo que está contribuyendo en gran medida a la crisis global de salud mental en la que estamos precipitándonos, en la que la ansiedad es la emoción imperante.

Si constantemente estás pendiente de lo de fuera, exponiéndote a la opinión o a la comparación con lo que ves en las redes y a la imagen manipulada que se proyecta en ellas, será muy difícil que te reconcilies con tus propias limitaciones y defectos, y empezar a ver que eres suficiente y dejar de sentirte inadecuado. Si constantemente inviertes tu atención en lo que pasa fuera, te robas tiempo a ti para observar qué es lo que pasa dentro.

Una de las cosas que más extrañé cuando me convertí en madre fue tener tiempo para mí. Al nacer mi primera hija, y con una empresa que seguir llevando, dejé de tener momentos no solo para leer o estudiar, sino para meditar o, simplemente, mirar las musarañas. Cuando la logística parecía estar mejorando, nació mi segundo hijo y ya entonces se me complicó la vida a niveles estratosféricos. La falta de tiempo para mí, de soledad, empezó a afectarme y a pasarme factura, y, aunque era tremendamente feliz con mis hijos, me sentía agotada emocional e intelectualmente. Necesitaba recuperar esos espacios. ¿Cómo podía encontrar este tiempo con la agenda y las obligaciones que tenía?, me preguntaba. Decidí dedicarme media hora por la mañana, después de llevar a los niños al colegio y a la guardería, y antes de conectarme con mi equipo, empezar a responder emails y a ponerme con los proyectos. Esos veinte o treinta minutos eran como agua de mayo y me servían para recuperar mi centro y estar con mis pensamientos antes de que la vorágine del día me atrapara.

De modo que si yo puedo encontrar veinte minutos al día con dos niños pequeños y un negocio, seguro que tú también puedes encontrar un rato al día, un momento improductivo, para estar contigo mismo. Estos momentos de soledad y de introspección te ayudan a poner orden dentro de ti, a encontrar sentido a tus emociones e incluso soluciones a tus problemas. No estoy diciendo que cada vez que estés solo tendrás una experiencia trascendental o una epifanía, pero la acumulación de esos momentos sumará y, cuando menos lo esperes, llegarán esas reveladoras respuestas.

El tiempo, en realidad, no se tiene o se encuentra, el tiempo se crea, y lo creamos para aquellas cosas que son importantes para nosotros y que priorizamos. Sabiendo esto y teniendo en cuenta lo ajetreada que sea tu vida, piensa en cómo puedes crear el espacio necesario en tu agenda para tener estos momentos de soledad y escribe a continuación cuándo van a tener lugar y cómo lo vas a hacer posible:

Tu cuerpo

Otra forma para entrenarte en la escucha de tu ser esencial es mediante tu cuerpo, ya que este es su canal favorito para comunicarse contigo. De hecho, tu cuerpo es la forma más inmediata para tomar decisiones consultando a tu verdadera naturaleza.

Tu cuerpo te da dos únicas señales: expansión o constricción, sí o no. Y esa afirmación o negación cada uno de nosotros la experimenta de forma distinta con diferentes sensaciones.

Por ejemplo, cuando mi cuerpo dice sí a algo, podría definir lo que siento como rayos de luz saliendo de mi esternón, en su versión más entusiasta, o como una calidez esparciéndose por todo mi cuerpo, en su versión más tranquila. Por otro lado, cuando mi cuerpo me dice no a algo, siento un peso en medio del pecho, mi respiración se vuelve superficial, mi diafragma se contrae o mi estómago se retuerce.

Otras veces no siento nada fisiológico sino algo energético, como la vez en que me presentaron a alguien a quien mucha gente encontraba carismático y divertido, pero hacia quien yo solo percibía una barrera transparente, como una pared, que me protegía ante él.

Me gustaría decirte que yo ya no cometo el error de no hacer caso a lo que mi cuerpo me dice, pero te estaría mintiendo. Como la vez que, en plena sesión de ventas, mi cuerpo empezó a mandarme claras señales para que no aceptara trabajar con una clienta. Aún no había terminado la reunión y ya me sentía tremendamente drenada. Trabajar con aquella mujer fue un error incluso antes de que firmara y me pagara. Lamentablemente, mi cuerpo tenía razón. Su falta de responsabilidad, de compromiso y de implementación de mis consejos hicieron que la experiencia fuera agónica y que ninguna de las dos saliera satisfecha. ¿Por qué no me hice caso? Porque mi lógica se metió por medio y empezó a decirme que menuda tontería no trabajar con ella, que su empresa podía dar mucho juego, que podía ser un proyecto bonito y, sobre todo, porque aceptando a esa clienta completaba el grupo de diez empresarios con los que trabajaría en los siguientes seis meses, y mi vanidad por tener el grupo completo venció a las advertencias de mi ser esencial.

Tu cuerpo no elaborará argumentaciones para defender su mensaje de sí o no a algo, así que, ante la razón, siempre tendrá las de perder. Tu cuerpo solo te pide que confíes en él porque dispone de más información de la que tu mente es capaz de percibir y porque cuando no le haces caso, siempre tienes problemas. Además, tu cuerpo no te engaña, no tiene motivo alguno para hacerlo, no es retorcido como la mente, sino que es simple y llano, y en su simplicidad está su poder.

 Para ayudarte a entrenar tu conexión con tu cuerpo, estar más receptivo a sus señales y saber interpretarlas he creado una práctica en formato audio que puedes descargarte gratuitamente como bonus de este libro y que encontrarás en **LaVidaQueQuiero.com/bonus**

Tu intuición

¿Alguna vez has tenido algún golpe intuitivo que has ignorado o rechazado porque te pareció absurdo y luego te diste cuenta de que deberías haberte hecho caso? ¡Exacto! Nuestra intuición es una fuente de información, casi una forma de inteligencia, pero como no se sustenta en nada empírico, no la escuchamos como merece.

Es difícil definir qué es la intuición, después de todo, es algo totalmente intangible, pero lo que más me sorprende es que nadie, ni siquiera la persona más racional, analítica o escéptica niega su existencia.

Encontramos muchas definiciones y todas están en la línea de «conocimiento inmediato e impredecible en el que no media la razón», y esta es precisamente la clave: saber sin saber cómo lo sabes, por lo tanto, entenderás que a tu ser esencial le encante usar este canal para comunicarse contigo.

Personalmente tengo la teoría de que la intuición se nutre de nuestro inconsciente, en el que la mente lógica y racional no tiene ninguna oportunidad y, por lo tanto, nuestro ser social no puede entrar en él, mientras que nuestro ser esencial campa allí a sus anchas.

Aunque tu intuición puede tender a manifestarse de una forma concreta, puede expresarse de varias formas, incluso de todas las que siguen a la vez: algunas personas directamente ven algo, muchos oyen mensajes, algunos la sienten en sus cuerpos y otros, simplemente, saben.

Todos tenemos intuición por igual, hombres y mujeres, solo que algunos están más entrenados que otros para escucharla y prestarle atención. Por eso a continuación te propongo algunos ejercicios o prácticas, a fin de que fortalezcas este canal de comunicación con tu ser esencial y puedas escuchar con más claridad los mensajes que tiene para ti.

La duermevela (o el espacio entre la vigilia y el sueño)

¿Alguna vez te has fijado en lo que pasa por tu cabeza en esos minutos en los que te estás durmiendo o te estás despertando? Empiezas a ver y oír cosas raras y surrealistas, que parecen ya sueños, pero al no estar dormido aún, eres consciente de ellas. Este es un estado en el que tu mente racional ha desaparecido y, por lo tanto, no hay censura ni crítica alguna y tu inconsciente puede expresarse con libertad. Si consigues darte cuenta de esos momentos verás la interesante información que emiten. No es de extrañar que, en momentos de duermevela, llegues a soluciones a problemas o que encuentres ideas y respuestas a temas a los que llevabas tiempo dándoles vueltas. La próxima vez que te acuestes, procura darte cuenta de lo que pasa por tu cabeza en esos minutos previos al sueño. A veces no tiene sentido, pero otras, es muy revelador.

Las páginas matutinas

El famoso ejercicio de Julia Cameron de las páginas matutinas es también una maravillosa forma de entrenar la escucha de tu intuición. La propuesta es simple pero requiere constancia. Básicamente consiste en escribir tres páginas cada mañana, como sea, salga lo que salga. Es decir, no es un diario, ni tampoco una redacción, sino una práctica de escritura libre, a poder ser, nada más salir de la cama o, en su defecto, lo más pronto posible. La cuestión es que no debes parar de escribir hasta que completes esas tres páginas, y si no sabes qué más poner, anota «No sé qué más escribir» tantas veces como sea necesario hasta desencallarte. En esas páginas puedes escribir tus miedos, tus anhelos, tus preocupaciones, tu plan para ese día, lo enfadado que estás con tu hermana por lo que te ha dicho, lo injusto que es tal y tal cosa, lo bueno que sería ese proyecto, tu lista de la compra, ¡lo que quieras! Pero no pares. Este ejercicio te ayudará a vaciar la mente y, con el paso de los días y las semanas, verás cómo empiezan a emerger ideas y mensajes de un tú más sabio (tu ser esencial).

Mi propuesta para ti es que incorpores esta práctica en tu día a día con la máxima frecuencia posible. Con el tiempo y la constancia, los mensajes de tu verdadero yo empezarán a manifestarse en esas páginas cada vez con más fuerza, hasta que llegarás a sintonizar con tu ser esencial completamente a demanda.

Los sueños

Los sueños quizá no sean una expresión de tu intuición, pero el simbolismo que contienen y los mensajes que conllevan hacen que este sea el espacio en el libro en el que quiero hablarte de ellos.

A diferencia de lo que popularmente se cree, desde mi punto de vista los sueños no tienen una simbología universal. Es decir, soñar con bebés no significa el inicio de proyectos, matar a alguien en un sueño no implica que te lo quieras cargar, ni soñar con dientes significa que quieras romper con nada.

Personalmente, prefiero el enfoque de Carl Jung, quien entendía que los sueños son intentos del inconsciente de comunicar cosas importantes y, por lo tanto, cada elemento que aparece en un sueño tiene su propia simbología intransferible a otro individuo. Es decir, que yo sueñe con agua no significa emociones necesariamente, aunque la gente se empeñe en ello. Según mi análisis, el agua puede significar la vida, la abundancia, mi familia o lo que sea que quiera decir para mí. Tu ser esencial, pues, utiliza los sueños para comunicarse contigo, y cada uno de los elementos que aparecen en ellos son, en realidad, tú. Deja que te explique cómo funciona para que me entiendas mejor. Para ello te contaré el método de análisis de sueños del psicólogo junguiano Robert Johnson.

 Por cierto, tienes este ejercicio en el cuaderno de trabajo que puedes descargarte gratis junto con otros bonus en **LaVidaQueQuiero.com/bonus**

Elige un sueño que hayas tenido y escribe todo lo que recuerdes de él. Luego fíjate en la tabla que encontrarás debajo de estas líneas. Debes enumerar cada objeto, persona, lugar, sensación, emoción o imagen de tu sueño que te llame la atención en la columna «Símbolos» de la tabla. ¿Hecho? ¡Perfecto!

Enlaza todos los símbolos en un mensaje	¿Cómo estás intentando ayudarme? ¿Qué quieres que sepa o entienda? ¿Cuál es tu propósito?	¿Qué parte de ti es eso? ¿Dónde ves esa característica en tu persona?	Encuentra asociaciones para cada símbolo	Símbolos

El siguiente paso es tomar cada uno de esos símbolos y hacer asociaciones. ¿Qué emociones o sensaciones te despierta ese símbolo? ¿Qué te viene a la mente cuando lo tomas en consideración? ¿A qué te recuerda? Sé rápido en tus respuestas, no las medites ni las elabores, tampoco las censures. No hay respuestas absurdas. Las primeras asociaciones que hagas serán muy obvias, pero las últimas resultarán muy interesantes. Por ejemplo:

- Mar: profundidad, oscuridad, vida, miedo, ¿y si me caigo y me ahogo?, etc.
- Puerta con pomo por fuera pero no por dentro: no puedo salir, entran y se quedan, obligación, límite, etc.
- Local en obras al lado de mi casa: acomodación, renovación, poner bonito, transformación, evolución, cerca, acercándose, mi identidad profesional.

¿Lo ves? De hecho, la lista de asociaciones tendría que ser bastante más larga; esta es solo para que te hagas una idea. Es este un paso importantísimo al que debes dedicarle todo el tiempo que necesites. Si saltas directamente a la interpretación, fallarás. A veces he pasado días pensando en asociaciones de símbolos que hay en mis sueños. Tú no tienes por qué tardar tanto, pero tampoco te des prisa si no te salen las respuestas. Sabrás que has dado con la asociación correcta porque algo hará clic dentro de ti. De pronto leerás lo que te ha salido y te sobrecogerá.

El siguiente paso es conectar esos símbolos y lo que representan con dinámicas internas tuyas. Para ello es muy útil hacerte preguntas como: ¿Qué parte de mí es eso? ¿Dónde he visto eso actuar en mi vida? ¿Dónde veo esas mismas características en mi personalidad? ¿Quién, dentro de mí, se comporta así o se siente así?

Una vez hayas identificado esa dinámica en ti, responde, en primera persona del singular, a las siguientes preguntas: ¿Qué estoy intentando que sepas? ¿Cómo quiero ayudarte?

Es decir, si en tu sueño había un bote de mermelada, que has asociado con «empalagoso» y de ahí lo has conectado con lo necesitado y ansioso que te vuelves cuando estás en una relación, debes responder en primera persona a la pregunta «¿Qué estoy intentando que sepas?». Por ejemplo: «Soy tu ansiedad cuando alguien te ama y quiero que sepas que…».

Así pues, todos los símbolos de tu sueño son una parte de ti y tienen un propósito. Al convertirte en cada uno de esos símbolos y responder en primera persona escribiendo lo primero que te venga a la mente sin censuras, descubrirás mensajes importantes de tu ser esencial.

El último paso consiste en juntar todos los símbolos o, más bien, lo que significa cada uno de ellos en un mensaje. En tu sueño no habrá solo un bote de mermelada, seguramente hay más cosas. Júntalas y extrapola el mensaje.

Solo una nota: Johnson hace algunas aclaraciones importantes. A la hora de encontrar el mensaje del sueño, te recomienda que elijas una interpretación que no conocías, es decir, no te quedes con un mensaje que tú, en el fondo, ya sabías. También recomienda evitar quedarte con interpretaciones que inflen tu ego o te congratulen, o aquellas en las que te quites de encima alguna responsabilidad.

Cuando empieces a reconocer los mensajes de tu ser esencial a través de los símbolos de tus sueños verás con claridad cuáles son los pasos que debes dar hacia la vida que quieres.

El arte

Una de las prácticas que utilicé para superar un trauma en mi vida fue la arteterapia. Si te soy franca, antes de esa experiencia, yo pensaba que la arteterapia era una chorrada, pero, después de la evolución que vi en mí gracias a las sesiones individuales y en otras personas en sesiones grupales, quedé rendida ante la obviedad de su eficacia, no solo para sanar el trauma, sino para canalizar cualquier mensaje de tu ser esencial.

Una de las actividades que me encargaba la arteterapeuta era hacer un collage con cada luna llena (aunque lo de la luna creo que no es un requisito imprescindible). El proceso era sencillo, muy intuitivo y visceral. Ojeaba las páginas de una montaña de revistas viejas del *National Geographic* que había encontrado en casa de mi abuela y arrancaba aquellas en las que aparecían cosas que me llamaban la atención. A veces eran fotos; otras, palabras. No había ningún criterio de selección, solo seguir lo que mi instinto me señalara. Luego cogía una cartulina de tamaño DIN A3 y me ponía a montar lo que me saliera de dentro. Los primeros collages que hice eran oscuros y siniestros debido a mi tristeza y dolor, pero, con el paso de los meses, se volvieron luminosos y bellos. El ejercicio final, una vez terminado un collage, consistía en «convertirme» en él y preguntarme qué representaba aquel collage, qué mensaje tenía para mí, y responder en primera persona. Así que tomaba una hoja y escribía, por ejemplo, «Yo soy tu miedo a…» y continuaba con el mensaje, o «Soy tu futuro y…», etc.

Lo bueno de los collages es que se saltan el prejuicio de si pintas bien o mal y van directos a la expresión del mensaje de tu ser esencial. Si los collages no son lo tuyo, puedes usar cualquier medio artístico para expresarte intuitivamente, puede ser la pintura, la fotografía o, incluso, la música o el baile. La cuestión es preguntar, siempre al final, a lo que has creado qué representa y cuál es su mensaje para ti y, después, responder en primera persona del singular.

Te animo a que pruebes este ejercicio ya que con el arte somos capaces de expresar y de sacar de dentro mensajes que las palabras no llegan a comunicar.

A estas alturas te habrás dado cuenta de que potenciar tu intuición y conectar con tu ser esencial es en realidad entrar en contacto con una parte indomada de ti, no condicionada por la lógica y la razón. Tu ser esencial te pide, pues, una mente abierta y escuchar con el corazón en lugar de con el cerebro.

Tus emociones

¿Alguna vez te ha pasado que no entendías por qué te sentías triste en determinada situación? ¿O quizá no sabías definir qué es lo que sentías para, pasados un par de días, darte cuenta de que lo que tenías era vergüenza o envidia?

Parece increíble que a veces nos cueste descifrar qué es lo que sentimos, ¿verdad? Pero es más común de lo que podrías pensar, sobre todo debido a nuestra permanente monitorización de lo que pasa fuera de nosotros y de lo que piensan los demás.

Nuestra dificultad para entender lo que nos ocurre también puede darse por la intensidad con la que sentimos nuestras emociones. Mientras que llorar es un signo evidente de tristeza la mayoría de las veces, la melancolía tiene una sutileza que hace que pueda pasar desapercibida. Lo mismo ocurre con la rabia. Nadie niega esta emoción cuando nos sentimos iracundos, pero es más complicada detectarla en su intensidad más suave, como podría ser la insatisfacción o el asqueo.

Tu ser esencial se expresa a través de tus emociones, las cuales tienen sus propios significados, funciones y mensajes. Entender el papel que desempeñan tus emociones te dará gran claridad, te ayudará a comprenderte y a saber cómo usarlas para conseguir cualquier objetivo y acercarte así a la vida que quieres.

La verdad es que existen muchas emociones, los expertos dicen que han identificado unas veintisiete, pero para hacer más fácil tu reconexión con tu ser esencial y escuchar mejor sus mensajes, nos centraremos solo en cuatro: la alegría, el miedo, la tristeza y la rabia. No solo estas emociones son las más sencillas de reconocer en uno mismo, sino que funcionan como categorías de las demás.

La alegría

Empezaré por la alegría. Puede manifestarse de muchas maneras e intensidades: puedes sentirla como entusiasmo o incluso como satisfacción y paz interior. La alegría es la emoción más fácil y directa de explicar, no tiene demasiado secreto. Sentir alegría es un claro indicador de que vas por buen camino y de que estás siguiendo la ruta que tu verdadera naturaleza te indica para llegar a tu mejor vida.

En la medida de lo posible, quieres hacer las cosas y tomar las decisiones que mayor alegría te den. Es evidente que no todo lo que tendrás que hacer para llegar a la vida que quieres te despertará esta emoción, pero sabrás que estás acertando en la visión de lo que quieres por la alegría que te causará la sola idea de conseguirlo.

Sin embargo, vivir alineado con tu ser esencial no está limitado a los objetivos que te marques. Puedes perfectamente vivir en el presente dejándote guiar por la alegría que te despierten las cosas. ¿Quedar con esa amiga de cuyas citas sales con un bajón impresionante? No, gracias. ¿Ir a esas clases de claqué de las que sales de subidón a pesar de ser pésimo bailando? Ponme dos de estas, por favor.

En la siguiente fase de tu viaje te enseñaré cómo usar la alegría para definir objetivos según la voz de tu ser esencial, pero por ahora quédate con que son su mensaje.

El mensaje de tu ser esencial a través de la alegría es: Vas por buen camino. Lo que estás viviendo o haciendo, sea lo que sea, está alineado conmigo.

El miedo

El miedo es otra de las emociones que sentimos. De hecho, es la más frecuente y paralizante. Puede expresarse de manera obvia, pero también puede tomar muchas formas, como perfeccionismo, vergüenza o indecisión, que nos impiden que nos demos cuenta de que en realidad estamos muertos de miedo de, por ejemplo, fracasar, ser rechazados, mostrarnos vulnerables, etc.

El problema está en que interpretamos el miedo como una señal de que no debemos continuar por ahí o de que nos hemos equivocado. Sin embargo, más allá del miedo atávico que podría ser el miedo a caerte, a hacerte daño o a cualquier situación en la que corras peligro físico, el miedo es en realidad una manifestación de tu crítico interno, primo hermano de tu ser social, que te dice que no te muevas porque desconoce qué puede haber más allá.

Así pues, el miedo surge cuando te mueves y avanzas hacia la vida que quieres y aparece cuando retas el marco de lo que creías posible o de lo que pensabas que merecías.

Hablaré más del miedo y de las formas en las que se manifiesta en los próximo capítulos, pero por ahora me gustaría que entendieras que sentirlo no es negativo, sino más bien un signo positivo, una señal de avance y progreso.

El mensaje de tu ser esencial a través del miedo es: Continúa, te estás moviendo y eso es bueno. La vida que quieres se dará porque trasciendes tus miedos.

La tristeza

Pasemos ahora a hablar de la tristeza. Es una de las emociones más incomprendidas en nuestra sociedad. Es más, nos molesta sentirla y nos incomoda verla en los demás. Tenemos prisa por librarnos de ella y a menudo no entendemos y nos preguntamos: «¿Cómo puede ser que, habiendo ya pasado X meses desde que ocurrió X, siga estando triste?».

La tristeza es necesaria porque es parte del proceso del duelo. Sentimos tristeza, con mayor o menor intensidad, siempre que perdemos algo, una persona, una relación, un negocio, la salud o un sueño, o ante cualquier decepción. De hecho, es normal sentir tristeza o nostalgia cuando nuestra vida cambia en la fase de la ruptura, ya que no deja de ser una despedida de aquello que tuvimos o fuimos. Lo que fue no será más, y eso puede causar pesar y nostalgia.

Tienes derecho a sentirte triste, por pequeño que en apariencia sea el motivo. Puedes incluso sentirte triste por haber dejado atrás tu vida anterior, a pesar de que el cambio que has conseguido sea el sueño que perseguías. Ocurre con frecuencia, por ejemplo, que, cuando te conviertes en madre, a pesar de que adoras a tu hijo con todo tu corazón, extrañas tu individualidad y la vida anterior, que sabes que no volverá.

La tristeza tiene su propio ritmo, que, a nuestro pesar, acostumbra a ser más lento que el ritmo de nuestra mente o, incluso, de nuestro cuerpo. Es decir que, por mucho que entiendas por qué ocurrió tal cosa y tu cuerpo ya haya cerrado las heridas y cicatrizado, tu alma tiene su propio compás, y no lo marcas tú. Lo único que puedes hacer es darte tiempo y ser muy paciente y compasivo contigo mismo.

La tristeza solo necesita expresarse y se «cura» sola. No puedes forzar su desaparición ni acelerar su sanación. Puedes engañarte y decirte que ya estás bien o puedes evadirte para evitar sentirla, pero siempre encontrará una grieta por la que colarse en tu vida cuando bajes la guardia o te explotará directamente en la cara cuando menos te lo esperas.

Intentar saltarte este proceso de duelo para evitar sentir tristeza es inútil y contraproducente. Lo único que puedes hacer es darle espacio para sentirla.

Por otro lado, la tristeza, como todas las emociones, funciona por olas.

De hecho, todas las emociones, hasta la más desgarradora, duran unos noventa segundos. Por lo tanto, cuando hablamos de sentir o gestionar la tristeza, hablamos de encontrar la forma de superar las olas que te atraviesan. Con el tiempo, serán cada vez más pequeñas y menos frecuentes, hasta que un día te darás cuenta de que, simplemente, estás en paz con lo que te pasó.

El mensaje de tu ser esencial a través de la tristeza es: Te has despedido de algo y estás haciendo el duelo. No te fuerces, date tiempo, sé paciente y tierno. Crea el espacio para sentir tu tristeza y, así, procesarla.

La rabia

Pasemos ahora a hablar de la rabia. Esta es una emoción muy interesante y el modo en que la gestiones, junto con la toma de responsabilidad, es lo que te catapultará hacia las siguientes fases en la consecución de tus metas.

La rabia es una emoción con mala reputación y muy desaprovechada. Por un lado, está mal vista y buscamos formas de aplacarla diciéndonos que hay que aceptar las cosas como son o que la clave de la felicidad es el desapego. Y, por el otro, cuando la sentimos, nos encallamos en ella, y la cristalizamos en forma de queja y victimismo, algo que no queremos para nada y que ya hemos dejado atrás, ¿verdad?

La rabia puede manifestarse de manera obvia, con un cabreo monumental, por ejemplo, o sutilmente, como cuando algo, simplemente, te molesta. Ambas son expresiones de rabia en distintas intensidades.

Desde mi punto de vista, todas las emociones son buenas y necesarias desde el mismo momento en el que la biología nos dotó de ellas. Así que no me gusta pensar que la rabia es inadecuada y que debo deshacerme de ella cuando la siento, o que soy defectuosa y hay algo malo en mí si me enfado.

¿Cuál es el mensaje de la rabia? Como dice Julia Cameron en su libro *El camino del artista*: «Estamos destinados a usar la rabia como combustible para emprender las acciones necesarias para movernos hacia donde apunta nuestra rabia».

La rabia es, pues, una llamada a la acción, es tu ser esencial indicándote dónde tienes que actuar y qué tienes que cambiar en tu vida. Sabiéndolo, la rabia se convierte en una herramienta de tremenda utilidad, puesto que pone luz en tus cambios pendientes. Si la utilizas para actuar en la dirección que te indica, tomando las decisiones apropiadas y pasando a la acción, te acercarás a la vida que quieres. Si, por el contrario, decides lamentarte sin cambiar nada, caerás en el victimismo y la queja, y todo seguirá igual.

El mensaje de tu ser esencial a través de la rabia es: Hay algo que debes cambiar en tu vida. Ocúpate de ello y no lo dejes para más adelante.

Recuerdo como si fuera ayer una vez que estaba sentada en la terraza de un pequeño café del barrio de Glockenbach de Múnich. Mi amiga Gabi y yo aprovechábamos los últimos días de calor antes de la llegada del frío y lluvioso otoño. Hacía unas pocas semanas que me había mudado a Alemania para vivir con mi pareja de entonces y justo empezaba a asentar mi vida.

—*Wie geht's?* —me preguntó.

—Bien, bien… Bueno, voy tirando… ¿Sinceramente? La verdad es que… siento tanta rabia que grito por dentro.

Y grité por dentro durante varios meses. A mi frustración profesional se le sumó un cabreo monumental con la vida. Vaya si gritaba. Estaba llena de rabia. Rabia por estar arruinada y deber tanto dinero con tan solo treinta años, rabia por no poder salir a cenar fuera como los demás, rabia por la minifalda que devolví porque necesitaba esos treinta y seis euros, rabia por no poder viajar a España cuando quisiera, rabia por tener semejante precariedad a aquellas alturas de la vida. Rabia por no saber a qué dedicarme después de cerrar mi negocio y por no tener la certeza de que el blog que había empezado terminara siendo el trabajo que me daría de comer. Rabia por la decepción.

Pero esa rabia se convirtió en mi mejor aliada. Mi rabia fue mi combustible. Mi rabia me dio fuerza, dirección, determinación y el foco necesarios. Esta vez haría las cosas de otra manera.

Necesité toda esa rabia para ser capaz de conseguir lo que más tarde logré, porque el camino resultó tener muchísima pendiente, pero valió la pena. Es más, recuerdo que al cabo de unos años encontré entre las hojas de un libro un papel que había dejado allí, supongo que como punto de lectura, en el que de mi puño y letra había escrito: «Grito por dentro».

Desde entonces no ha habido cambio en mi vida profesional y personal que no viniera precedido por la rabia canalizada en acción, y así es como te sugiero a ti que utilices la rabia a tu favor.

¿Estás harto de ese empleado incompetente? Pues en lugar de quejarte a quien nada puede hacer, inicia la conversación que sabes debes tener con él para que cambie de actitud o deja que se marche, pero para de despotricar sin hacer nada.

¿Que odias el empleo que tienes? Pues deja de quejarte y canaliza tu rabia en la búsqueda de otro trabajo o en la formación que te falta para acceder a un cargo mejor.

La alegría, la tristeza, el miedo y la rabia son, pues, las cuatro emociones principales con las que te propongo trabajar para reconectar con tu ser esencial y entender sus mensajes. Como te decía, no son las únicas emociones que sentimos, pero sí son las más fáciles de identificar. Sigue los mensajes de tus emociones y caminarás alineado con tu verdadera naturaleza.

Llegados a este tramo del camino, quiero felicitarte. La fase de la ruptura puede ser aterradora, pero la estás dejando atrás. Ahora ya entiendes cómo y para qué empezaste el viaje, y has superado la tormenta tomando con fuerza el timón. Además, te has reencontrado con tu ser esencial, que es quien conoce tu mejor destino. La aventura no ha terminado pero la etapa más convulsa ya pasó. Fíjate, la niebla se está disipando y las aguas están más calmadas. Entras ahora en la siguiente etapa de tu camino. Es hora de poner rumbo en la dirección correcta.

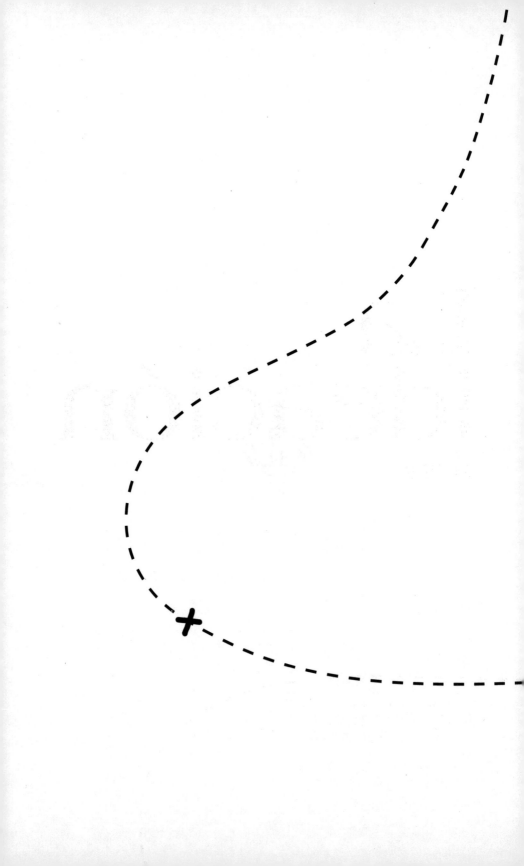

La ideación

FASE 2

Bienvenido a la segunda etapa de tu viaje hacia la vida que quieres. Ya estás preparado para desplegar las velas y partir, pero antes de levar el ancla y zarpar de nuevo es necesario que te asegures de que, esta vez, te diriges al destino que más feliz te hará. Ante ti se extiende un sinfín de posibilidades, pero de entre todas los puertos, direcciones e islas a los que podrías navegar, debes escoger uno, el tuyo.

Sin embargo, son tantas las alternativas entre las que elegir que es ahí donde muchos se equivocan. Por fortuna, a estas alturas del camino ya eres otra persona. No solo te sabes y te sientes responsable de tu vida y de tu realización, sino que, además, cuentas con tu ser esencial, al que puedes consultar para tomar decisiones.

Entras pues en la fase de la ideación, en la que defines tu visión y tu mejor vida. Sin embargo, antes de perfilar ese destino tienes que hacerte algunas preguntas. Y es que no puedes imaginar la vida que quieres con absoluta libertad y sin censuras si previamente no llevas a cabo una auditoría interna. Me refiero a que, para poder definir la vida que más feliz te hará, debes asegurarte de que tus creencias, entre otras cosas, no limitan tus deseos y que, por lo tanto, te das todo el permiso para soñar.

Esta es una etapa imprescindible y muy reveladora, en la que puedes llegar a disfrutar mucho. Al acabar esta parte, no solo tendrás tu visión definida, es decir, el mapa hacia tu mejor vida, sino que serás también una persona renovada al cuestionar los límites de lo que creías posible, de lo que te creías capaz y de lo que pensabas que merecías.

¡Empecemos!

- 4 -

Tu visión

Verás, en la vida, siempre llegarás a algún lado, pero la clave para crear la vida que quieres es ser intencional, es decir, que marques tú el destino, en lugar de ir a la deriva dejándote llevar por las corrientes y los vientos en contra de los obstáculos y los problemas. Te sorprendería saber cuántas personas operan sin ninguna dirección, sin saber qué quieren en realidad porque nunca se han parado a pensarlo. La mera pregunta «¿Qué es lo que quieres?» los descoloca y hace que se encojan de hombros y respondan con un tímido: «Pues no sé, ser feliz, estar tranquilo, supongo».

Para que donde vayas a parar sea la isla o el puerto al que tú quieres realmente llegar es imprescindible que definas tu visión. Tu visión es, pues, la diana hacia la que vas a apuntar, la estrella polar que siempre te indicará el norte, incluso cuando navegues en las noches más oscuras.

Tu visión es tu vida ideal, cómo te gustaría que fuera a largo plazo, lo cual es también una potente fuente de motivación y de perseverancia. Mi visión, por ejemplo, no solo me ayudó a arrancar mi negocio, sino que me sigue ayudando a persistir en momentos de crisis.

Quiero enfatizar que tu visión no es lo que crees que vas a conseguir en un año, puesto que eso sería tu plan de acción. Tu visión, en realidad, va más allá. Es el sueño que tienes para ti, tu anhelo más íntimo, aquello que, quizá por vergüenza, no osas siquiera decir en voz alta o reconocerte a ti mismo acerca de cómo te gustaría que fuera tu vida a largo plazo. Tu visión es, pues, tu sueño y no necesitas saber ahora mismo cómo lo vas a lograr.

«Pero, Laura, ¿cómo voy yo a saber lo que quiero a varios años vista si ni siquiera sé lo que quiero para el año que viene?». ¡Ajá! Fíjate en lo que acabas de decirme. No se trata de saber lo que querrás en el futuro, sino de saber cómo desde el ahora mismo te gustaría que fuera tu futuro. Por lo tanto, e inevitablemente, tu visión irá evolucionando conforme pasen los años y cambien tus circunstancias personales.

Por ejemplo, al arrancar mi negocio actual mi visión era, simplemente, ser de clase media y vivir tranquila. Estaba tan quemada por mi precariedad económica que me recuerdo pensando que si conseguía facturar treinta mil euros al año y liquidar mi deuda, me consideraría una persona de éxito. En mi vida ideal también había un negocio que me diera libertad, que no me obligara a estar en un lugar concreto sino que pudiera trabajar desde cualquier parte del mundo, y que se hallara alineado con mi talento y mi propósito. Conforme mi relación de entonces fue afianzándose, en mi visión apareció también una familia y un piso mejor y una vida a caballo entre Múnich y Barcelona. Pero cuando esa relación se terminó y alcancé la facturación que soñaba, en mi visión hubo objetivos económicos mayores, tener un piso en Barcelona cerca de mis padres, trabajar solo media jornada y, sobre todo, tener igualmente una familia.

Es evidente que tus deseos para el futuro vienen determinados por tus experiencias actuales. Conforme cambie tu momento vital o logres los objetivos que te marques, tu visión irá evolucionando y creciendo. Así que no te preocupes, la visión que te pido que definas al final de esta parte no es un contrato para toda la vida, puedes renegociarlo siempre que lo necesites. Lo importante es que encuentres tu destino, esa vida ideal hacia la que apuntar porque esa será tu dirección y marcará tus acciones.

De hecho, tu visión es también el filtro por el que deberías pasar tus decisiones. Por ejemplo, si en tu visión te ves viviendo en

París, no te desvíes de tu ruta aceptando asociarte con alguien para llevar un restaurante en tu ciudad. Ante cualquier decisión o propuesta pregúntate siempre: «¿Esto me acerca a mi visión o me aleja de ella?». Este es un ejercicio que yo siempre aplico, sobre todo en mi negocio. ¿Me acerca o me aleja de mi visión participar en esta convención? ¿Me acerca o me aleja de la vida que quiero involucrarme con esta persona? Aplicando esta simple herramienta te aseguras de no desviarte de tu ruta, de serte fiel a ti mismo y a lo que quieres en lo más profundo, y a no dejarte deslumbrar por brillantes propuestas (y a veces personas) que quizá no te lleven a ninguna parte.

Uno de los fallos que con más frecuencia detecto cuando la gente define su visión es que se quedan cortos. Por algunas de las razones de las que hablaremos en los siguientes capítulos, en lugar de soltarse, darse permiso y soñar cuando toca definir su visión, se limitan y censuran sus sueños, y redactan visiones que parecen más un *business plan* que un anhelo.

Así que, como no quiero que te salga una visión castrada y pobre, sino que reclames tus sueños sin pedir disculpas ni permiso, te propongo que empieces a darle vueltas al tema comenzando por responder simplemente a las preguntas: «¿Te imaginas que... ?» o «¿Y si...?». En serio, pasa el resto del día completando estas frases.

Tengo una escena grabada en mi memoria que ejemplifica lo que quiero decir. Cuando mi hermano y yo éramos pequeños, desayunábamos juntos en la mesa de la cocina y por un tiempo a mi hermano le dio por imaginarse que ganaba mil millones de las antiguas pesetas. Recuerdo que estaba tomando la leche en esa mesa y le oí decir: «¿Te imaginas tener mil millones? ¿Qué harías?». Él siempre respondía que con ese dinero se compraría una granja. La verdad es que no teníamos ni la más remota idea de cuánto era en realidad aquella suma de dinero, solo percibíamos que era mucho, al menos para la época, y que todo era posible con aquella cantidad. Así que le pedíamos a la vida todo sin poner en duda la viabilidad de nuestros deseos. Esa es la magia de los niños: durante los primeros años, deseamos y soñamos sin censurarnos, sin pensar si lo que queremos es posible o lo merecemos.

Pues bien, yo quiero que tú conectes con esa parte de ti que aún imagina sin límites. Quiero que te des permiso para fantasear y soñar despierto, que aparques tu mente analítica y des rienda suelta a tus deseos. Porque por ahora no es preciso que sepas cómo vas a hacer realidad tu sueño, de momento basta con que lo tengas, y esto es lo que voy a ayudarte a hacer en las siguientes páginas. Sin embargo, para que la vida que quieres acabe haciéndose realidad, para no quedarte corto en tu sueño y para acertar con tu destino hay una serie de factores que debes tener en cuenta. Y es que, sea como sea tu visión:

- Debes asegurarte de que es la «correcta».
- Debes creer que lo que quieres es posible.
- Debes creerte capaz de conseguirlo.
- Y debes sentirte merecedor de recibirlo.

Te prometo que al finalizar esta parte tendrás tu visión perfilada, pero antes debemos abordar estos factores que condicionan cómo defines la vida que quieres y el permiso que te das para soñarla. Solo una última pregunta: ¿Sabes bucear? ¡Genial! Pues dame la mano, que empezamos la inmersión.

LA VISIÓN «CORRECTA»

Juan es una persona sociable a quien le encanta estar siempre con sus amigos. De hecho, yo siempre le tomo el pelo, le digo que es un «todólogo», porque da la impresión de que sabe poco de muchas cosas, y bromeo diciéndole que se equivocó de profesión, que tendría que haber ido para tertuliano de algún programa de radio. Juan es ahora una persona feliz con su empresa de hostelería, pero durante varios años sentía que se asfixiaba con su empleo en la banca. Presionado por el entorno, eligió estudiar Empresariales en la universidad, como muchos hacen, porque era una carrera con salida que le serviría para todo, aunque estaba absolutamente alejada de su ser esencial. Al terminar los estudios se vio atrapado en una vida en la que tenía que vestir de traje y corbata, y someterse a una jerarquía, lo que era contrario a su naturaleza antiautoridad. Por suerte, Juan no dejó que pasaran demasiados años antes de tomar la valiente decisión de abandonar aquel envidiado empleo y montar un bar con su socio tras invertir los ahorros que tenían. Ahora hace con su vida lo que le da la gana (o lo que le permiten las obligaciones de tener dos bares y más de quince empleados), viste como quiere y es su propio jefe, pero para ello tuvo que desprenderse de lo que se esperaba de él y hacer oídos sordos a los mensajes que recibía para que no dejara su empleo en el banco. Juan conectó con su visión, el destino que le gritaba su ser esencial y se aferró a ese proyecto a pesar de la aparente locura de su decisión.

Para que de entre todas las islas que existen en el mapa aciertes eligiendo tu mejor destino es necesario que tu visión cumpla una serie de requisitos:

- Que nazca de tu ser esencial.
- Que esté alineada con tus valores.
- Que tenga en cuenta tus fortalezas.

Deja que a continuación explique un poco mejor cada uno de estos puntos y que comparta contigo unas herramientas que te ayudarán a aplicar este criterio con seguridad.

Tu visión debe nacer de tu ser esencial

Sinceramente, creo que a estas alturas este será un paso relativamente fácil para ti, gracias a todo el trabajo que has hecho en la primera parte del libro, donde has reconectado con tu ser esencial, pero no puedo dejar de mencionarlo. Tu mejor destino es siempre el deseo de tu ser esencial, porque se basa en lo que tú quieres realmente. La visión correcta, pues, no es aquella que creas para complacer a nadie ni para cumplir con ninguna expectativa. Es decir, tu visión no está diseñada según los criterios de los demás. Esto te parecerá una obviedad, pero es alarmante percatarse de la cantidad de decisiones que tomamos dejándonos llevar por nuestro ser social y sus ansias de encajar.

¿Cómo saber si la visión que diseñarás es la tuya propia, y no el resultado de querer cumplir con las expectativas de tu entorno? Respondiendo a las preguntas: «¿Qué motivo tengo para conseguir lo que quiero?», «¿Para qué lo quiero?», «¿Cuál es el motivador para lograrlo?». Que no es lo mismo que preguntarse: «¿Por qué lo quiero?». Porque no nos interesa el motivo causante, el origen, sino el destino, es decir, «¿Qué quieres en última instancia tener/ser/vivir al alcanzar tu anhelo?».

Por ejemplo, si al empezar mi negocio me hubieras preguntado por qué lo quería, te habría respondido: «Porque cerré el anterior, porque debo mucho dinero, porque algo tengo que hacer con mi vida». Sin embargo, si me hubieras preguntado para qué quiero mi negocio, te hubiera respondido: «Para tener una mejor vida y para sentirme satisfecha y realizada con lo que hago». ¿Ves la diferencia? No ponemos la mirada en el detonante de nuestro deseo, sino en la visión que queremos conseguir al alcanzar nuestros objetivos.

Al hacerte estas preguntas desvelarás tu verdadera motivación, detectando si en realidad dices que quieres algo para cumplir con las expectativas que han puesto en ti o para tu propia felicidad. Y es que si diseñas tu vida para encajar y complacer a los demás, te estás condenando a una existencia vacía y sin sentido, por mucho dinero, admiración o reconocimiento externo que consigas.

Una vez hayas definido tu visión, en el último capítulo de esta parte, recuerda volver a estas páginas y pasarla por el filtro de las preguntas:

- ¿Qué motivo tengo para conseguir esto?
- ¿Para qué lo quiero?
- ¿Qué busco ser/tener/vivir al perseguir esto?

Otra forma de asegurarte de que lo que deseas nace de tu ser esencial consiste en revisar los canales a través de los cuales este te habla, que son tu cuerpo, tus emociones y tu intuición.

Así pues, cuando redactes la vida que quieres y determines los objetivos que te llevarán a ella, quiero que te preguntes: «¿Qué siento en mi cuerpo al pensar en esto o leerlo en voz alta?». Escanea tu cuerpo para detectar si sientes ligereza y energía o, por el contrario, pesadez, cansancio, retortijones, respiración pesada o superficial, o cualquiera que sea la forma en la que te habla tu cuerpo para decirte que no vayas por ahí. ¿Tu cuerpo acepta o rechaza esa idea?

Luego, ¿qué emociones sientes cuando piensas en tu visión y tus objetivos? ¿Te encienden por dentro o te apagan? ¿Sientes entusiasmo, paz y alegría, o ansiedad, pereza o apatía? De nuevo, imagínate consiguiendo la vida que anhelas y, con toda franqueza, detecta las emociones que eso despierta en ti. Por ejemplo, yo llevo tiempo considerando cursar un grado universitario, y aunque hay una parte en mí que se enciende cuando lo pienso, no puedo esconder que también siento una tremenda pesadez en el pecho y una tibia pereza. Si soy honesta conmigo misma, la respuesta a la idea de volver a la universidad es un no, o al menos, no por ahora. Y si, además, me pregunto para qué quiero cursar ese grado, no puedo negar que una de las respuestas es «Para ganar prestigio» y, por lo tanto, esa idea nace de mi ser social, que quiere encajar, agradar, controlar lo externo a mí. Claro que puedo ignorar esas señales, pero ahora ya estoy advertida.

Y, por último, ¿qué te dice tu intuición cuando piensas en tu visión? Toma papel y boli, y escribe lo primero que te venga a la mente. ¿Cuál es la primera respuesta que sale sin editar ni censurarte? ¿Qué sueños tienes últimamente que puedan darte mensajes claros al respecto?

En realidad, no hay visión u objetivos correctos o incorrectos, todos son posibles caminos que se pueden tomar, pero solo uno te llevará a alcanzar la realización profesional y la felicidad personal que buscas. Recuerda que la respuesta la tienes dentro de ti, así que no pierdas el tiempo buscando bendiciones ni la aprobación de nadie. ¿Consultar? ¡Sí, claro! Pero, en última instancia, la decisión es tuya y tú eres la mejor persona a quien pedirle su opinión.

Solo una cosa más, elegir la vida que te indica tu verdadera naturaleza no está exento de dificultades, problemas o esfuerzo. Elegir desde tu ser esencial es una apuesta por una vida plena y significativa, aquella que, al final de tus días, te hará pensar que todo ha valido la pena, pero no es una promesa de una vida sin complicaciones ni momentos tediosos. Sin ir más lejos, cuando, por ejemplo, elegí tener un negocio propio, en absoluto estaba creando una vida sin sobresaltos, de la misma forma que cuando inicias una relación, lo último que vas a tener es una vida sin retos, por muy ideal y maravillosa que sea esa historia de amor.

Creo que es importante gestionar bien las expectativas al respecto, para que no te encuentres un día caminando en la dirección de tus sueños, sobrepasado por los retos a los que tengas que hacer frente y preguntándote si no tendría que ser más fácil.

En cualquier caso, para asegurarte de que la visión que perfilas es la que más feliz te hará y de que los objetivos que te marcas están alineados con ella, debes hacerte todas estas preguntas. Solo de esta manera, aunque te des cuenta de que tu vida actual está por completo desviada de tu visión, podrás corregir el rumbo para navegar, esta vez sí, hacia el puerto que eliges tú, no al que te llevan las corrientes de la vida.

Tu visión debe estar alineada con tus valores

Maite era una ginecóloga con tres hijos a quien le apasionaba su profesión. Sin embargo, llevar embarazos y asistir en los partos era en cierto modo incompatible con tener la vida familiar que anhelaba. Así de claro lo vio la Nochebuena en la que tuvo que ir corriendo al hospital para atender el parto de una paciente y dejar a sus hijos en una fecha tan señalada. Ese episodio fue la gota que colmó el vaso. Aquella noche, en el hospital, se dio cuenta de que no tenía sentido lo que estaba sucediendo, que si su familia era tan importante para ella, tendría que buscar otra forma de trabajar y que si su trabajo era tan valioso para ella, debía buscar otra fórmula. Así que diseñó un plan en el que no tenía que elegir entre su vida profesional y su vida personal, en el que los dos valores más importantes de su vida no se pisoteaban. Le tomó dos o tres años hacer el cambio, puesto que el movimiento era complicado, pero finalmente lo consiguió. Decidió dejar la obstetricia, especializarse en sexología y ginecología reparadora, y abrir una consulta para que los horarios fueran compatibles con los de sus hijos y el modelo de negocio fuera lo suficientemente escalable para que su empresa pudiera facturar sin estar ella siempre presente.

Maite es un buen ejemplo de cómo podemos encontrarnos en situaciones en las que nos sintamos desalineados de nuestros valores y de cómo podemos encontrar soluciones creativas para vivir de acuerdo con lo que creemos importante.

De hecho, una de las razones por las que muchas personas sienten que carecen de propósito en su vida o que una parte de su vida no tiene sentido es que viven una existencia en la que sus valores no son honrados.

Pero ¿qué son los valores? Por un lado, son deseos de tu corazón y, por otro, principios que te guían y motivan conforme avanzas en la vida. Los valores son también una dirección, más que un destino. No se llega a ellos, caminas hacia ellos o con ellos.

Detectar, pues, cuáles son tus valores y vivir alineado con ellos te ayuda a tener una profunda sensación de sentido, propósito y alegría, a sentir que tu vida es significativa incluso cuando todo va mal. Como los valores nacen de tu ser esencial, son una fantástica manera de asegurarte de que, si los honras, vas en la dirección hacia la vida que más feliz te hará.

Tus valores marcan una dirección y una forma de vivir. Quizá pienses que, si con ellos no consigues nada en concreto, ¿para qué operar según tus valores? Porque cuando vives alineado con ellos sientes de inmediato una inmensa satisfacción con tu vida, con independencia de lo que estés consiguiendo, porque si les haces caso te gustarás más y notarás que tu vida tiene propósito y sentido.

De hecho, nuestros valores son también fuente de motivación, puesto que nos ayudan a sobrellevar el esfuerzo y las dificultades. Así fue en mi caso cuando arranqué mi negocio y así sigue siendo en la actualidad. Dos de mis valores, por ejemplo, son la creatividad y la autoexpresión. Si no los tengo en cuenta, mi vida se empobrece y pierde parte de su sentido. Para mí es de suma importancia disponer de espacios de creatividad, tanto en mi vida profesional como en la personal, si no quiero apagarme.

Vivir en contra de tus valores lleva a que, si no pones remedio a las incongruencias entre lo que es importante para ti y lo que haces, entres de cabeza en una crisis. Y a estas alturas ya sabes que las crisis actúan como desencadenantes de transiciones e imponen cambios que tienes pendientes.

Otra característica de nuestros valores es que evolucionan y suben o bajan de posición en el ranking de los top cinco conforme vamos viviendo, al pasar por distintas etapas vitales o experimentar distintos acontecimientos. Lo que crees que es importante con veinte años puede cambiar cuando tienes un hijo, cuando enfermas o cuando llegas a cierta edad. Así que no tienes por qué aferrarte a valores que antes eran importantes para ti, si ahora no lo son tanto. No eres incoherente si tus prioridades cambian, ya que eso es lo más normal del mundo.

Así que ahora que ya has visto el importante papel que desempeñan tus valores a la hora de definir tu visión, tengo algunas preguntas para ti: ¿Qué es lo que hace que tu vida valga la pena ser vivida? ¿Qué es lo más importante para ti? La respuesta a estas preguntas te dará una idea de cuáles son tus valores.

Otra forma para identificarlos es fijándote en qué te gastas tu dinero y dónde se te va el tiempo. Por ejemplo, yo me gasto una cantidad indecente en libros y en formación al año, lo cual confirma que uno de mis valores es el conocimiento y mi crecimiento intelectual y espiritual.

Es decir, por tus actos te conocerás y por mucho que te llenes la boca de valores políticamente correctos, al final tus acciones te delatarán. No se trata pues de elegir valores que queden bien, al fin y al cabo no tienes que hablar de ellos con nadie. Se trata de vivir acorde con ellos, de ser coherente contigo mismo. Por ejemplo, no hay nada malo en no considerar los hijos como uno de tus valores. Lo importante entonces, si este es tu caso, es que no los tengas, y así honrar tus valores. ¿Lo ves? No hay valores correctos o incorrectos, todos son válidos y todos están bien.

Así que vamos a hacer una cosa: tienes dos minutos de reloj para apuntar lo que crees que es importante en la vida, lo que hace que la vida merezca la pena. Anota hasta diez cosas. Solo dos minutos. Sé espontáneo. No te censures.

Recuerda, tienes todos estos ejercicios en el cuaderno de trabajo que puedes descargar gratis en **LaVidaQueQuiero.com/bonus** junto con otros bonus.

Toma papel y bolígrafo o escribe a continuación entre ocho y diez cosas por las que vale la pena vivir o que son importantes en tu vida. No busques tópicos. Sigue tu primera intención. No quieras quedar bien con nadie.

¿Listo? ¿¡A qué esperas!? Tres, dos, uno… ¡Ya!

....

....

....

....

....

....

¿Lo tienes?

Bien. De toda esta lista vas a quedarte con los cuatro o cinco más importantes para ti en este momento de tu vida.

Estos son tus valores actuales, las cosas por las que trabajarás y saldrás adelante en cualquier situación o adversidad, a los que acudirás cuando busques sentido y fuerza para continuar. Porque los valores son eso, la razón por la que haces las cosas. Tu trabajo consiste ahora en caminar de la mano de estos valores y definir una visión alineada con ellos.

Tus valores son uno de los elementos que te ayudan a asegurarte de que la vida que quieres tener es la correcta, de acuerdo con tu ser esencial. Necesitas identificarlos y diseñar tu vida teniendo tus valores muy en cuenta. Por ejemplo, si uno de tus valores es la libertad, necesitarás un trabajo, una relación y una vida en general que te den libertad. Si uno de tus valores es la creatividad, necesitarás trabajar en algo que te permita expresarla y evitar la monotonía. Del mismo modo, lucharás por sacar adelante un negocio si este te permite ser libre y dar rienda suelta a tu creatividad. ¿Ves cómo se retroalimenta?

Si haciendo este ejercicio aún no lo ves claro, a veces ayuda saber qué no quieres más y empezar por ahí. ¿Qué es lo que no quieres más en tu vida? Quizá te des cuenta de que no quieres trabajar para otros, que estás harto de trabajar doce horas diarias en tu negocio, que ya no te motiva ganar más dinero, sino que lo que realmente quieres es ir a buscar a tus hijos al colegio y disfrutar de ellos ahora que son pequeños. Quizá lo que querrías es hacer escapadas con tu pareja de vez en cuando o simplemente trabajar desde casa. A lo mejor quieres cambiar el tipo de cliente para el que trabajas y decides que solo harás proyectos significativos que tengan un impacto positivo en la sociedad y no el mero beneficio económico. Estos son solo ejemplos para ayudarte a encontrar tus propios valores.

No lo olvides, no hay respuestas correctas o incorrectas. Todas son válidas. Viajar, la familia, la cultura, el arte, la libertad, el amor, el dinero, el disfrute, la amistad, la honestidad, la naturaleza, los deportes…, todos son valores válidos.

Una vez que tienes tus valores identificados, es hora de hacer un poco de auditoría de tu vida y preguntarte: «¿Hay algún aspecto de mi vida en el que no esté honrando mis valores? ¿En qué no soy fiel a lo que creo que es lo más importante para mí? ¿Qué aspectos de mi vida noto que no tienen sentido?». Y la pregunta más importante: «¿Qué cambios concretos tengo que hacer para vivir según mis valores y caminar así hacia mi visión?».

Rellena el siguiente espacio con tus respuestas.

Encuentra tus valores y serás invencible.

Tu visión debe estar alineada con tus fortalezas y tu talento

Si en la vida que quieres tu trabajo no es algo que tenga especial importancia, puedes saltarte este capítulo sin más. Sin embargo, si tu realización profesional es un requisito imprescindible para tu felicidad como lo es para mí, las siguientes páginas serán especialmente relevantes para ti.

Llegamos, pues, al último factor que condiciona que la isla que estás señalando en el mapa sea la que realmente te lleva hasta tu mejor vida: tus fortalezas.

Verás, identificar tu talento o tus fortalezas, y vivir alineado a ellas, no solo vuelve tu vida profesional más satisfactoria, sino que, en general, hace tu vida más fácil y placentera.

Según Ken Robinson, un talento es ese lugar donde lo que nos encanta hacer y aquello en lo que somos buenos convergen. Sabrás, pues, cuándo no estás trabajando desde tu talento: cuando no disfrutes de lo que haces, con independencia de la capacidad y la habilidad que tengas para ello y lo bien que se te dé. Ojo con lo que acabo de decir, porque es importante y puede hacer saltar tu vida por los aires, así que te lo volveré a escribir de otra forma: tu capacidad y tus habilidades para hacer algo bien no son tu talento si no te encanta lo que haces ni disfrutas con ello. Ahí lo dejo.

Por ejemplo, yo sé cocinar muy bien pero lo odio. De hecho, cada vez soporto menos cocinar. El problema es que me encanta comer y, para colmo, los humanos estamos diseñados para hacerlo unas cinco veces al día. Para mí fue una liberación reconocerme hace unos años que detestaba cocinar. ¡Qué descanso! Ya no tengo que impresionar a nadie preparándole una cena…, madre mía, ¡qué pereza! Y lo mejor de todo es que al reconocérmelo a mí misma, me liberé del cargo de conciencia. Punto, si puedo, no cocino.

Por lo tanto, aunque se te den bien los números y sepas cuadrar los balances de la empresa en menos de una hora, no es algo a lo que deberías dedicarte profesionalmente si odias cada uno de los minutos que tardas en realizar esa tarea. Para mí es inexplicable que a alguien le guste trabajar en una gestoría, pero a mi contable le encanta y, como le encanta, está en el empleo ideal para ella, no solo porque se le da bien; aunque no tengas un talento suficientemente desarrollado, la práctica hará que mejore.

Como afirma Marcus Buckingham, si una actividad te drena y consume y no disfrutas con ella, se trata simplemente de una habilidad, no de una fortaleza. Por lo tanto, sabrás que estás en tu talento cuando lo que hagas te encienda y te entusiasme, si no te cuesta nada ponerte a ello, si al hacer esa actividad pierdes la noción del tiempo o si, a pesar del esfuerzo y el cansancio físico, te sientes con energía mental al terminar la tarea.

Todos nacemos con fortalezas, absolutamente todos. Así que si lees estas líneas y piensas que esto no se aplica a ti, estás equivocado. La cultura nativa americana navajo cree que todos venimos a esta vida con nuestra propia y única medicina para el mundo. Según dicen, en ti está tu ofrenda para el planeta, aquellos dones y atributos que te hacen único e irrepetible. Tu existencia no solo es un milagro irreproducible, sino también un regalo para este mundo, e identificar tus fortalezas para vivir según ellas es casi un deber. No compartir tu medicina es privar al mundo de tus dones y, por lo tanto, una gran pérdida. Teniendo esto en cuenta, identificar tus fortalezas y vivir alineado con ellas no solo te aporta mayor satisfacción profesional, sino que tiene también un impacto positivo en tu vida personal.

Si quieres sentirte profundamente realizado, debes tomar en consideración tus fortalezas. Trabajar desde tu talento aporta inmensa satisfacción. Además, trabajar es a lo que más horas dedicamos en la vida (más que estar con la gente que amamos), por lo que puestos a pasar tanto tiempo haciendo algo, mejor que ese algo nos encienda por dentro. No quiero que te despiertes un día con una cuenta bancaria repleta de dinero, mirando a tu alrededor y sintiéndote vacío, perdido y sin propósito. No quiero que odies tu vida porque te sientas obligado a hacer algo que no te gusta.

Si no tomas en consideración tus fortalezas y tu talento como algunos de los factores esenciales a la hora de elegir tu profesión, te costará mucho llegar a disfrutar plenamente de ella. Si basas tu trabajo solo en tus habilidades, tu empleo o negocio seguirá teniendo el potencial de funcionar, pero en él solo serás correctamente uno más del montón. Y eso sin olvidar que tu falta de entusiasmo por lo que haces llevará a que sea un poco más difícil que encuentres la motivación necesaria para perseverar en el tiempo.

«Pero, Laura, ¿y si ya tengo un trabajo y ahora me doy cuenta de que no está basado en mi talento y mis fortalezas? No quiero ni puedo dejarlo, ¡vivo de él, pago la hipoteca y la escuela de los niños gracias a él!».

No te estoy planteando que te cargues aquello que te da de comer y que te permite sostener a tu familia. Cada cual tiene sus responsabilidades y según el momento vital en el que te encuentres podrás permitirte hacer borrón y cuenta nueva, o no. En el caso de que tengas limitaciones y responsabilidades, te propongo que encuentres, dentro de la empresa en la que estés, el cargo y las tareas que estén alineadas con tu talento, o, si tienes un negocio, ten en cuenta que el hecho de que seas su fundador no quiere decir que necesariamente debas ser el CEO. Si tu talento está basado en fortalezas como la creatividad, y odias la planificación y la gestión de equipos, ponerte de CEO de tu negocio o ascender a puestos de responsabilidad y con gente a tu cargo es una decisión un poco arriesgada, ya que no solo serás probablemente un pésimo líder, sino que, además, odiarás tu trabajo.

Por ejemplo, la diseñadora Diane von Furstenberg, creadora del icónico *wrap dress*, sigue trabajando y diseñando pero no es la gerente de la empresa, a pesar de que la marca lleva su nombre. Ni siquiera Warren Buffett, uno de los inversores de más éxito del planeta, es gerente: dice que delega felizmente las tareas en su CEO casi hasta el punto de la abdicación.

Encuentra qué cargo y qué tareas están alineados con tus fortalezas y dedícate a ellos para delegar el resto de las funciones en personas cuyos talentos harán que tu negocio se expanda.

Cómo encontrar tu talento

Me gusta enfocar este tema pensando que cada talento viene a ser un arquetipo compuesto por varias fortalezas. A partir de este enfoque podemos basarnos en arquetipos clásicos y típicos (el cuidador, el aventurero, el gobernante, el guerrero, el creador, el héroe, el rebelde, el mago, etc.) o en arquetipos inventados (el catalizador, el *business man*, la *rock star*, etc.).

Cada uno de estos arquetipos estaría compuesto por distintas fortalezas. Por ejemplo, el catalizador podría tener entre ellas la pasión y la innovación, mientras que el arquetipo del cuidador podría requerir compasión, capacidad de reconfortar, la lealtad y ser digno de confianza.

Otro factor importante es que tus fortalezas lo son según el contexto en el que estés. Es muy frecuente que al hacer este proceso de autoconocimiento descubras que algo que siempre habías pensado que era un defecto tuyo en realidad es una virtud. Por ejemplo, la terquedad y el temperamento de mi hijo serán grandes fortalezas para él, ya que le permitirán perseverar en cualquier proyecto que se proponga, aunque, mientras tanto, me toca a mí saber cómo gestionar su carácter. Mi individualismo y mi problema con la autoridad me hacen la peor candidata para trabajar en cualquier organismo jerárquico como una multinacional, un convento o un ejército, pero me da la fuerza pionera necesaria para el emprendimiento. O, sin ir más lejos, siempre había pensado que tenía un problema de impaciencia e impulsividad. Sin embargo, al hacer este trabajo descubrí que mi principal fortaleza es la activación. Qué revelación fue para mí darme cuenta de que, en esencia, me dedico a activar a las personas.

Entender tus fortaleza y talento te ayuda a elegir mejor a qué dedicarte y te ahorra muchos años de frustración por tener un empleo o un negocio equivocados.

Para ayudarte a encontrar tus fortalezas, te propongo a continuación un ejercicio con el que empezarás a detectar cuáles son. Quiero que escribas una lista de todas las tareas y funciones que desarrollas a lo largo de una semana, incluyendo lo que haces en el trabajo y en casa. Quizá en tu caso sea algo así como:

Trabajo: Contestar emails, preparar presupuestos y propuestas, atender incidencias de los clientes, la contabilidad de la empresa, desarrollar estrategias para la empresa, gestionar a mi equipo, reuniones, preparar presentaciones, reuniones de ventas.

Vida personal: Comprar comida, jugar con mis hijos, cocinar, llevar a los niños al colegio, bañar a los niños, parque con los niños, limpiar la casa, partidos de fútbol del mayor, mis clases de pilates, almuerzo con amigas, cena con amigos, visitar a mis padres, estudiar cursos, leer, etc.

Cuanto más específica y concreta sea la acción o tarea que escribas, mejor. No es lo mismo decir «gestionar equipo» que lo que supone la gestión de tu equipo: reuniones con ellos, revisión de objetivos, llamadas de atención, gestión de dramas del personal y conflictos del equipo, buscar sustitutos cuando hay bajas, etc.

Una vez hayas hecho esa lista de tareas, quiero que categorices todo lo que has escrito en las tres columnas siguientes:

Me encanta	No me importa	No me gusta

¡Enhorabuena! Acabas de filtrar tus habilidades y descubrir cuáles son en realidad tus fortalezas.

Este puede ser un ejercicio muy liberador para ti. Quizá descubras que, como yo, también odias cocinar. O quizá te des cuenta de que, a pesar de que quieres a tus hijos con locura y de que los consideras lo más importante de tu vida, te parece aburrido y tedioso llevarlos al parque. Es importante ser honesto contigo mismo y no querer comprar los valores políticamente correctos que la sociedad nos impone sobre lo que está bien y lo que no.

Tus fortalezas están íntimamente conectadas con tu ser esencial, y ya sabes que este siempre te indicará el camino hacia tu mejor vida, así que al tenerlas en cuenta te aseguras de que vas por buen camino.

Una vez tienes identificado tu talento… ¡toca actuar! Lamento decirte que saber cuál es tu talento no te chiva a qué debes dedicarte ni qué tienes que hacer con tu vida. Conocer tus fortalezas es una información de incalculable valor que no va a ahorrarte el trabajo de campo. Por lo tanto, por muchos libros que leas o por muchos test que rellenes sobre el tema, al final del día solo encontrarás la respuesta a la pregunta «¿A qué me dedico?» saliendo fuera, experimentando y probando muchas cosas. Además, las posibilidades son incontables. Con un mismo talento podrías sobresalir en infinidad de trabajos.

La década de mis veinte años estuvo completamente dedicada a la búsqueda de un trabajo y una profesión que me llenara. Quería dedicarme a algo que no solo me gustara, sino que, además, me permitiera vivir bien y con lo que me sintiera satisfecha. Eso hizo que ya mientras estudiaba la carrera de diseño gráfico, antes incluso de acabar el penúltimo curso, tuviera claro que no quería dedicarme al diseño. Sin embargo, no dejaba de equivocarme. Cuando encontraba un trabajo con un buen sueldo, me parecía vacío y demasiado estresante. Cuando tenía un empleo creativo, la explotación que vivía por lo poco que me pagaban no lo compensaba. Cuando daba con un empleo donde tenía la tan ansiada serenidad, me moría de la monotonía.

De aquella época solo recuerdo un empleo que me diera una pista sólida en la que basarme. Fue un trabajo breve, pero supuso el embrión de la siguiente etapa de mi vida. Consistió en llevar la comunicación y redes de una ONG. En aquellos meses no solo me sentí buena en lo que hacía, sino que también me sentí vibrar. El empleo reunía casi todos los requisitos que me satisfacían: un trabajo significativo en el que sentía que estaba haciendo un impacto positivo y mejorando el mundo, la comunicación y difusión de ideas, mi expresión creativa y suficiente variedad en los proyectos. Además, en ese empleo ideé y puse en marcha campañas de concienciación, proyectos completamente alineados con mi fortaleza de activación.

Ahora es el momento de probar y de experimentar cosas. Apúntate a cursos, crea un blog sobre un tema que te guste, únete a un club, prueba unas clases. Mi negocio, sin ir más lejos, surgió por accidente. Me había apuntado precisamente a un curso de *community manager*, en el que uno de los ejercicios consistía en crear un blog. «¿Cómo voy yo a crear un blog?», pensé. Y así lo comencé, sin más trascendencia. Me puse con él y el tema me atrapó obsesivamente. Sabía que estaba en mi elemento porque el tiempo me pasaba volando y dedicaba toda mi energía y dinero a él. Con el paso de los meses y los años lo fui moldeando y enfocando al servicio de las personas, para ayudarles a tener el negocio de sus sueños y así alcanzar la vida que quieren.

Encontrar tu talento requiere, pues, tiempo y dedicación. A mí me tomó una década porque era joven, estaba muy perdida y no tenía la información ni el conocimiento que aquí comparto. A ti te tomará mucho menos porque tienes este libro como hoja de ruta y te ahorrarás cometer los errores que yo cometí.

- 5 -

Creencias

¿Llevas años soñando con conseguir algo sin éxito y no entiendes por qué se te resiste tanto ese deseo? Es confuso, ¿verdad? Después de todo, lo quieres con todas tus fuerzas y ya sabes que dicen que querer es poder, ¿no? ¡Pues no! Querer no es poder. Si así fuera, ya habrías hecho realidad todos tus anhelos, y me parece que no es el caso, ¿me equivoco?

Y es que el tema funciona de otra manera. Verás, nuestras creencias son importantes porque ellas condicionan nuestras acciones y decisiones, y estas acciones y decisiones, a su vez, determinan lo que conseguimos en la vida, entendido como la realización de nuestras metas, sean del tamaño que sean. Es decir, si tú crees que lo que quieres es posible, que eres capaz de alcanzarlo y que mereces tenerlo en tu vida, pasarás a la acción en la dirección de tus sueños y crearás la posibilidad de hacerlos realidad con tus acciones y decisiones. Mientras que si, por el contrario, crees que lo que quieres es imposible, no eres capaz de conseguirlo y, en el fondo, no te sientes merecedor de ello, no harás nada que te permita alcanzar tu objetivo, con lo que anularás ya de entrada la posibilidad de éxito. Por lo tanto, la realización de tus objetivos y la creación de la vida que quieres dependen en gran medida de tus creencias.

Eso explicaría por qué no has logrado aún determinado sueño. ¿Acaso lo crees posible? ¿Acaso te crees absolutamente capaz?

107

¿Acaso sientes que mereces tenerlo? Si tu respuesta a mis preguntas es «Sí», no sé qué haces leyendo este libro, porque no lo necesitas. La gran mayoría de las personas, entre las que me incluyo, dudamos de nuestra capacidad y creemos, en lo más profundo, que somos defectuosos o inadecuados, que hay algo que está mal en nosotros y, por lo tanto, si no consiguiéramos lo que queremos lo veríamos normal y lo entenderíamos, porque en el fondo pensamos que no lo merecemos. En cambio, cuando trabajas tus creencias para reconducirlas hacia la posibilidad y empiezas a creer que lo que quieres es posible para ti, que hay esperanza y probabilidades, entonces es cuando te atreves a actuar, aunque estés muerto de miedo.

Y es que las creencias, en realidad, son solo ideas y opiniones, meras interpretaciones de los acontecimientos. Sin embargo, las confundimos con la verdad absoluta y pensamos con convicción que lo que creemos es así y punto. No cuestionamos lo que pensamos ni se nos ocurre dudar siquiera que podemos estar equivocados ni que pueda existir otra posibilidad.

Tus creencias son, pues, las gafas a través de las cuales interpretas la vida y te cuentas la historia sobre ti mismo y sobre cómo funcionan las cosas. Estas creencias se forman en nosotros desde que somos muy pequeños y se van desarrollando a partir de lo que vivimos.

Si una maestra te ridiculizó ante toda la clase diciendo que eras malísimo escribiendo, seguramente hayas crecido creyendo que no vales para escribir y que es mejor evitarlo. Si tu padre te decía que eras tonto, es muy probable que tú, en el fondo, internalizaras ese mensaje y creas que, en efecto, eres tonto. Si una novia te dejó por otro quizá te explicaras la situación diciéndote que el otro era más guapo y que, por lo tanto, tú no eres atractivo.

Lo más estremecedor de todo es que nos movemos por la vida con las gafas de nuestro yo del pasado. ¿Te das cuenta? Lo que tú crees posible o lo capaz que piensas que eres seguramente se forjó en el tú de los siete, los catorce, los veintidós años o a la edad que fuera. Y aunque ahora seas una persona independiente de treinta y siete, las gafas que llevas puestas, a través de las cuales ves el mundo, son las de la persona que fuiste y no las de la mujer o el hombre adulto y capaz que eres hoy.

El problema de las creencias es que funcionan como profecías. En parte, es lo que se conoce como el sesgo de confirmación. Es decir, tenemos la tendencia de favorecer, buscar e interpretar la información que confirma nuestras creencias. Además, como estas condicionan nuestras acciones y nuestras decisiones, consiguen que obtengamos pobres resultados y nos llevan a interpretarlos como, efectivamente, la confirmación de nuestra creencias.

Te daré un ejemplo que creo que es bastante claro. Si yo deseo tener una pareja pero creo que soy fea y que nadie me quiere, no me atreveré a acceder al *online dating* o me engancharé a cualquiera que me dé unas migas de atención, mendigaré el amor de esa persona y me veré en una relación tóxica en la que encontraré la confirmación de que, efectivamente, nadie me quiere.

Si yo tengo un negocio que empieza a triunfar pero desde siempre he creído que la gente rica es corrupta o esnob, y no trabajo mis prejuicios respecto al dinero, tendré muchos números para sabotear mi éxito no siendo asertivo o gastando el dinero en malas inversiones.

Por otro lado, si esperas que te suceda lo bueno y crees que, a pesar de los problemas, lo mejor está por llegar, tu actitud abierta y tus expectativas positivas fomentarán que te lleguen las cosas buenas que esperas. Y aunque los optimistas son ridiculizados y categorizados como ingenuos por los autollamados realistas (que en realidad son pesimistas o cínicos), ser optimista y esperar cosas buenas en la vida es infinitamente más efectivo y da mejores resultados debido a la influencia que ese enfoque tiene en nuestra actitud, que nos hace resilientes y perseverantes.

Tus creencias son, pues, un imán y es necesario que las gestiones para que no contradigan tus deseos. Para ello necesitas actualizar tu sistema operativo y formar nuevas creencias que te sean útiles y te ayuden a acercarte a tus metas.

Por suerte, cambiar nuestras creencias es absolutamente posible. De hecho, como ya hemos visto, las creencias no son más que pensamientos que se repiten en nuestra mente hasta convertirse en ellas. Son rutas que tu cerebro toma de manera automática y por defecto para economizar esfuerzos. Sin embargo, gracias a la neuroplasticidad, sabemos que de la misma manera que se formaron esas rutas en nuestro cerebro, podemos crear otras nuevas.

No te engañaré, crear nuevas creencias requiere práctica y paciencia, después de todo, irás contra décadas de programación (tantas como decenas de años tengas) y tu cerebro se resistirá, pero, sin duda, es factible.

Por lo tanto, querer no es poder, porque, en principio, conseguir nuestros objetivos y nuestra visión no es una cuestión de voluntad, intensidad o esfuerzo. Creerlo posible, creerte capaz y sentirte merecedor es en realidad poder. Así que hablemos un momento de ello.

CREERLO POSIBLE

Uno de los requisitos imprescindibles para hacer realidad la vida que quieres es que creas posible esa vida, aunque sea remotamente. ¿Cómo llegarás a la isla de tus sueños si no crees que existe? No estoy diciendo que tengas que ver desde ya cómo vas a lograrlo, sino simplemente que sepas que existe la posibilidad. Y es que, si no crees que lo que anhelas pueda suceder, no lo intentarás y castrarás tus sueños para no decepcionarte.

Por ejemplo, una de las principales creencias limitantes que muchos clientes me confiesan es que tener éxito empresarial implica un deterioro de su vida personal y una importante pérdida de libertad, cuya consecuencia es que ellos mismos se frenen por miedo al éxito que puedan alcanzar. Y aunque no niego que existen incontables ejemplos de personas que parecen haber triunfado a costa de renunciar a disfrutar de su familia, a tener tiempo libre e incluso a su salud, existen también otros referentes de personas que han logrado el éxito que buscaban manteniendo su calidad de vida.

De modo que, aunque tú ahora mismo no veas cómo lo vas a conseguir, e incluso dudes de si eres capaz, lo que me interesa es que veas, al menos, que otras personas sí han alcanzado el tipo de vida que tú quieres.

Tenía veinticuatro años cuando me encontraba en Hoi An, un pueblo de Vietnam que, al menos en aquella época, conservaba aún el encanto de su ciudad antigua, sus canales y sus sastrerías. Para ponernos en contexto, en esos años no existían aún las redes sociales, teníamos móviles pero no *smartphones*, y si querías leer tus emails, tenías que buscar un cibercafé. Recuerdo que estaba tomando algo en la terraza de un restaurante cuando me puse a hablar con una chica inglesa que estaba sentada a mi lado dibujando en una libreta. No pude evitar preguntarle qué hacía. ¡Su historia me fascinó tanto que aún la recuerdo! Me contó que, tras vender su apartamento, puso una tienda en Londres donde vendía la ropa que ella misma diseñaba y que producía en Vietnam e India, motivo por el cual se encontraba allí. Se pasaba el año viajando y diseñando, lo que me parecía un sueño imposible. Quizá este ejemplo, en la era tecnológica desde la que me lees, y familiarizado como estás con conceptos como el teletrabajo, la localización independiente o el rollo nómada digital, te parezca una chorrada, pero te aseguro que en 2004 la vida que llevaba aquella chica era revolucionaria. Su historia me voló la cabeza y recuerdo que pensé: «*Wow*, puedes ganarte la vida mientras viajas y haciendo lo que te gusta sin estar pegado a un ordenador».

Mi vida no cambió de inmediato. De hecho, ignoré durante muchos años la fascinación y el entusiasmo que despertó en mí esta historia, emociones que eran una clara señal de mi ser esencial que me indicaba cómo quería que fuera mi vida, y hasta 2010 no me puse en serio con eso de tener un negocio que me permitiera vivir en cualquier parte del mundo. Sin embargo, aquella chica será siempre mi primer referente y ejemplo de alguien que asumió la responsabilidad de su felicidad, tomó decisiones valientes y diseñó su negocio conforme al tipo de vida que ella quería.

Tener referentes, aunque sean lejanos, aunque creas que están en otra división distinta de la tuya, aunque sean pocos o aunque no los conozcas personalmente, te ayuda a comprobar que existe la posibilidad, por pequeña que sea, y que si ellos lo consiguieron, tú también puedes. Tener referentes te ayuda a mantener la esperanza y, como veremos más adelante, esta es necesaria para seguir caminando hacia tu sueño.

De hecho, en la historia de la humanidad hay incontables ejemplos de cosas que parecían imposibles hasta que se demostraron factibles o erróneas, empezando por que la Tierra es redonda y no plana, y gira alrededor del Sol y no al revés.

En 1954, Roger Bannister hizo lo imposible. En una competición atlética consiguió correr una milla en menos de cuatro minutos, hazaña que se consideraba humanamente inalcanzable hasta esa fecha, ¡nadie lo había logrado jamás! Pero lo más curioso de todo es el precedente que supuso el récord de Bannister. Demostró a sus rivales que era posible y, tan solo cuarenta y seis días después, John Landy no solo corrió también la milla en menos de cuatro minutos, sino que batió el récord de Bannister. Desde entonces, esa plusmarca ha sido superada por numerosos atletas.

¿Qué fue lo que incentivó que «de pronto» lo que parecía imposible lo consiguieran repetidamente otras personas? El factor que lo permitió no fue un mejor entrenamiento físico, sino la mentalidad. Tal como dicen Yoram Wind y Colin Crook en su libro *The Power of Impossible Thinking*:

> Lo que cambió fue el modelo mental. Los atletas del pasado estaban limitados por una mentalidad que decía que no se podía superar la marca de los cuatro minutos. Cuando ese límite se rompió, vieron que podían hacer algo que hasta entonces creían imposible.

El mismo principio se aplica en todas los ámbitos de la vida, en el trabajo, en las relaciones, en el tipo de vida, ¡en todo! Porque aun cuando ahora pienses que lo que quieres no es posible, quizá porque no has visto a nadie haciéndolo aún, no significa que no pueda llegar a ser realidad más adelante.

De hecho, la cita de Mark Twain «No sabían que era imposible, así que lo hicieron» resume a la perfección lo que hemos estado hablando desde el capítulo anterior. Toda creencia es simplemente una opinión, no es un hecho ni la verdad absoluta. Tus creencias son las gafas a través de las cuales te explicas el mundo y todo lo que te digan otras personas nace también de la mirada, de las creencias y de los límites de esas otras personas, por muy expertas y cultivadas que sean, por muy moralmente superiores que las veas.

Pon siempre en duda lo que creas y lo que te digan, y te abrirás a la posibilidad.

Así que te propongo un ejercicio. De la misma forma que la hazaña de Bannister motivó y permitió a los demás atletas repetir y superar ese logro, quiero que ahora busques tú a tus referentes.

Por ejemplo, en el caso de mis clientes asustados por el precio que creen que tendrán que pagar cuando tengan éxito, los animo a buscar ejemplos de personas que han triunfado al tiempo que han sido capaces de cuidar su vida personal.

 Tienes este ejercicio incluido en el cuaderno de trabajo que puedes descargarte gratis en **LaVidaQueQuiero.com/bonus**

Ahora es tu turno, ¿cuál es tu visión y quién crees que ha hecho o conseguido algo parecido? Puede ser el amigo de tu padre de su época en la universidad a quien admiras por su proyección profesional y cómo se lo ha sabido montar para disfrutar de la vida; puede ser una jefa que tuviste en su momento quien te mostró que no necesitas elegir, que se pueden tener éxito profesional, amor y felicidad a la vez; pueden ser autores o gente a quien sigues online que te gustan por su autenticidad, y cuya vida y proezas crees que son parecidas a lo que tú quieres crear.

Una vez que tengas tus referentes, sentirás que el tipo de visión que has perfilado es posible, aunque aún no sepas cómo lo vas a conseguir, y que los objetivos que te has marcado son factibles también. El siguiente paso para que hagas realidad la vida que quieres es creerte capaz, pero si dudas de ti mismo y no sabes cómo tener confianza en tu capacidad, no te preocupes porque a continuación vamos a ocuparnos de ello.

CREERTE CAPAZ

El siguiente requisito para alcanzar la vida que quieres es creer que tienes la capacidad de hacerla realidad o de conseguirla. Fíjate que no he dicho saber cómo llegar a tu meta, sino confiar en ti mismo, y en el poder que hay en tu acción y en una actitud resolutiva. Es decir, por el catalejo ves claramente que la isla existe, ahora solo debes confiar en que puedes navegar hacia ella con tu nave.

Tu capacidad no es tu inteligencia, tampoco tu talento ni tus aptitudes. Tu capacidad, tal como la entiendo yo, es la fe que tienes en que puedes encontrar en ti los recursos internos y externos para lograr lo que quieres. Es la certeza que hay en ti de que te tienes a ti mismo.

Si no te sientes capaz, no te pondrás en marcha ni actuarás en la dirección de tus objetivos, por mucho que los anheles. Es necesario, pues, que fortalezcas la fe en ti mismo. Y sé que es fácil tener confianza en ti mismo y sentirte seguro de tu capacidad cuando las cosas te van bien. Creer en ti cuando la vida te sonríe no tiene mérito. Es cuando las cosas se tuercen y cuando estás en la trinchera que ejercitar el músculo de la confianza en uno mismo se convierte en toda una proeza. Los contratiempos o la falta de victorias que te vayan indicando que vas por buen camino te llevan a poner en duda no solo el sentido de lo que estás haciendo sino también a ti mismo.

Qué amedrenta la confianza en tu capacidad

La opinión de los demás

Es innegable que la opinión que los demás tienen de nosotros nos afecta. La teoría dice que lo ideal es que tu autoestima y confianza nazcan de ti mismo, y eso suena muy bonito, pero, para qué nos vamos a engañar, nadie es inmune a lo que piensan los demás. Sin embargo, a estas alturas ya sabes que lo que los otros dicen o piensan no es la verdad absoluta, sino meras ideas y expectativas. Y hablando de expectativas, deja que te cuente un experimento fascinante que demuestra cómo lo que los demás esperan de nosotros nos condiciona y, lo más importante, que en realidad no se basa en hechos, sino que es aleatorio.

En 1968, el profesor de Harvard Robert Rosenthal y la directora de instituto Lenore Jacobson publicaron *Pygmalion en la escuela. Expectativas del maestro y desarrollo intelectual del alumno*, donde exponían las conclusiones a las que llegaron después de la investigación que llevaron a cabo.

El experimento fue el siguiente: cuando comenzó el curso, cogieron a más de trescientos alumnos del instituto de Jacobson, les pasaron un test de inteligencia y observaron que todos tenían una inteligencia similar, ninguno de ellos destacaba por debajo ni por encima de la media. A continuación cogieron al azar a un pequeño grupo de estos chavales y, sin que lo supieran, escribieron informes falsos sobre ellos Y los entregaron a los profesores, que desconocían que se estaba llevando a cabo ese experimento. En los informes se decía que esos chicos y chicas habían conseguido unos resultados extraordinarios en el test de inteligencia y que eran unos alumnos inteligentísimos de los cuales sus profesores podían esperar mucho. Una vez terminado el curso académico, volvieron a coger a esos trescientos alumnos y les repitieron la misma prueba de inteligencia. Los resultados fueron sorprendentes. Ese pequeño grupo de alumnos, a los que falsamente les habían atribuido una gran inteligencia en los informes a pesar de ser exactamente igual que la del resto de sus compañeros, sacó unos resultados de inteligencia muy superiores a los de los demás.

¿Qué había ocurrido? Lo que pasó fue que, al entregar los informes falsos, Rosenthal y Jacobson habían «manipulado» las expectativas de los profesores sobre esos alumnos, quienes empezaron a recibir de sus maestros, de un modo inconsciente, un trato diferenciado.

Al final, las falsas expectativas que tenían los profesores de los alumnos seleccionados acabaron cumpliéndose y sus resultados académicos fueron muy superiores a los de sus compañeros.

Lo que nos demuestra este experimento es que tanto las expectativas que tenemos respecto a nosotros mismos como las que tienen quienes nos rodean influyen tremendamente en lo que terminamos consiguiendo. Como llevamos diciendo desde hace un par de capítulos, creer en algo hace que ese algo acabe sucediendo, pero no de una manera mágica, sino mediante nuestras acciones y decisiones. Porque nosotros, inconscientemente, modificamos nuestra conducta y con ello hacemos que lo que deseamos sea finalmente más o menos probable.

No me gustaría quedarme solo con estas conclusiones de esta historia. Quiero poner el foco también en la aleatoriedad de las expectativas que tienen las personas de los demás y en que, como toda creencia, no se basan en hechos sino que son meras ideas y opiniones a las que les hemos otorgado un poder desproporcionado.

Por lo tanto, si creciste con el mensaje de que no eras listo, no valías para lo que fuera o no merecías nada, date cuenta ahora de que eso no es cierto. Eres suficiente y tienes en ti todo lo que necesitas para pasar a la acción, encontrar los recursos y conseguir lo que deseas, como cualquier otra persona. De la misma forma que te invito a poner siempre en duda lo que piensas y crees, pon en duda también lo que opinen los demás de ti. Te sorprenderá ver lo que eres capaz de conseguir.

Los acontecimientos

Puedes hacerte una idea de cómo me sentía cuando a los treinta años cerré un negocio con una deuda de miles de euros pendiente de devolver: básicamente, una inútil. A mi alrededor mis amigos habían alcanzado ya cierto poder adquisitivo y escalaban posiciones en sus empleos. Algunos, incluso, se compraban un piso y formaban familias. Yo, en cambio, empezaba de cero o, mejor dicho, de menos cero, absolutamente perdida y sin saber qué pasos dar a continuación. Dudaba hasta de mi criterio y de mis decisiones, después de todo, me había ido fatal haciéndome caso a mí misma, pensaba.

La inseguridad y falta de confianza en uno mismo son inevitables cuando la vida te manda crisis como esta porque confundimos capacidad con resultados. Es la misma inseguridad que siente alguien después de un divorcio, un despido, tras un largo tiempo sin pareja, tras meses sin encontrar empleo o después de años intentando que un negocio funcione sin resultados significativos.

Pero, tal como lo entiendo yo, tu capacidad es lo que sucede en el proceso, y no la meta. Es tu respuesta, tu actitud y tu acción mientras peleas por lo que quieres.

¿Cómo puedes reconstruir la confianza en ti mismo tras hechos cataclísmicos en tu vida o ante la incertidumbre y la falta de victorias? Pues yendo a cómo te relatas las cosas para modificar tus creencias y preguntándote cómo puedes explicarte esos acontecimientos con pensamientos menos sentenciosos, más compasivos, que dejen espacio a la realidad de que el azar, la suerte y la adversidad existen, que no lo puedes controlar todo y que, por lo tanto, no es culpa tuya, sino que la vida es dura.

La madre soltera y autónoma que lucha por criar a sus hijos sin renunciar a su realización profesional podría explicarse la situación de la siguiente forma: «La verdad es que esto es muy duro. No cuento con el padre para ayudarme en casa y tengo que rascar tiempo de donde no hay. Pero fíjate, hace ya un año que me divorcié, nadie daba un duro por mí y aquí sigo. Sí, voy más lenta de lo que pensaba porque tengo la suerte de tener a mis hijos en mi vida, que me vuelven loca. Sé que mi visión es ambiciosa, casi imposible, pero también sé que soy valiente, tenaz y disciplinada. Así que, aunque vaya lenta, puedo llegar a mi destino».

De hecho, me hubiera encantado explicarme en su momento el cierre de mi negocio con la conciencia y la compasión que ahora tengo. Si pudiera hablarle a la Laura de entonces esto es lo que me diría: «Laura, pusiste todo tu empeño en ello y será tu empeño el que te sacará de esta. El cierre no es un fracaso, sino una decisión inteligente. La empresa que tienes no puede darte la vida que quieres. Su modelo de negocio está equivocado, no está alineado con tu talento y es incompatible con tu vida ideal. Es básicamente un negocio condenado a hacerte infeliz y su cierre es el resultado natural de lo que debe morir. Lo que ahora ves como errores será conocimiento y sabiduría de incalculable valor que podrás incorporar en tus futuros proyectos. Que no lo hayas conseguido aún no significa que no lo logres más adelante».

Encuentra tú ahora la historia con la que te convences de que no eres capaz por las razones que sea y explícate la situación con compasión:

Historia con la que te dices que no eres capaz	Explicación alternativa compasiva

Otra manera de potenciar tu confianza en tu capacidad es haciendo lo que dices que vas a hacer. Es decir, haciendo lo que te propones. ¿Te has fijado en lo mal que te sientes cuando elaboras listas interminables de tareas que luego no tachas? ¿Ves cómo la acumulación de cosas pendientes te hace pensar que eres un desastre? ¿Te has dado cuenta de lo inadecuado que te sientes y de cómo afecta a tu confianza empezar el día diciéndote que harás ciertas cosas que luego no llevas a cabo? Cuando haces lo que te propones y cumples con tu palabra día tras día, fomentas en ti la sensación de que te tienes a ti mismo, de que puedes contar contigo. Te acostarás sabiendo que, sea cual sea tu objetivo, realizarás tu parte, y que si no lo consigues, no será porque no lo hayas intentado, sino porque la vida no te lo dio.

Si estás pasando por una mala racha y quieres aumentar la confianza en ti mismo, o si tu sensación de capacidad siempre ha sido frágil, hacer lo que te propones es uno de los ejercicios mejores y más sencillos para reforzar tu seguridad en ti mismo. Para ello, lo mejor es empezar con algo pequeño. No llenes tu agenda con mil actividades. Haz una buena estimación de tu energía y de tu tiempo, y comienza. ¿Qué tal proponerte hoy simplemente llevar los zapatos al zapatero o poner una lavadora? Si la magnitud de tus objetivos y tu visión te avasalla, ¿qué tal proponerte hoy simplemente mandar un email o escribir un solo párrafo de esos textos? Es decir, trabaja el músculo de la capacidad empezando con pesos pequeños. Conforme vayas fortaleciéndolo, ya irás aumentando la carga.

CREERTE MERECEDOR

Tardé cuatro años en tener a mi hija y solo quien ha pasado por algo parecido puede hacerse una idea de lo que eso significa. Después de dos abortos, cuatro inseminaciones, dos *in vitro* y cinco transferencias embrionarias ya no sabía cómo interpretarlo, y mucho menos cómo encararlo. Llegué incluso a desear no querer ser madre. Pero mi anhelo me perseguía. La idea de abandonar mi sueño me desolaba más que la posible decepción al intentarlo de nuevo y no conseguirlo.

Inconscientemente, para darle sentido a lo que me pasaba, de una forma retorcida, me encontré pensando que quizá no merecía ser madre. Eso lo explicaba todo, pensaba sin darme cuenta. No me lo había ganado y me moría de envidia cuando alguien anunciaba que estaba embarazada, sobre todo cuando apenas unos meses antes esa misma persona me decía que no sabía si quería ser madre. «¿Cómo es posible? Yo tengo clarísimo que quiero serlo, ¿y va y ella lo tiene?». La pena y la rabia me invadían cuando veía a niños desatendidos por sus familias, mientras yo sabía que cubriría de amor al hijo que me llegara. Hasta que un día empecé a verlo todo desde otro punto de vista. De pronto lo entendí. No importa lo que hagamos porque no necesitamos hacer nada para merecer amor, abundancia o éxito. Merecemos felicidad solo por el hecho de que existimos, con independencia de nuestros actos. Yo podría ser una criminal y seguiría mereciendo tener un hijo. No tenía que ganarme nada, mis anhelos no eran premios que me recompensaban de algo, sino derechos, solo tenía que seguir fichando y cumpliendo mi parte hasta que la vida me concediera mi deseo.

También entendí que no hay un cupo limitado de amor, felicidad, éxito o abundancia, y que, en mi caso, los bebés de los demás no me quitaban el mío. Es decir, la felicidad con la que la vida colmaba a los demás no restaba mi potencial de conseguirla, porque la felicidad es infinita. Este poderoso cambio de perspectiva me ayudó a dejar de sentir rabia hacia los demás, a ser paciente y a confiar en la vida, y también a tener la templanza necesaria para seguir recorriendo el complicado camino que supone el proceso de fertilidad.

Llegamos al último factor que determina que consigas la vida que quieres, y es nada más y nada menos que sentirte merecedor de recibir y tener lo que deseas. Si te soy franca, este es mi talón de Aquiles y dónde más he tenido que trabajar. No tengo problemas en creer profundamente en que lo que quiero es posible, ni tampoco en creer con convicción que soy capaz. Ahora bien, es llegar al merecimiento y una oleada de resistencia me invade por dentro, una experiencia que todos compartimos debido a que este tema señala directamente nuestras heridas y carencias emocionales que empezamos a forjar cuando somos pequeños y que cargamos de mayores. Así que lo que voy a compartir contigo en los siguientes capítulos ha sido un trabajo arduo y un ejercicio constante que sigo practicando.

Siempre me ha fascinado la naturalidad con que un niño de cinco o seis años escribe la carta a los Reyes Magos. Ni por asomo le pasa por la cabeza la posibilidad de que no merezca todo lo que les encarga. Es maravilloso escuchar a un niño cuando te cuenta que de mayor será inventor, presidenta del gobierno, exploradora o pirata. Lamentablemente, conforme vamos creciendo perdemos esa frescura y despreocupación, y cuando llegamos a la adolescencia es frecuente sentirnos derrotados por completo y aplastados por el pragmatismo y el realismo que el mundo externo se empeña en que aceptemos con docilidad.

A lo largo de las siguientes páginas, revertirás esta tendencia en ti y poco a poco te desprenderás de las creencias que te hacen pensar que no mereces que todos y cada uno de tus sueños se hagan realidad.

Verás, nuestra sensación de genuino merecimiento viene condicionada principalmente por tres elementos: nuestra autoestima, la culpa y las lealtades ocultas que arrastramos. La gruta que vamos a explorar está un poco oscura, pero llevamos la linterna de la compasión, así que no temas. Estoy contigo.

La autoestima

Mar, una clienta que acudió a mí para que la ayudara a impulsar su empresa de marketing, era una talentosa y carismática chica que hacía maravillas para sus clientes. Sin embargo, se veía incapaz de reproducir para sí misma el éxito que proporcionaba a los demás y no entendía dónde estaba el problema, porque, aunque conocía la teoría, estaba bloqueada. Empezamos con el análisis de su marca y su negocio, pero al poco de empezar las sesiones mencionó, como quien no quiere la cosa, que inició su empresa tras cortar con su expareja, con quien tenía una consultoría en marketing online. Por los pocos detalles que compartió conmigo, enseguida entendí el panorama y el punto en el que se encontraba. Él, una persona avasalladora y juzgona con ella, la despreciaba profesionalmente, lo que minó su confianza, y sospecho que esa actitud también se dio en el ámbito personal. Cuando por fin reunió ella el valor para romper no solo con quien vivía, sino también con quien compartía negocio, él le soltó que no valía para el marketing y que fracasaría. Así que ahí la tenía, al otro lado de la pantalla en nuestra sesión, con su anhelo entre las manos y la autoestima colgando de un hilo. Casi podía escuchar a su crítico interno susurrándole «Él tenía razón, no vales para nada. Eres tonta perdida». Su relación había afectado tanto a su autoestima que en el fondo no se sentía merecedora de triunfar. La falta de merecimiento y baja autoestima se reflejaban en los ridículos precios que cobraba por todo lo que ofrecía, en su falta de asertividad, en cómo se dejaba tratar por sus clientes o en lo que le costaba rechazar propuestas que no le convenían. A lo largo de los seis meses que trabajamos juntas fui testigo de la reconstrucción interior que hizo y del ejercicio de reclamación y declaración de su valía. Cuando terminamos el proceso había triplicado los precios y conseguía mejores clientes, que, además, le hablaban y la trataban con el respeto que merecía como experta que era.

Como puedes ver, tener una alta o baja autoestima ejerce un impacto directo en todos los ámbitos de nuestra vida, y para que podamos hacer realidad nuestras metas necesitamos creer que merecemos lograrlas. De lo contrario, no nos daremos permiso para soñar con lo que queremos ni nos permitiremos conseguirlo, básicamente porque no actuaremos en la dirección de nuestros objetivos ni sabremos recibirlos o mantenerlos.

Pero ¿qué es la autoestima exactamente? La autoestima, como la misma palabra indica, es la estima que tengo hacia mí mismo. Así que, como toda creencia, es simplemente mi opinión sobre mí mismo, cómo me juzgo o me evalúo y el valor que creo que tengo como persona.

Tener una buena autoestima no es creer que eres el mejor del mundo o que careces de defectos. Una sana autoestima es en realidad una visión equilibrada y proporcionada de ti mismo y de tu valor, una aceptación de ti mismo, con tus virtudes y tus defectos, la sensación de que está bien ser tú mismo tal como eres.

Si dentro de ti crees que eres inadecuado, inferior o que de algún modo te falta algo, si dudas de ti mismo, si te comparas continuamente, si tus pensamientos sobre ti son a menudo críticos y negativos o si te cuesta sentir que vales o mereces las cosas buenas de la vida sin necesidad de hacer ni demostrar nada, todo esto son indicadores de que tienes una baja autoestima.

¿Qué pinta tendrías si tuvieras una buena autoestima? Serías consciente de tus defectos, fallos y errores, pero aceptarías tus imperfecciones con compasión y, lo más importante, serías capaz de ver también tus atributos positivos y aciertos. No te verías por encima de nadie, pero tampoco por debajo, y sentirías que vales y mereces todo el amor, la felicidad y el éxito del mundo por el simple hecho de existir, sin necesidad de notar el impulso de hacer ni de intentar ganarte nada para demostrarlo. Todo esto, a su vez, haría que te cuidaras a ti mismo y fueras asertivo poniendo límites y ejerciéndolos para protegerte de las personas y las cosas que te perjudican, y para abrirte a lo que te hiciera bien.

Viendo estas dos polaridades, ¿en cuál crees que te encuentras? Lo frecuente es estar en un término medio, con clara tendencia hacia la baja autoestima cuando la vida te reta con problemas o incertidumbre.

¿Recuerdas el sesgo de confirmación del que te he hablado unas páginas más arriba, en el apartado «Creencias»? Bueno, pues aquí es cuando toma relevancia. Como en realidad tu autoestima es una opinión (es decir, no es un hecho ni la verdad absoluta), tu visión de ti mismo se ve fuertemente influenciada por tu tendencia a buscar lo negativo, tus defectos, tus debilidades, tus errores y fallos, para confirmar tu creencia de que, en efecto, hay algo que va mal en ti. Tus fortalezas, talentos y cualidades (que también existen y en la misma proporción o más que los defectos) tienden a ser ignorados o descartados. Cualquier error que cometas, por trivial que sea, se convierte en el reflejo de tu valía como persona y los eventos neutros o positivos son minimizados o menospreciados. Por lo tanto, es como si fueras ciego a lo positivo que hay en ti. Tu cerebro decide no verlo. Mejorar tu autoestima es hacer el trabajo necesario para quitarte la venda que te impide ver tu luz y darte cuenta de que, incluso con tus sombras, eres un ser extraordinario.

En esencia, tu autoestima se sustenta sobre una creencia base de ti mismo y el tipo de persona que eres. Esta creencia normalmente toma la forma de una fuerte afirmación o declaración como, por ejemplo, «Soy idiota, no valgo para nada» o «Nadie me quiere». Es tan rotunda que la sientes como un hecho, una conclusión a las que has llegado basándote en las experiencias que has tenido en la vida o los mensajes que has recibido sobre el tipo de persona que eres por parte de la gente que te rodeaba, como tus padres, los maestros que tuviste, los hermanos mayores o cualquier persona que fuera una figura de autoridad para ti, a quien le otorgabas más conocimiento o superioridad moral.

Esta creencia base es el resumen de todos los pensamientos autocríticos que tienes sobre ti mismo. Es decir, dentro de mi creencia base «no merezco», cabrían frases como «Quién soy yo para hacer esto», «A mí estas cosas no me pasan», «Hay algo mal en mí», «Nadie me elige», etc.

Estos pensamientos autocríticos derivados de nuestra creencia base despiertan emociones como tristeza, ansiedad, miedo, culpa, vergüenza o frustración. Y estas emociones afectan, a su vez, nuestro comportamiento y nos vuelven indecisos, torpes, retraídos o evasivos ante los retos, cosa que propicia que los resultados que consigamos con nuestras acciones confirmen y reafirmen nuestra creencia base. Así que, como ves, todo parece un bucle sin salida.

A continuación tienes un esquema para ver el mecanismo de un simple vistazo:

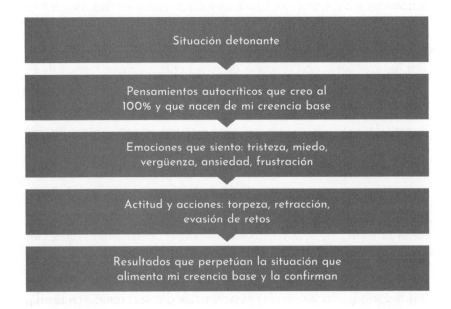

Situación detonante

Pensamientos autocríticos que creo al 100% y que nacen de mi creencia base

Emociones que siento: tristeza, miedo, vergüenza, ansiedad, frustración

Actitud y acciones: torpeza, retracción, evasión de retos

Resultados que perpetúan la situación que alimenta mi creencia base y la confirman

Cómo mejorar tu autoestima

Mejorar tu autoestima, como cambiar cualquier creencia, es absolutamente posible, pero requiere un compromiso contigo mismo y mucha compasión, ya que lo natural es progresar con lentitud y que haya recaídas.

Para empezar, el primer paso que debes dar es identificar tu creencia base, y para ello debes detectar cuáles son las frases que acostumbras a decirte cuando algo no va del todo bien. ¿Qué te dices cuando eres crítico contigo mismo? ¿Qué adjetivos usas contra ti cuando cometes algún error? ¿Qué palabras usaba la gente en tu vida para describirte cuando estaban enfadados o decepcionados contigo? ¿Qué mensajes sobre ti heredaste de tus padres, familiares o compañeros? ¿Qué experiencias te vienen a la mente cuando piensas en la primera vez que te sentiste como dice tu creencia base? ¿Fue un evento en concreto o quizá un ambiente general y sostenido, como la frialdad o la desaprobación constante de alguien? Anota tus respuestas a continuación:

Ahora lee todo lo que has escrito y resume todas esas frases en una sola. Esta frase suele tomar forma de declaración rotunda, como, por ejemplo, «No merezco», «Nadie me quiere», «Soy feo», «Soy malo», «No soy importante», etc.

Esta es tu creencia base:

_____

_____

¿Cómo te hace sentir esta creencia base y tus pensamientos autocríticos? ¿Qué emociones despiertan en ti?

_____

_____

_____

Y, finalmente, ¿cómo afectan a tu actitud y tu comportamiento las emociones que sientes?

_____

_____

_____

_____

Ahora que ya has identificado tu creencia base y cómo afecta a tu vida, es hora de cambiarla. A continuación te planteo un interesante ejercicio para dejar de ser tan autocrítico y duro contigo, y mejorar tu autoestima.

Solo una advertencia, este ejercicio no es una píldora mágica que cambiará tu forma de pensar en los próximos cinco minutos. La práctica que te planteo a continuación es un proceso mental que debes aplicar con constancia durante al menos tres o cuatro semanas para empezar a notar mejoría, después de todo, con ella estarás creando nuevos circuitos en tu cerebro, que necesitarán tiempo y repetición para que cristalicen en nuevas creencias.

El ejercicio funciona de la siguiente forma (tienes un gráfico más adelante para ver los pasos, cuya hoja puedes descargarte gratis en LaVidaQueQuiero.com/bonus):

Partimos de tu creencia base, en la cual crees al cien por cien, hasta tal punto que, seguramente, ni siquiera la habías puesto en duda. Es más, siempre encuentras hechos que confirman tu creencia base, ¿verdad? Esta creencia base y tus pensamientos autocríticos detonan ante situaciones concretas que activan tu herida. Y estos pensamientos autocríticos despiertan, a su vez, emociones que inspiran acciones que te llevan a perpetuar tu creencia base.

Pues bien, el siguiente paso que quiero que des es encontrar una perspectiva alternativa, otra forma de ver e interpretar la situación que pueda ser también verdad, aunque al principio no te la creas al cien por cien. Para encontrar esta nueva perspectiva pueden ayudarte las siguientes preguntas:

- ¿Estoy confundiendo un pensamiento con un hecho?
- ¿Estoy siendo justo conmigo mismo?
- ¿Espero de mí mismo ser perfecto?
- ¿Me estoy culpando de cosas que no son realmente mi responsabilidad?
- ¿Me ayuda en algo este pensamiento autocrítico?
- ¿Estoy completa y absolutamente seguro de que mi vieja perspectiva es verdad?
- ¿Qué otra forma hay de ver la situación aunque ahora mismo no la crea del todo?
- ¿Qué evidencias encuentro que refuerzan esta nueva perspectiva?

Una vez que hayas encontrado otra perspectiva o hipótesis alternativa que explique la situación de otra forma, así como las evidencias que refuercen la hipótesis, debes observar cómo te sientes, estimar en qué crees cierta esa alternativa y testarla actuando como si fuera una posibilidad.

Por ejemplo, pongamos que no has conseguido el empleo después de una entrevista de trabajo. Este podría ser mi patrón de pensamiento y comportamiento automático:

Situación	Pensamientos autocríticos: ¿Cuánto los crees, del 0 al 100%?	Emociones	Actitud y acciones
No consigo el empleo tras una entrevista de trabajo.	No soy bueno en esto. No valgo para nada. Menudo inútil que soy. Soy irrelevante y todos los demás están mejor preparados que yo. ¿Soy demasiado mayor? Me he quedado atrás. Lo creo al 100%.	Abatido, apático, triste, preocupado, deprimido, ansioso.	Actitud desesperada. Bajo mis honorarios en la siguiente entrevista. Acepto todas las peticiones de mis futuros potenciales jefes, aunque no sean competencia mía. Básicamente haré lo que sea.

Y esta podría ser la alternativa o nueva hipótesis, es decir, otra forma de explicarte la situación que fuera más útil para ti:

Situación	Nueva perspectiva o hipótesis alternativa: ¿Cuánto la crees del 0 al 100%?	Emociones	Qué acciones te inspira esta hipótesis alternativa
No consigo el empleo tras una entrevista de trabajo.	Esa empresa y ese empleo no eran los adecuados para mí. Estoy sobre-cualificado para ese trabajo y me hubieran pagado una birria por hacerlo. No había posibilidad de ascenso. Hubiera sido un descenso en mi carrera y ellos lo vieron. No conseguirlo ha sido en el fondo una suerte. Lo creo al 20%.	A pesar de la decepción que he sufrido y de la preocupación por estar en el paro, me siento más tranquilo al verlo desde esta perspectiva y ya no dudo de mi capacidad y talento.	Continúo con mi búsqueda de empleo, sin bajar mis estándares.

Lo interesante de este ejercicio es que al tomar la nueva perspectiva como una hipótesis a testar con sus siguientes acciones, es decir, al actuar desde otra creencia, aunque la creas tímidamente, estás creando escenarios que darán resultados que validarán y confirmarán la hipótesis, haciendo que cada vez creas más en tu nueva hipótesis.

Lo importante de la nueva perspectiva con la que te expliques las cosas es que sea constructiva y compasiva. Es decir, que elijas desarrollar una nueva creencia que te sea útil y que te ayude en la consecución de la vida que quieres.

En resumidas cuentas, reforzar tu autoestima consiste en considerar que tu creencia más profunda sobre ti mismo y tu valía puede ser errónea, tratarte con mucha compasión y abrirte a la posibilidad de que otras explicaciones más constructivas y potenciadoras puedan ser verdad para así pasar a la acción en la dirección de tu visión.

No existe una cura instantánea para la baja autoestima. Solo funcionan la observación y la compasión. Así poco a poco irás fortaleciendo tu amor propio hasta que un día te darás cuenta de que está bien ser tú tal como eres, de que te quieres y te aceptas con todos tus defectos y virtudes, de que eres perfecto con todas tus imperfecciones. Cuanto más te estimes, más sentirás que mereces todo lo que deseas para ti y más capaz serás no solo de luchar por ello, sino también de recibirlo. No tienes que ser perfecto para ganarte el premio de tus sueños. Los mereces por el simple hecho de existir.

La culpa

Ahora que ya sabes cómo trabajar tu autoestima, es hora de ocuparnos del segundo factor que afecta a tu sensación de merecimiento, que es ni más ni menos que la culpa y, en concreto, sentirte culpable. ¡Verás qué interesante!

La culpa lo impregna todo y es complicada, como ahora te contaré, por lo que es de vital importancia que te des cuenta de cómo sus tentáculos te han atrapado, para dejar de sabotearte y sentirte con el genuino derecho de reclamar la isla que has escogido como tuya y a plantar en ella tu bandera.

Lo interesante de la culpa es que mezcla lo profesional con lo personal. Puedes sentirte culpable en una relación de pareja o familiar, y que eso impida que prosperes profesionalmente, o puedes cometer un error en tu trabajo, a tus ojos imperdonable, por el que sabotees tu felicidad personal.

Y es que si de entre todos los papeles que se reparten con la culpa tú te quedas con el de culpable, bien sea porque aceptas las acusaciones del otro o porque directamente te creas el completo responsable de algo, una parte de ti pensará que debes pagar por tus actos, que mereces un castigo y que no está bien que seas completamente feliz o que consigas todo lo que anhelas en esta vida, porque no lo mereces. Tu culpabilidad te lleva a creer que debes enmendar el mal que has hecho pagando algún peaje o haciendo penitencia.

Si eres de los que tienden a comprar culpa, como es mi caso, y no desarrollas la conciencia necesaria para ver los patrones en los que caes, ante cualquier conflicto tenderás a pensar que tú tienes toda la responsabilidad, que por tu culpa se dio esa situación, que la otra persona tiene razón y que, básicamente, eres una mala persona o hay algo mal en ti. Este es un patrón horroroso y tremendamente injusto, puesto que la culpa es una losa pesada que te impide vivir ligero y abierto ante la vida.

La culpa que sientas hará que pienses que no puedes tenerlo todo. La buena noticia es que existen herramientas que te ayudarán a salir del bucle de la culpa y ahora voy a contarte cuáles son.

Una de las mejores formas de gestionar la culpa es entender la corresponsabilidad en la vida. Es decir, toda situación es creada en la misma proporción por todos los implicados. Por lo tanto, tú no eres cien por cien responsable de lo que pasó, sino solo y exclusivamente de tu parte del pastel. Esta afirmación puede ser toda una liberación para ti en el caso de sentirte culpable de algo o puede despertar en ti resistencia si te ves como víctima.

Por ejemplo, está claro que ponerle los cuernos a tu marido no estuvo bien y estamos de acuerdo con que todo se destapó de la peor forma posible. Todo se hizo tan mal que el divorcio fue inevitable y te sientes tan culpable que permites el desprecio y desdén de tus hijos adolescentes, quienes se han puesto claramente de parte del padre. PERO. Tú sola no destruiste tu matrimonio. Sí, la infidelidad es tu parte del pastel, pero la de tu ex es los años de vacío y absoluto desinterés por ti. Tú le traicionaste, pero él hacía años que te había abandonado emocionalmente, aunque siguiera durmiendo a tu lado. Lo mejor hubiera sido ser más consciente y gestionarlo de otra forma, pero las cosas se dieron así y ahora esto te tortura y persigue. Compraste culpa y te quedaste con toda la que había disponible, pero te invito a sacar parte del peso que llevas en tu cesto porque, ¿ves esos kilos?, esos, precisamente, no son tuyos.

Como ves, esta nueva forma de ver las cosas no niega la responsabilidad de nadie, pero tampoco libra a nadie de ella, ni siquiera a los que en un primer momento parecía que no habían hecho nada, ya que es precisamente su inacción y su pasividad lo que los hace responsables.

Así que si hay algo de lo que te sientas culpable y absoluto responsable, pregúntate: ¿qué hizo o no hizo la otra persona implicada que contribuyó al fatal desenlace? ¿Podría ser que estuvieras comprando culpa en exceso? ¿Qué responsabilidades no está asumiendo la otra persona? ¿Cuál es mi parte real de responsabilidad? ¿Qué cambios voy a hacer con respecto a mi parte?

Perdonarse a uno mismo

La corresponsabilidad es un enfoque que te ayuda a interpretar los acontecimientos de una forma más constructiva, proporcionada y justa. Ahora bien, una vez tienes tu parte del pastel, ¿qué puedes hacer con ella? Porque está claro que de algo sí eres responsable. Para sentirte merecedor es necesario que enmiendes lo que puede arreglarse o, si ya es demasiado tarde, te perdones a ti mismo.

Verás, habrá situaciones y cosas de tu pasado que no podrás cambiar y que te pesarán profundamente. Si no te perdonas a ti mismo, por grave que fuera lo que hicieras, caminarás por la vida con los pesados grilletes de la culpa que te impedirán tener paz mental en el presente y poner la mirada en el futuro con esperanza e ilusión. Tu foco estará siempre en el pasado y el arrepentimiento no te permitirá recibir lo bueno que mereces.

Perdonar es, pues, una poderosa herramienta espiritual que no solo es conveniente que apliques con los demás, sino también y especialmente contigo mismo.

Para perdonarte a ti mismo es muy útil la práctica de la compasión hacia uno mismo de la que hablaré más adelante, pero por ahora te invito a reflexionar a partir de las siguientes preguntas:

- ¿Qué voy a hacer con esto que tanto me pesa en la conciencia?
- De la situación de la que me siento culpable y que no puedo cambiar, ¿qué he aprendido sobre mí mismo?
- ¿Qué he aprendido de la otra persona o de la situación?
- ¿Cómo me gustaría comportarme la próxima vez que se dé algo parecido?
- A partir de lo que he aprendido, ¿qué compromisos adquiero en adelante conmigo mismo?

Quizá la ruptura de una amistad te inspira a ser más asertivo, a escuchar tu intuición o a decir la verdad desde ahora mismo. A lo mejor te prometes que a partir de ahora te cuidarás y te tendrás a ti mismo, y solo iniciarás relaciones con personas emocionalmente disponibles, o quizá acuerdes contigo mismo ser más amable con tus compañeros de trabajo.

En cualquier caso, es importante crear o hacer algo con tu parte del pastel a fin de sentir el perdón, el alivio y la paz necesarios para seguir caminando sin sabotearte.

Es lo que hizo Carolina cuando decidió abortar después que los médicos le dijeran que el bebé que esperaba tenía síndrome de Down y una grave malformación cardiaca que obligaría a operar al niño nada más nacer. La noticia le rompió el alma en pedazos, pero, a pesar de su profunda tristeza, estaba segura de su decisión, aunque eso no la hacía menos difícil ni menos trágica. El año siguiente fue complicado. No podía evitar sentirse culpable. Además, seguía queriendo formar una familia. Sabía que si quería hacer realidad su sueño tendría que aprender a gestionar esa culpa de alguna forma para no interpretar cualquier problema en la vida como un castigo merecido. Así que trabajó el perdón. Le escribió una carta a ese bebé no nacido, en la que le decía que lo amaba y que siempre sería su primer hijo. Le explicó su decisión y las razones que la llevaron a ella, y le honró a su manera. Carolina terminó teniendo dos hijos en los siguientes años, pero en su árbol genealógico, y para ella, siempre tendrá tres.

Perdonar (a uno mismo o a los otros) no es un acto que solo puedas hacer una vez, sino que se debe practicar tantas veces como sean necesarias. Desde mi experiencia, me he dado cuenta de que, aunque nos perdonemos un día y sintamos alivio, es normal que los sentimientos de culpa y arrepentimiento vuelvan a atormentarnos al cabo de unas semanas o meses, ya que eso forma parte del proceso de sanación. En este caso, lo que hay que hacer es volver a perdonarnos con mucha compasión y repetir el acto tantas veces como nos convenga.

La culpa es un sistema de explicación subjetivo o un enfoque de interpretación más y, como toda opinión, no se trata de la verdad absoluta. Es más, la culpa cambia según el país, la cultura y el tiempo en el que vivamos. Durante el Imperio romano, a ningún hombre libre le quitaba el sueño tener esclavos, algo que en la actualidad nos parece una aberración. De hecho, hasta antes de ayer, en 1794, no se abolió la esclavitud en Francia... ¡Ah, perdón! Que luego vino Napoleón y la reinstauró de nuevo en 1802. En fin, lo que quiero decir es que en realidad todo es una forma de explicarnos las cosas. Lo que ahora nos parece normal mañana nos puede parecer imperdonable, y lo que antes nos parecía vergonzoso hoy nos puede parecer justo.

Quizá te ayude a perdonarte a ti mismo repetirte que, como todo el mundo, eres imperfecto y que eso no solo es normal sino que está bien. No es justo juzgarte a ti mismo por hechos del pasado, desde el conocimiento y la conciencia que tienes ahora, porque cuando hiciste aquello era la mejor decisión en aquel momento e hiciste lo que podías. A la vida le da igual lo que hayas hecho en el pasado, porque para ella mereces todo el amor y el éxito del mundo. No necesitas ganarte el derecho a ser feliz, ya lo tienes. Así que es hora de dejar de ser tan duro contigo mismo y de empezar a ser más compasivo, porque la vida quiere entregarte lo que secretamente le pides.

Lealtades ocultas

Totalmente arruinada tras el cierre de mi anterior negocio y recién instalados en Múnich, mi pareja de entonces me ayudó económicamente en los primeros meses. Yo apenas ganaba dinero en el museo donde trabajaba media jornada y era él quien pagaba la mayor parte de los gastos. Puedes hacerte una idea de lo frustrante que era para mí esa situación. Soy una persona muy independiente y verme tan limitada me ardía por dentro, así que, aunque sabía que se trataba de algo temporal, estaba decidida a cambiar la situación cuanto antes. Pasé meses delante del ordenador trabajando en mis horas libres, enfocada en mi objetivo, creando mi nuevo negocio.

No hacía más que trabajar motivada por mi empeño de salir del agujero en el que me encontraba hasta que un día, por fin, conseguí mi primer cliente. Y luego otro y otro. Al cabo de unos meses lanzaba ya mis cursos y programas, que, poco a poco, iban aportando una entrada regular de ingresos.

Paradójicamente, mi progreso y remontada económica fueron proporcionales al rechazo frontal hacia mi trabajo que mi pareja empezó a manifestar de un modo explícito. Comenzó a criticar lo que hacía y a atacar abiertamente mi ambición por ganar más dinero y tener una vida mejor. Llegó un punto en que su desprecio por mi nuevo negocio era tal que me quedó claro que no tenía su apoyo y que no podía celebrar con él los éxitos que estaba consiguiendo. Sus reproches me hacían sentir culpable y sus prejuicios hacia el dinero convertían mis logros en algo sucio. Para sentirme mejor, con el dinero que ganaba le hacía regalos, en un patético intento de compartir mis logros con él y de hacerle partícipe de ellos. La situación me estaba afectando. Él, la persona a la que más amaba en aquel momento, juzgaba negativamente mi incipiente éxito. Yo no comprendía su reacción. «¿Acaso no entiende que debo muchísimo dinero? ¿Es que no quiere que me vayan bien las cosas y recupere mi autonomía?».

Ahora veo claro que mi realización profesional no hacía más que acentuar su frustración y la mala gestión de su talento y su carrera. No solo le hacía de espejo, sino que, además, le estaba cambiando los pasos del baile y alterando el *statu quo* de nuestra relación: dejaba de depender económicamente de él y empezaba a ganar más. Pero yo sentía que no podía lograr el éxito si él no lo tenía también, así que me volqué en mi pareja, quería ayudarle a triunfar como fuera. Después de mi trabajo, pasaba horas echándole una mano en la elaboración de su portafolio, su web y su estrategia. Y cuanto más daba yo, menos hacía él, menos implementaba, más rechazaba mis sugerencias y más drenaba mi energía.

Llegó un momento en que yo era el motor, la fuente de motivación de la relación. Sin embargo, no supe ver la luz parpadeante que indicaba que mi depósito de gasolina estaba casi vacío. No me daba cuenta de que la dinámica en la que habíamos entrado era un boicot a mi progreso y que yo misma frenaba mi avance por amor a mi pareja, puesto que me sentía culpable por mis logros y responsable de su frustración.

Era una relación destinada a fracasar, así que no es de extrañar que terminara. Pero lo que más me sorprendió fue que, tras finalizar esa relación y volver a España, mis ingresos se triplicaran en tan solo seis meses con respecto a lo que había estado ganando a su lado. Yo misma había estado saboteando mi éxito, impidiéndome brillar demasiado para no eclipsarlo a él, para que no se sintiera mal y no me rechazara, para mantener su amor.

Déjame que te presente ahora uno de los factores que más nos impide sentirnos merecedores de conseguir todo lo que queremos: las lealtades ocultas. En realidad, las lealtades ocultas son una forma de culpa, pero merecen un capítulo aparte. Este es un concepto desarrollado en el ámbito de la terapia familiar intergeneracional, que para mí es extrapolable a cualquier relación importante en nuestra vida, basada o no en lazos de sangre.

Funciona de la siguiente manera: en toda relación o sistema (y por «sistema» me refiero a familia, grupo de amigos, organización a la que pertenecemos, etc.) hay una homeostasis, entendida como «las cosas como son y siempre se han hecho» y, por lo tanto, también unas expectativas. Como somos seres evolutivamente gregarios que necesitamos a las personas a las que queremos o al clan para nuestro bienestar, buscamos siempre, consciente o inconscientemente, pertenecer, ser aceptados y, en definitiva, ser amados. Es lo que busca nuestro ser social constantemente: encontrar la manera de encajar.

En estas relaciones o sistemas hay una serie de estatutos tácitos que normalmente nadie expresa pero que todos conocen y aceptan en silencio, que exigen lealtad de todos los miembros del grupo para mantener la homeostasis que impera y no ser apartados. Eso hace que cualquier miembro del grupo (o de la relación) que ose soñar con una vida distinta de la de los demás se autocensure y autosabotee por miedo al rechazo y a dejar de ser querido, con lo que se perpetúan dinámicas disfuncionales en relaciones de cualquier tipo (de pareja, de amistad, filiales, etc.) o, dentro de las familias, generación tras generación. Es decir, saboteamos nuestra vida para permanecer fieles a nuestras familias o a la gente que nos importa.

Montse era la hija pequeña de una humilde familia campesina de siete hermanos. La guerra los había empobrecido especialmente y la situación en su casa era de pura supervivencia. Todos tenían que ayudar, bien en las tierras o con el ganado. De todos sus hermanos, Montse fue la única que estudió en a la universidad. De niña se le cruzó una hada madrina en forma de profesora que le dijo que ella valía para estudiar y la animó a cursar el bachillerato, becada. Cuando lo terminó se matriculó en enfermería gracias a otra beca y a trabajos que alternaba con los estudios. Una vez graduada, se fue a Barcelona y se puso a trabajar de enfermera en un hospital por las noches, a fin de pagarse la carrera de medicina que estudiaba en la universidad por las mañanas. Tras el quinto año se presentó a las pruebas del MIR, que, lamentablemente, no superó, así que decidió matricularse en la especialidad de odontología, que le permitía convalidar la carrera de medicina y que se pagó trabajando en el hospital. Finalmente, con treinta y dos años, pagó el traspaso de una pequeña clínica dental en un barrio obrero de Barcelona con el dinero que le prestó el banco y el que le dejó un buen amigo de toda la vida.

Como ves, Montse era una persona muy trabajadora y sacrificada, que aprovechó las oportunidades que se le fueron presentando y luchó por prosperar y realizarse profesionalmente. Podríamos decir que todo lo que consiguió en la vida fue gracias a su esfuerzo. Sin embargo, no toda su familia parecía alegrarse tanto de su éxito. El precio que pagó Montse por subir de clase social gracias a los estudios y a su empeño fueron las críticas o el menosprecio de algunos de sus hermanos, quienes, inconscientemente, se sentían acomplejados o en secreto envidiaban su suerte. Montse se atrevió a romper con las expectativas que había en su familia y esa deslealtad tenía un precio.

Para no sentirse apartada de su familia, ser aceptada y seguir siendo amada, Montse se desvivía por su clan. Les daba dinero, les hacía regalos o iba al pueblo para ayudar en el campo. Por suerte, no cayó en el autosabotaje ni boicoteó su sueño, pero tuvo que lidiar toda la vida con los asuntos emocionales no resueltos en su familia.

Su historia me recuerda un poco las innumerables veces que yo he minimizado o escondido mi éxito ante amistades o grupos, motivada por el afán de querer ser una más entre ellos, una igual. Este comportamiento es peligroso para tu éxito y tu felicidad, porque te tienta a abandonar tu sueño o a conformarte con lo que ya tienes.

Las lealtades ocultas se dan con las personas más importantes en nuestra vida y no solo son frecuentes en el entorno familiar, sino que también ocurren en otros contextos, entre amigos, pareja o grupos sociales. Básicamente saboteamos nuestra realización para seguir con el *statu quo*, la homeostasis en la relación. De hecho, este tipo de boicots hacia uno mismo se dan más a menudo de lo que pensamos, y no creo que nadie esté libre de las lealtades ocultas. Así que, para asegurarte de que sientes profundamente que mereces la vida que quieres, te propongo el siguiente ejercicio: analiza tus relaciones y círculos íntimos, como el núcleo familiar (hijos y pareja), familia extendida (padres, hermanos, etc.), amigos y mentores, y mientras piensas en todas estas personas responde y desarrolla las siguientes preguntas:

- ¿Crees que por algún tipo de lealtad oculta hacia alguien estás saboteando o limitando tu progreso y tu éxito?
- ¿Crees que limitas tu crecimiento por no eclipsar a alguien?
- ¿Dejas de hacer algo o escondes lo que haces o el éxito que consigues por miedo a dejar de pertenecer o de ser identificado como «uno de ellos»?

- ¿Te sientes en deuda con alguien hasta tal punto que impides tu crecimiento?
- ¿Cómo afecta esto a tu desarrollo profesional?

Reflexiona a partir de estas preguntas sobre las relaciones más importantes de tu vida, porque necesitas liberarte de cualquier contrato emocional cuya letra pequeña te impida ser feliz.

El mayor impedimento para deshacerte de las lealtades ocultas es que, cuando las tienes, piensas que estás siendo noble y fiel a tu pareja, familia o amigos, pese a que la realidad es que una relación sana con otra persona no puede implicar jamás la no realización de un sueño o la infelicidad y frustración de alguien. Desde el martirio y el sacrificio no puede haber una relación equilibrada y de igual a igual.

Así que una vez que hayas identificado con quién tienes ciertas lealtades ocultas y cómo te afectan, escribirás una carta a cada uno de ellos, que no tienes por qué mandar ni leérsela a nadie, en la que expondrás la situación, explicarás cómo te afecta, cómo será tu comportamiento a partir de ahora y que tus decisiones no tienen nada que ver con lo mucho que le/s quieres y necesitas. Una carta en la que escribirás que te gustaría que tus sueños contaran con su bendición, pero que el hecho de no tenerla no te frenará para hacer realidad tus objetivos. Que se alegren o no de tus logros, ellos siempre serán importantes para ti.

Este ejercicio te ayudará a hacer el movimiento interior necesario en ti para darte el permiso de querer y recibir lo que anhelas, y dejar de sabotearte.

EL DINERO

Elena era una clienta que se tomaba su negocio casi como su misión de vida, pero tenía un problema de falta de límites y de merecimiento. Cuando, al empezar a trabajar juntas, le pregunté a cuánto le salía la hora, se quedó blanca al comprobar que casi trabajaba gratis. Sus servicios constaban de incontables sesiones durante meses. Trabajando juntas le hice ver que necesitaba reposicionar su empresa, subir precios y reformular la dinámica de sus servicios, ya que su negocio estaba acabando con ella. Le costó tomar la decisión, pero al final se vino arriba, triplicó el precio de sus servicios y acotó las sesiones a un número limitado durante no más de tres meses. En la siguiente sesión, Elena me contó, emocionada, que no podía creer que hubiera conseguido ya dos clientas con sus nuevas tarifas, ¡por fin le empezaban a salir los números! Pero cuando empezó a darme más detalles, me dijo que, con los nuevos precios, ahora sus sesiones en lugar de una hora duraban casi tres, y que permitía que sus clientas se pusieran en contacto con ella cuantas veces quisieran. ¡Volvíamos a estar ante el mismo problema! Lo que le sucedía a Elena era que, en el fondo, no se sentía merecedora de los nuevos precios que estaba cobrando y creyó que debía dar más para justificar las nuevas tarifas, cuando en realidad el problema era que los precios anteriores no eran proporcionales al valor de lo que ofrecía. Al subir las tarifas y hacer los cambios habíamos encontrado una remuneración justa, pero al volver a dar de más tras aumentar precios volvía a estar mal pagada y repetía de nuevo su antiguo patrón de comportamiento.

Llegados a este punto, tenemos que hablar inevitablemente de dinero, entre otras cosas, porque la vida que quieres exige financiación y porque para hacer realidad tu mejor destino necesitas reconciliarte con él.

En realidad, lo que le ocurría a Elena es solo un ejemplo de todas las cosas que le pasan a prácticamente todo el mundo que conozco. Básicamente, tenemos una relación complicada, retorcida y contradictoria con el dinero. No es posible tener, por ejemplo, un negocio próspero o una vida abundante si estás peleado con el dinero. Arrastramos creencias y conductas ineficaces respecto a él que nos perjudican e impiden conseguir la realización profesional que anhelamos y la vida que queremos. Fíjate, ¿cómo osarás pedir un aumento si no te crees merecedor de semejante nómina? ¿Cómo vas a subir tus precios si no te crees merecedor de las nuevas tarifas?

Te daré otro ejemplo. Sarah era cofundadora de un estudio *boutique* de diseño de interiores. Sus servicios eran exquisitos, y sus tarifas, necesariamente elevadas. El tipo de clientes que podían permitirse pagar esas cantidades era gente adinerada de clase alta. Ella y su socia querían hacer crecer el negocio y trabajar menos, porque estaban muy quemadas. Sin embargo, al analizar juntas la situación y sugerirles que reflexionaran sobre su relación con el dinero, se dieron cuenta de que había una grave contradicción en ellas. Por un lado, estaban llenas de prejuicios con respecto al dinero y creían que la gente adinerada era engreída, y, por el otro, querían ganar más y trabajar con más clientes acaudalados. O bien reescribían una nueva relación con el dinero y se formaban un nuevo concepto sobre la gente rica o sabotearían inconscientemente sus objetivos. No puedes recibir más de aquello que odias. No puedes recibir abundancia si estás peleada con ella, porque la rechazarás.

Lo que les ocurría a Sarah y a Elena es muy frecuente y normal, tengas un origen humilde o vengas de una familia adinerada. De hecho, lo raro es no tener una relación complicada con el dinero.

El dinero está demonizado en todas partes, pero hay algunos círculos en los que lo está especialmente. Me refiero a entornos relacionados con la espiritualidad y el crecimiento personal, las organizaciones sin ánimo de lucro, el mundo artístico y la izquierda política. Son entornos donde el dinero está mal visto, es percibido como sucio e indigno, algo con lo que uno no debe mancharse las manos y que es incompatible con sus ideales.

Si te sientes identificado con alguno de estos puntos, te pregunto: ¿cómo vas a llegar a más personas y a tener un mayor impacto con tu ONG, si no consigues más dinero? ¿Por qué tendría que estar reñido ser una persona espiritual y tener una cuenta bancaria tan saneada que puedes vivir de tus inversiones? ¿Por qué no puedes tener ideas de izquierdas y a la vez poseer las propiedades que te dé la gana, siempre y cuando las declares y pagues los impuestos? ¿Por qué crees, inconscientemente, que para ser un buen artista necesitas sufrir? ¿Acaso no crearías tus mejores obras si el dinero no fuera un problema?

Todo cambia cuando empiezas a entender que el dinero es una simple métrica, de la misma forma que el metro lo es en el sistema métrico decimal o el segundo en el sistema de medición del tiempo.

¿Y qué mide el dinero? El valor que les damos a las cosas. ¿Y quién lo determina? Cada uno de nosotros con nuestros valores. Es decir, nos gastamos el dinero en lo que consideramos importante. Eso hace que uno esté dispuesto a pagar cierta cantidad por algo según el valor que considere que tiene y merece, y si le parece importante.

Mi padre, por ejemplo, es una persona frugal que no da la menor importancia a la moda, de hecho, la considera un desperdicio, por lo que, a pesar de que puede permitirse comprar la ropa en cualquier tienda, es feliz usando la que tiene desde hace décadas, aprovechando las camisetas de mis hermanos o incluso, si es inevitable, comprando la prenda o los zapatos que necesita en un supermercado. No se deja un duro en ropa porque no es uno de sus valores. Sin embargo, ha ayudado a sus hijos avalándonos en préstamos o adelantándonos dinero para formaciones porque, para él, uno de sus valores son sus hijos y quiere que nos vayan bien las cosas. Su mujer, en cambio, es una persona cuyo mundo gira alrededor de la alimentación. No solo disfruta cocinando, sino que cree que lo que comemos es una de las cosas más importantes en la vida, por lo que se deja un auténtico dineral todos los meses en productos biológicos, cosa que desquicia a mi padre, que es feliz comiendo un plato precocinado del Mercadona. ¿Ves con estos ejemplos cómo nos gastamos nuestro dinero según nuestros valores y prioridades?

Yo puedo decidir no gastarme sesenta euros en unos zapatos pero dejarme tres mil en un curso sin siquiera pestañear, porque uno de mis valores es el conocimiento.

De hecho, si como empresario alguien te dice que no te puede pagar, lo más seguro es que la razón de su negativa esté en sus preferencias, no en tus precios. Me di cuenta de ello al inicio de mi negocio, cuando una clienta decidió no invertir doscientos cincuenta euros en uno de mis servicios. Durante días me fustigué pensando que no lo había conseguido porque mis precios eran muy altos, pero cuál fue mi sorpresa cuando me la encontré en una formación a la que nos habíamos apuntado a la vez y cuyo precio ascendía a mil doscientos euros.

La persona que rechaza pagar seiscientos euros en un producto o servicio luego se gasta ese dinero en un billete de avión, las extraescolares de sus hijos o una chaqueta de piel, y eso está bien, porque cada cual se gasta su dinero no solo como le da la gana, sino sobre todo en lo que cree que es importante y prioritario.

La anécdota de esa potencial clienta me dejó claro que la realidad era que yo en aquel momento tenía un serio problema de autoestima y merecimiento que me llevaba a reventar precios y que, además, no había sabido presentarme como la prioridad y la solución a su problema.

La misma métrica se aplica cuando pones precio a tus productos o servicios, o cuando negocias tu sueldo. Y es que el precio que elijas poner o la nómina que aceptes manda un mensaje de lo que tú crees que vale lo que vendes como empresario o lo que vale tu tiempo y experiencia como asalariado. La otra persona podrá aceptarlo o no, pero tú le estás diciendo al mundo que tu tiempo y tus conocimientos merecen cobrar eso, y cuando revientas precios, el mensaje está claro: «No valgo más».

Pero, al enredarnos con creencias limitantes, no nos damos permiso para desear más dinero y abundancia en nuestra vida, y nos decimos frases como: «Afortunado en el amor, desafortunado con el dinero», «No se puede tener todo en la vida», «Cómo vas a querer más, si ya tienes todo lo que puedes desear», «No seas avaricioso», «El dinero corrompe a las personas», «El dinero es difícil de conseguir», «No hay suficiente», etc.

Querer tener o cobrar dinero no es malo, es tu intención de lo que quieres hacer con él lo que puede ser cuestionable. Pero el dinero en sí mismo es neutro, como el tofu o la pasta, que no saben a nada realmente hasta que les pones salsa.

Quizá te ayude a reconciliarte con el dinero verlo desde una perspectiva histórica. Y es que el dinero no es nada más que un invento del hombre. No existía hasta hace apenas unos pocos milenios. Todo surgió como una solución creativa para poder intercambiar objetos y recursos, y disponer de una unidad que estableciera el valor de las cosas. El dinero es una idea abstracta y cada vez tendemos más a la abstracción del dinero. Ya no andamos por la calle con un fardo lleno de monedas. Ahora tenemos tarjetas de crédito, banca online, Bizum y PayPal, entre muchas plataformas más. Podemos hacer circular nuestro dinero sin llegar a tocarlo con nuestras manos durante meses. Además, un euro puede cambiar de valor de un día para el otro, de modo que una cantidad de dinero puede dejar de ser todo ese dinero, y eso sin entrar en el tema de las criptomonedas.

Es decir, el dinero no es algo sucio, sino simples fichas de un juego, y necesitas muchas fichas para tener la vida que deseas, porque así es la realidad; tu visión y tu vida ideal tienen una etiqueta con el precio marcado. Me explico. El alquiler o la compra de la casa o piso de tus sueños tiene un precio, los viajes que quieres hacer tienen un precio, la comida que quieres comprar tiene un precio, el ocio del que quieres disfrutar tiene un precio, la escuela a la que te gustaría llevar a tus hijos tiene un precio, y no digamos las extraescolares y veranos en el extranjero que te gustaría pagarles para que aprendieran bien inglés. El coche que quizá quieres tiene un precio. La vida en la que solo trabajas por la mañana tiene un precio (los ahorros, rentas o inversiones de las que vives), los médicos a los que querrías visitar si lo necesitaras tienen un precio, la ayuda en casa con la que sueñas para no tener que limpiar o cocinar tiene un precio, eso sin olvidar el precio de los seguros, facturas, impuestos y demás. ¿Ves adónde quiero llegar?

La visión que estás creando en esta parte del libro, tenga la forma que tenga, viene asociada a un coste que, seguramente (aunque no siempre, ya que algunas personas anhelan tener menos) implica una cantidad que ahora no tienes. Si tú estás rebotado con el dinero, esa cantidad no va a venir a tu vida porque tus acciones y decisiones lo impedirán. Así que es de vital importancia que te reconcilies con el dinero hasta amarlo por lo que es. Porque, desde mi punto de vista, el dinero, para mí, es simplemente libertad: libertad de elección y libertad de tiempo. Y yo quiero mucha libertad en mi vida, porque en mi visión actual paso los días leyendo y escribiendo sin hacer nada más y, claro, de algo vamos a tener que vivir en casa.

Tu historia y tu relación con el dinero

Llegar a los treinta con un negocio cerrado a mis espaldas y una deuda de varios ceros que saldar no era la pinta que me imaginaba que tendría mi vida a aquellas alturas. Para que te hagas una idea, mi situación era tan precaria que con lo que ganaba en el museo apenas me alcanzaba para pagar una parte del alquiler y la comida. Así que, en mis primeros meses en Múnich iba a todas partes en una bicicleta, nevara, lloviera o hiciera sol, fuera verano o invierno. Mi vida era muy espartana. Solo podía pagar un par de tarjetas de metro al mes para ir al trabajo, pasaba el mes con treinta euros de saldo en mi móvil de prepago, mi ocio era nulo, compraba la comida en el supermercado más barato, no comía fuera y no me compraba ropa. No hacía nada más. Recuerdo que soñaba con comprar la carne en la carnicería de la esquina, salir a cenar o hacer un *brunch* con alguien un domingo por la mañana sin tener que contenerme ni conformarme con un simple café con leche. Y, sobre todo, deseaba volar a España cuando me diera la gana para ver a mi familia.

Este punto de inflexión en mi vida me obligó a reflexionar sobre qué narices había hecho para llegar a semejante situación. Así que empecé un proceso de autoanálisis fascinante. El dinero se convirtió en un foco importante de mi atención. Después de todo, es difícil no pensar en él cuando no tienes suficiente, ¿verdad? No solo pensaba en cómo ganar más para saldar mis deudas, sino que empecé a fijarme en mi propia relación con el dinero.

¿Cómo era posible que tuviera el poder adquisitivo de una adolescente? ¿Cómo era posible que no hubiera tenido nunca suficiente abundancia económica para estar tranquila y pagarme mis cosas sin remordimientos? Todos aquellos años, desde que era adulta, había vivido angustiada y contando el dinero. ¿Cómo era posible que habiendo nacido en una familia de clase media, habiendo tenido la mejor educación y todas las oportunidades del mundo tuviera una economía tan precaria? Claro que entendía que mi situación se debía al cierre del negocio y a mi deuda con el banco, pero ¿por qué había tomado aquellas decisiones? Empecé a analizar y a observar mi relación con el dinero, y descubrí cierto patrón de conducta que venía repitiéndose en mi familia desde mis abuelos y que yo estaba perpetuando con mi propia historia. Me di cuenta de que, a pesar de no tener nunca suficiente dinero para salir a cenar o disfrutar de los pequeños placeres de la vida, no había parado de hacer grandes proezas.

Todos tenemos una historia con el dinero y esta es la mía: mis padres, jóvenes de la Transición, aquella época en la que si estudiabas algo y rascabas un poco encontrabas un buen trabajo en el que quedarte los siguientes treinta años de tu vida, me pagaron la escuela concertada, clases de idiomas, clases de música y veranos en el extranjero. Resulta que yo era de clase media y no lo sabía. No me di cuenta hasta los treinta. ¿Por qué?

Cuando tenía siete años, mis padres se divorciaron y pasamos a vivir con mi madre. A partir de entonces, a pesar de que ella nos crio con su sueldo más la manutención que mi padre pasaba para mi hermano y para mí, crecí con el mensaje constante de que no llegábamos a fin de mes y de que no había suficiente dinero. Una creencia que me acompañó durante muchos años y que yo me ocupé de prolongar y confirmar materializando situaciones que me dieran la razón.

Así que a los treinta me di cuenta de que en mi familia, ya desde mis abuelos, que yo supiera, existía la tendencia de *estirar més el braç que la màniga*, es decir, comprar cosas que no podíamos permitirnos. Mi madre heredó de su padre, un abogado que pagó la mejor educación de la época a sus hijos y que murió sin dejar nada material, una forma de operar con el dinero que yo también había heredado, en la que el conocimiento y la cultura es una de las cosas más importantes en la vida (¿recuerdas?, nos gastamos el dinero según nuestros valores). De modo que crecí con la idea de que nunca hay suficiente dinero porque la educación (escuela, extraescolares, idiomas, etc.) y las grandes experiencias (viajar y ver mundo) se llevaban gran parte del presupuesto familiar, y si había que escoger entre ropa guay (que era lo único que yo quería de adolescente) o clases de piano, la elegida sería esta última opción. Antes cenaríamos pan con tomate una semana entera si con ello podía llevarnos a ver una ópera en el Liceo, o nos colaríamos en el metro de París y haríamos acopio en el bufé libre del desayuno si con ello podía enseñarnos aquella maravillosa ciudad. Adoro esto de mi madre, su amor por el conocimiento y la cultura. Ella eligió invertir el dinero en nosotros pagándonos la mejor educación que pudo darnos, porque es uno de sus valores. Además, de ella he heredado la valentía y la determinación, pero me resultaba inevitable ver que arrastrábamos ciertos patrones con el dinero que venían de mucho más atrás.

Lo que más me alucinó fue darme cuenta de que mi familia, ya desde mis abuelos, no pasaba dificultades porque no entrara dinero, es que tenía demasiados gastos para lo que podía permitirse o quería cosas demasiado caras para lo que podía pagar. Mi familia no era realista con respecto a su poder adquisitivo. Y yo hacía lo mismo. Inmersa en esa dinámica, crecí con el pensamiento de que no llegábamos a fin de mes y de que nunca teníamos suficiente.

Analizando mis hábitos y acciones me di cuenta de que yo estaba haciendo lo mismo. Vivía el dinero de forma angustiosa. Siempre con un «Ahora no me lo puedo permitir» o un «Esto es muy caro», pero sacando dinero de debajo de las piedras para grandes proyectos, como estudiar un posgrado, montar una empresa o viajar. A efectos prácticos, eso ha hecho que yo haya disfrutado poco de las pequeñas cosas del día a día, pero haya realizado grandes proezas.

De pronto entendí que no tenía por qué seguir pensando así sobre el dinero, que podía modificar mi forma de pensar y mi relación con él. De modo que empecé a experimentar y cambiar ciertos hábitos:

1. Decidí dejar de monitorizar tan férreamente los gastos. Seguía siendo cuidadosa; a fin de cuentas estaba arruinada y poca cosa podía hacer. Pero en lugar de anotar todos los gastos y fijar la atención en lo que gastaba, empecé a no apuntar nada.
2. Decidí también que en lugar de decirme: «Eso no me lo puedo permitir», cambiaría de mentalidad y empezaría a pensar: «¿Cómo me lo puedo permitir?». Es decir, si viviendo en Múnich quería visitar a mi familia y el vuelo me costaba ciento cincuenta euros, buscaría la manera de generar esa cantidad en lugar de intentar gastar aún menos para poder pagarlo. ¿Ves el cambio de enfoque? Este punto fue muy poderoso

porque me obligó a tener una actitud resolutiva y valiente con mi incipiente negocio.

Por ejemplo, una de las soluciones que encontré para ir a España sin tener que ahorrar (porque ya no tenía de dónde rascar más) fue organizar un seminario de fin de semana en Barcelona. Con el dinero que conseguí de las ventas, pagué el billete y, aunque tuve que trabajar, pude ver a mi familia y a mis amigos durante unos días. Pasé del «Eso no me lo puede permitir» a «Qué puedo hacer para generar ese dinero».

3. Mantuve mi hábito de apartar y ahorrar dinero para pagar mis deudas. Empecé con cinco míseros euros al mes. Sabía que a ese ritmo ni en toda mi vida saldaría mi deuda, pero era más importante la intención y el mensaje que estaba mandando a la vida: «Estoy en ello». Mucha gente opta por no apartar dinero cuando gana poco. Piensan que con esa mísera cantidad no habrá diferencia alguna. No se dan cuenta de que no se trata de la cantidad en sí, sino de la declaración que haces al mundo en el sentido de: «Voy a solucionar esto».

4. Decidí que no quería deber dinero durante mucho tiempo y que lo devolvería en dos años, a pesar de que no tenía ni la más remota idea de cómo lo conseguiría. Fue una decisión valiente que me forzó a tener una actitud osada con respecto a mi negocio, me obligó a realizar todos los meses acciones que me aportaran ventas, promociones, campañas de afiliación, lanzamientos o lo que fuera. Me impuse hacer algo todos los meses para ingresar dinero a mi cuenta corriente, aunque me diera vergüenza, miedo o pereza, no había excusa válida para no cumplir esta promesa. Además, decidí dedicar el cincuenta por ciento de todo lo que ganara a liquidar la deuda y a amortizar el préstamo, ya fueran ciento cincuenta euros un mes o tres mil otro. No había cantidad demasiado pequeña para no hacerlo. ¿Y sabes qué? ¡Lo conseguí! En dos años liquidé toda la deuda. ¡*Ciao*, banco!

5. Empecé a pagarme cosas que no me atrevía a comprarme antes. Decidí darme pequeños lujos que vistos ahora resultan patéticos, pero entonces me parecían todo un atrevimiento. Por ejemplo, comencé a comprar carne ecológica, pasé de móvil de prepago a contrato, invitaba a alguien a un café o hacía un pequeño regalo. Eran pequeñas cosas que entonces suponían una temeridad para mí, pero eso fue clave, ya que me ayudó a no permanecer estancada en la carencia, siempre mirando cómo gastar menos, para pasar a buscar maneras de ganar más.

6. Empecé a agradecer todo lo que tenía, por poco que fuera. Aunque fuera comida barata, era comida; aunque fuera un trabajo mal pagado, me cubría el seguro médico. Empecé a verlo todo con el prisma del genuino agradecimiento y buscando siempre el lado positivo de las cosas por malas que fueran, puesto que si algo era malo, la insatisfacción que me creaba me motivaba para encontrar algo mejor.

Estos pequeños actos, junto a mi cambio de perspectiva sobre el dinero, en la que pasé de verlo como algo escaso y difícil de conseguir a considerarlo algo bello, inagotable, de lo que la vida quería que tuviera más, funcionaron como una declaración de intenciones que modificaron mi conducta para buscar la manera de crear más abundancia en mi vida y cambiar los patrones de comportamiento instalados en mí desde hacía décadas.

Sin embargo, no creas que dejamos de tener creencias limitantes sobre el dinero cuando nos empiezan a ir bien las cosas. Cada nuevo nivel de abundancia viene con sus propias barreras autoimpuestas que debes derribar porque no hay nada que no merezcas tener. El dinero y el éxito no es algo reservado solo a una clase social privilegiada, no es algo que solo las personas con cierto perfil pueden conseguir. El dinero es algo bonito que la vida te quiere dar sin límites, es un recurso inagotable. Solo tienes que verlo como algo positivo, cambiar tu actitud y actuar sintiendo que mereces tenerlo. Porque el dinero no te hace mala persona.

 Para cambiar tu relación con el dinero, te propongo el siguiente ejercicio que también encontrarás en el cuaderno de trabajo que puedes descargarte gratis en **LaVidaQueQuiero.com/bonus**

---

1. Toma unas hojas o ve al cuaderno de viaje y escribe tu historia sobre tu relación con el dinero. ¿Qué situación y percepción había sobre el dinero en tu familia cuando eras pequeño? ¿Hubo algún acontecimiento que marcó tus creencias sobre él? ¿Qué te contaban acerca del dinero? ¿Era difícil conseguirlo? ¿La gente rica es mala, corrupta y esnob?
2. Anota tus creencias actuales sobre el dinero. ¿Qué piensas ahora sobre él? ¿En qué se basan esas creencias? ¿Puedes asegurar que son la verdad absoluta?
3. Reescribe tu historia. ¿Cómo quieres ver el dinero a partir de ahora? ¿Qué nuevos hábitos de gestión del dinero desarrollarás? ¿Qué patrones dejarás de repetir?

Es sorprendente lo revelador que es y las respuestas a las que llegas cuando reflexionas sobre tu relación con el dinero.

El tema del dinero es una combinación de merecimiento y, sobre todo, prejuicios, y es en realidad mucho más extenso. De hecho, no te he hablado sobre la psicología del dinero para no desviarnos del propósito de este libro, pero te animo a investigar por tu cuenta sobre este asunto.

LA AMBICIÓN

La ambición está estigmatizada porque la confundimos con la avaricia o la codicia, cuando en realidad no es más que la voluntad de conseguir lo que uno se propone.

La ambición es una energía poderosa. Es querer crecer, cambiar, tener más y mejor. Y, al igual que con el dinero, necesitas reconocer tu ambición y reconciliarte con ella para darte permiso y poder perfilar tu visión y tu vida ideal sin censuras.

La ambición quiere conseguir, seguir hasta lograr algo. Y no hay forma eficaz con la que puedas aplacar este pulso natural en ti. Nunca dejarás de querer, aunque te empeñes. Habrá etapas en las que querrás mejor calidad de vida y por lo tanto perseguirás metas materiales, y habrá otras en las que querrás más paz y tranquilidad, en las que quizá desearás desprenderte de cosas. En cualquier caso, siempre querrás y tendrás apego a lo que desees, aunque lo que anheles sea la misma vacuidad.

De hecho, la sensación de realización viene precisamente de la gratificación que sientes cuando haces realidad tus metas. Y la gratificación es una sensación duradera que aporta satisfacción y orgullo en tu vida.

En su libro *La auténtica felicidad*, Martin Seligman habla de cómo dos de las cosas que fomentan la sensación de felicidad y las emociones positivas en el presente son el placer y la gratificación. El placer no es permanente y es fruto de acciones pasivas en las que no se requiere esfuerzo (por ejemplo, comer chocolate, recibir un masaje o sentarte al sol) y se acaba una vez dejamos de experimentar la acción. La gratificación, en cambio, es lo que conseguimos tras realizar acciones que han requerido nuestra implicación y esfuerzo, por ejemplo, aprender a tocar un instrumento, graduarte después de cursar una carrera o cuidar un huerto. Sin ir más lejos, mi experiencia al escribir este libro no es en absoluto placentera, pero es tremendamente gratificante, y la satisfacción que yo siento después de haberlo terminado me hace inmensamente feliz. La gratificación, además, es una sensación duradera que, a diferencia del placer, perdura para siempre.

Por lo tanto, cuando tú ambicionas algo y trabajas para lograrlo lo que recibes cuando lo consigues es esa gratificación que, a su vez, aporta la satisfacción que hace que te sientas feliz con tu vida. En otras palabras, tu ambición es buena y necesaria para tu felicidad.

Sin embargo, no nos damos permiso y escondemos nuestra ambición, algo tan absurdo como ocultar el hambre, el sueño o la sed. La vemos como algo sucio debido a influencias religiosas, espirituales o culturales que nos empujan a creer que querer es la fuente de nuestra infelicidad y que debemos aplacar esas ansias y aceptar las cosas como son.

Pero ¿sabes qué ocurre? Que, en realidad, la fuente de tu infelicidad o insatisfacción son la no realización de tus deseos y la aceptación de situaciones que deberías cambiar. Lo que hace la vida luminosa es la consecución de tus sueños, uno tras otro, y no su cancelación. Alcanzar tus metas y anhelos te convierte en una persona realizada. No hacerlo te vuelve una persona frustrada, un arma cargada de cinismo, envidia y amargura que dispara contra todos aquellos que osen ir a por lo que quieren y, encima, tengan la desfachatez de conseguirlo.

Nuestra sociedad señala con el dedo la ambición de los demás. Incluso usa ese término como un insulto, especialmente contra las mujeres. Cuántas veces habrás oído la expresión «Es una ambiciosa» referida a una mujer con aspiraciones. Y de este modo impregnamos nuestra propia ambición de culpa y de vergüenza.

Otras veces no damos permiso a nuestra ambición por miedo a estrellarnos y decepcionarnos. Creemos que nuestros sueños nos hacen volar demasiado alto para lo que merecemos o somos capaces de conseguir, así que los amputamos, no sea que nos la peguemos y luego no sepamos levantarnos. Pero ¿sabes qué pasa? Que tu ambición, que en el fondo es tu sueño, te perseguirá toda la vida, y que o bien te ocupas de él o la frustración te atormentará siempre.

Sé que el mensaje que recibimos es que no se puede tener todo, pero deja que te diga que puedes tener, vivir y experimentar más de lo que osas soñar. «No se puede tener todo» es una frase que usamos como bálsamo para no pensar en lo que aún seguimos queriendo, a pesar de no tenerlo o no haberlo conseguido. Porque tus anhelos te perseguirán toda la vida, aunque intentes enterrarlos en el más oscuro y polvoriento rincón de tu corazón.

Las mujeres llevamos especialmente mal la ambición. A pesar de los avances, muchas se sienten mal por tener hijos y querer, además, triunfar profesionalmente, por ejemplo. Se sienten culpables porque desde hace milenios nos han vendido la idea de que cuando eres madre tu ambición se reduce a las señales que da tu hipotálamo, el cerebro más reptil, para solo querer ser mamá. Y aunque eso es lo que desean muchas mujeres (y está genial), para otras tantas ser solo madre no es suficiente. Y eso no tiene nada que ver con la intensidad con que quieran a sus hijos.

En nuestras relaciones de pareja sucede un poco lo mismo. Un desequilibrio en la ambición afecta profundamente a la relación. Cuando uno quiere conseguir cosas y el otro se conforma con el *statu quo* e incluso critica a quien quiere más, la relación se descompensa en lo más profundo. Uno de los dos tendrá que hacer alguna concesión. Bien sea porque el que no quiere nada más se pone las pilas y se sube al carro, o bien porque el otro se conforma y sesga su ambición, aun a riesgo de la frustración que vendrá con ello.

Y aunque pienso que la ambición sin valores ni principios puede ser mezquina, el hecho de conseguir éxito empresarial o riqueza en general, por ejemplo, no te convierte en una persona superficial ni te incapacita para disfrutar y apreciar las pequeñas cosas de la vida, ni para ser consciente de que, al final, son esas pequeñas cosas las más importantes, las que apenas cuestan dinero.

Pero por el bien de tu felicidad y tu realización personal, necesitas abrazar tu ambición. Porque querer más o mejor no te hace mala persona ni te convierte en un desagradecido.

Así que, para reconciliarte con tu ambición, te propongo el siguiente ejercicio:

1. Quiero que le digas a alguien de confianza «Soy ambicioso» y que una vez lo hayas dicho te quedes callado. Reprime y observa tu impulso de dar explicaciones y de justificarte, y fíjate en la reacción de la otra persona. Nada de completar la frase con «... pero también soy buena persona» o «... pero hay muchas otras cosas más importantes», etc. Di simplemente «Soy ambicioso» y observa. Las anécdotas que me cuentan mis clientes después de hacer este ejercicio son muy reveladoras.

2. Relaciónate con personas que quieran más y mejor, que no se conformen con lo que hay y que aspiren a vivir la vida en su máximo potencial sin pedir disculpas. Construye amistades con personas que te apoyen, animen y motiven a pensar en grande. Gente que no castre tus sueños y no sienta envidia de tu progreso y tus logros, porque está tan ocupada con su propia realización personal y materialización de su propia felicidad que ni se le pasa por la cabeza ni tiene tiempo.

Reconocer tu ambición y reconciliarte con ella es un proceso, pero lo que más me interesa ahora mismo es que te des cuenta de cómo tus creencias o prejuicios sobre ella pueden estar condicionando tus sueños y el aspecto de tu vida ideal.

En fin, ¡qué trabajazo has hecho en estos últimos capítulos! Ahora viene la parte divertida, vas a perfilar la vida que quieres. ¿Listo? ¡Avancemos!

- 6 -

La vida que tú quieres

¡Menuda inmersión!, ¿verdad? La segunda etapa del viaje (que ya terminas) puede ser intensa porque te obliga a mirar hacia dentro y a hacer un inventario de todas aquellas cosas que te impiden darte permiso para soñar sin censuras, pero, fíjate, ahora eres consciente de todos los puntos ciegos con los que castrabas tu visión y ya estás preparado para perfilar la vida que quieres. Ahora entiendes por qué no podías hacerlo antes, porque primero tenías que derribar las barreras que te impedían darte permiso para imaginar y desear lo que realmente quieres, para reclamar tus sueños.

Pues bien, ahora llega la parte más divertida, es el momento de definir tu vida ideal sin miedo. Vas a perfilar tu visión conectando con tu ser esencial, vas a señalar en el mapa la isla a la que quieres llegar, la estrella polar hacia la que te dirigirás a partir de ahora y que filtrará todas tus decisiones. Hacer este ejercicio sienta las bases de tu felicidad más allá de la mera prosperidad económica, es lo que te permitirá alcanzar un éxito significativo que realmente te llene y lo que posibilitará unir tu realización profesional con tu satisfacción personal.

Tu visión es un documento aspiracional en el que describes tu vida ideal con precisión y detalle, sin cuestionarte si es posible lo que quieres ni preguntarte cómo lo vas a lograr. Tu visión es, pues, tu mejor destino, e incluye todos los aspectos y ámbitos de tu vida.

A medida que vayas completando este ejercicio, verás que te dirás cosas de este estilo: «¿Cómo voy a conseguir algo así?», «¡Esto es imposible!», «¡La vida no es así, sino mucho más dura!», «¡Lo que estoy escribiendo es un sueño imposible!», «Pero ¿tú te das cuenta de la flipada que estás poniendo?», «¿Es que no eres consciente de tu situación actual?», «Ni en broma tendrás jamás algo así», etc. Así que cuando te descubras pensando este tipo de cosas, con toda la compasión del mundo, invita a esa voz a salir por la puerta, dándole las gracias por sus advertencias y diciéndole que ahora no es su turno y que más adelante ya te ocuparás de ella. Díselo tantas veces como aparezca y no te avergüences de tus sueños por ridículos o imposibles que parezcan ahora mismo.

Recuerda que sabrás que lo que escribes nace de tu ser esencial porque sentirás liberación, paz, alegría o entusiasmo, y porque, cuando te desvíes de lo que tu alma desea, tu cuerpo te mandará claras señales de pesadez, apatía o constricción. Ten presente también que tu visión no está exenta de miedo o de retos. Que camines en la dirección de tu vida ideal no te evitará los problemas, pero sí que te dotará de la energía y la motivación necesarias para superarlos y persistir.

Te sugiero que hagas este ejercicio con tiempo y sin interrupciones. Quieres silencio y tranquilidad para reclamar lo que quieres. Puede ser que definas tu visión en una mañana o que necesites semanas para descifrarla porque nunca te has parado a pensar qué quieres realmente. Soñar es un músculo, cuanto más permiso te des, más alto y lejos volarás.

Lee las preguntas y escribe cómo sería la situación ideal para cada una de las siguientes áreas que te propongo. Debes también escribir en presente. Por ejemplo: «Vivo en una masía en el Empordà, frente a campos de girasoles y colinas de trigo salpicados por amapolas y cipreses».

Es importante que cuando imagines los escenarios no los veas desde fuera como si miraras una fotografía, sino que veas la escena desde dentro y que, en la medida de lo posible, añadas descripciones de tus emociones y de tus sentidos mientras experimentas lo que quieres.

Procura también ser lo más específico y descriptivo posible. Cuantos más detalles, mejor. Poner «Soy muy feliz» es demasiado abstracto. ¿Qué hay en tu vida que te aporta felicidad?

Y, por último, recuerda que tu visión es la vida ideal que quieres para ti desde el presente y que, por lo tanto, es un documento que puede evolucionar y cambiar conforme pasen los años. Así que no te preocupes ni te bloquees pensando que lo que pongas está grabado en piedra, porque puedes cambiar de opinión siempre que quieras.

A continuación encontrarás una serie de preguntas. Responde a las que sean relevantes para ti. Por ejemplo, habrá algunas que te sonarán porque tienes un negocio o quieres emprender y las habrá que no porque no te interese tener tu propio negocio. En cualquier caso, estas preguntas son solo un punto de partida, puedes escribir más allá de los temas que te propongo.

Recuerda que tienes este y todos los ejercicios del libro, así como otros bonus, en el cuaderno de viaje que puedes descargarte gratis en **LaVidaQueQuiero.com/bonus**

¿Listo? ¡Pues toma papel y bolígrafo y vamos allá!

Tu hogar

- ¿Dónde vives?
- ¿Cómo es tu casa? Descríbela con todo lujo de detalles.
- ¿Qué rodea tu casa?
- ¿Cómo es el barrio y el vecindario?
- ¿Cómo es la comunidad que ahí se encuentra? ¿Es un núcleo rural o una ciudad? ¿Es una comunidad abierta o más bien privada?

Relaciones

- ¿Cómo te tratas?
- ¿Cómo es tu pareja? (si aún no la tienes).
- ¿Cómo es la relación con tu pareja?
- ¿Cómo es la relación con tus hijos? (si tienes o quieres).
- ¿Cómo es la relación con tus amigos?
- ¿Cómo es la relación con tu familia?

Salud

- ¿Cuánto duermes?
- ¿Qué ejercicio haces y con qué frecuencia?
- ¿Qué comes?
- ¿Cómo sientes tu cuerpo la mayoría de los días?
- Escribe todo lo que sea importante sobre tu estado ideal de salud.

Trabajo

- ¿Trabajas por cuenta propia o ajena?
- ¿Dónde trabajas? ¿Cómo es el entorno que te rodea?
- ¿Cómo es la gente que te rodea?
- ¿Viajas a menudo?
- ¿Tienes un horario marcado o trabajas por proyectos cuando te inspiras? ¿Cuántas horas al día trabajas?
- ¿Tienes un trabajo estable/creativo/autónomo/en equipo…?
- ¿Cuál es el modelo o formato de tu trabajo? ¿Cuán lejos te queda de casa? ¿Qué responsabilidades tienes?

Naturaleza de tu trabajo

- ¿A qué te dedicas?
- ¿En qué sector estás?
- ¿En qué tareas pasas tus días?
- ¿Creas algo desde cero?
- ¿Ofreces un servicio o vendes un producto? ¿Qué tipo de productos o servicios vendes?

- ¿Trabajas con tus manos?
- ¿Cuánta interacción directa con el cliente tienes?
- ¿Cuántas horas pasas frente al ordenador?
- ¿Cuál es el impacto de tu negocio o empleo? ¿Cuánto facturas o ganas? ¿Qué tipo de clientes tienes?
- ¿Tienes equipo? ¿Cuánta gente lo compone y cuáles son sus funciones? ¿Tienes gente a tu cargo?
- ¿Cómo es tu relación con tus socios y empleados? (si los tienes) o, si no, ¿con tus compañeros de trabajo?, ¿con tu jefe?
- ¿Cuál es la cultura de tu empresa?
- Añade cualquier otra cosa que se te ocurra para describir la naturaleza y la tipología del trabajo que te hace feliz.

Finanzas
- ¿Cuánto ganas al mes?
- ¿Cuánto tienes ahorrado en el banco? ¿Tienes alguna inversión?
- ¿Tienes algún préstamo o hipoteca?
- ¿Cómo son tus ingresos? ¿Regulares y predecibles o fluctuantes, dependiendo de lo que hagas?
- Escribe todo lo que sea importante relacionado con tus finanzas, por ejemplo, el nivel de deuda, tus hábitos de gasto, etc.

Puedes añadir todas las secciones que quieras o creas importantes. Por ejemplo, puedes hablar también de creatividad, espiritualidad, ocio y estilo de vida.

No necesitas compartir tu visión con nadie, especialmente cuando te encuentras en la etapa inicial de la realización de tus objetivos, ya que la falta de concreción te hará vulnerable a las críticas u opiniones de los demás, aunque sean bien intencionadas pero no solicitadas, y pueden poner en peligro tu motivación y tu sensación de capacidad.

Una vez que hayas terminado la descripción de tu vida ideal, puedes ir un paso más allá y crear un *dream board* («panel de sueños», traducido rápido y mal), que consiste en poner en una superficie imágenes que representen lo que quieres. Por ejemplo, en mi despacho tengo un corcho donde he puesto fotos que ejemplifican lo que quiero. Busco las imágenes en internet, sobre todo en Pinterest, y las imprimo. En mi *dream board* actual, como sueños confesables, encontrarás una foto de una chica durmiendo profundamente (¡anhelo volver a descansar siete horas seguidas sin interrupciones!) o imágenes de casas de campo rodeadas de vegetación, una piscina de ensueño y cenas al aire libre. Cuando no encuentro fotos que me sirvan del todo, las modifico con Photoshop. Por ejemplo, hice un pantallazo del extracto del banco y puse la cantidad a la que quiero llegar, o encontré una imagen de la portada de un libro en la que puse «Mi libro».

Mi visión representada en mi *dream board* no tiene *deadline* o fecha de entrega porque no es mi plan de acción (de eso hablaremos en la tercera parte), así que lo que ahí pongo son sueños de los que no tengo ni la más remota idea si se realizarán o cómo se darán, y así debe ser.

Tengo mi *dream board* colgado en la pared de enfrente de mi escritorio al lado de la pantalla del ordenador, de modo que solo tengo que desviar la mirada para verlo cada día. No es que le preste mucha atención, pero sé que inconscientemente me sirve para permanecer enfocada ya que redactar tu visión o crear tu *dream board* son herramientas de anclaje que te ayudan a no desviarte de la ruta correcta.

No siempre he tenido mi *dream board* a la vista y puede ser que, debido a tus circunstancias, no tengas la privacidad suficiente para exponerlo a la vista de los demás. A mí me ayudó mucho en su momento montar un *dream board* en un papel tamaño A3 y colgarlo en la parte interior de la puerta de mi armario.

En cualquier caso, montar un *dream board* no es un requisito imprescindible. Lo importante es que describas tu visión y que sepas qué aspecto tiene la vida que quieres, para así caminar en la dirección correcta y llegar a tu mejor destino gracias al mapa que trazarás en los próximos capítulos. ¡Empieza la aventura!

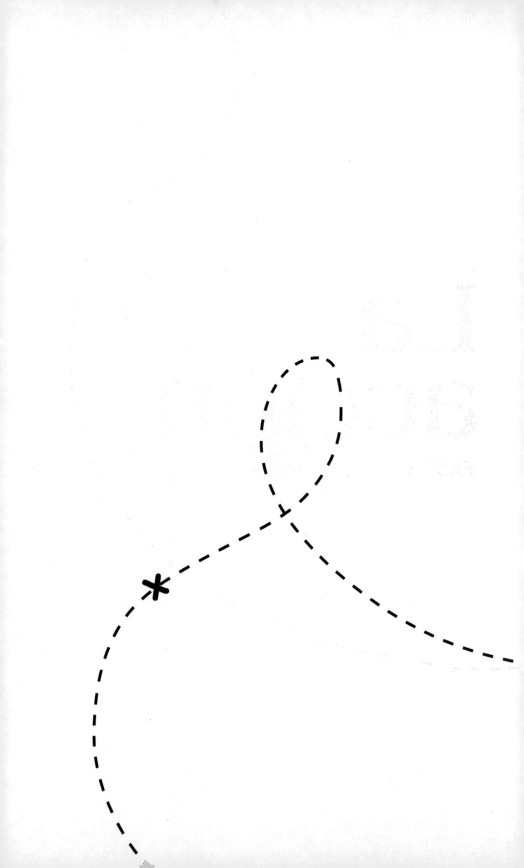

La acción

FASE 3

Bienvenido a la tercera y, quizá, la más emocionante fase de tu viaje. ¡Empieza la aventura! Si hasta ahora habías estado recuperándote del naufragio, reparando daños, equipándote de nuevo y estudiando cuál iba a ser tu próximo y mejor destino, ahora trazas la ruta e izas velas para zarpar. Si tu vida fuera una película, aquí es donde te pasaría de todo: tormentas, averías, paradas técnicas no previstas, desvíos, motines, falta de viento, asalto de piratas, batallas... ¡de todo!

Por suerte esta es también la fase en la que te enseño las mejores técnicas de navegación para sortear todos los obstáculos que vayan cruzándose en tu camino hasta llegar a la vida que quieres.

Esta etapa empieza trazando la ruta. Ya sabes a qué isla llegar porque lo trabajaste en la parte anterior y ahora toca decidir por dónde pasarás y qué escalas quieres hacer idealmente, según las previsiones climatológicas, la fuerza y la dirección del viento y los tiempos que te marques.

Tienes pues tu visión definida con detalle, pero seguramente te estarás preguntando cómo te acercarás a ella, cómo se hará realidad. Bien simple, pasando a la acción. Nada de lo que deseas se manifestará ante ti si no te mueves. Y es que, como vengo diciéndote desde el principio, en tu acción está tu poder porque serás tú quien se acercará a lo que quieres y no al revés.

Hasta ahora has estado soñando y haciendo movimientos internos, es el momento de aterrizar estos sueños y hacer los gestos externos necesarios para crear los escenarios que posibiliten que se hagan realidad. Claro, lo más probable es que, después de haberte dado permiso para soñar, no tengas ni la más remota idea de cómo materializar tu visión, pero estoy convencida de que sospechas cuál podría ser el primer paso. Y esto es lo único que necesitas saber ahora mismo: cuáles son los primeros pasos que tienes que dar en la dirección de tu mejor vida, los primeros objetivos que debes marcarte y que puedan acercarte a tu destino.

¿Es dejar tu actual empleo uno de los hitos inevitables que deberían tener lugar este año o el que viene para hacer realidad tu sueño de vivir en París? ¿Qué tal si empiezas tu negocio paralelamente? ¿Es matricularte en la carrera de derecho aunque tengas cincuenta y dos años (como hizo mi abuelo) una decisión interesante para hacer realidad tu vida ideal? ¿Es terminar de escribir en los próximos seis meses el manuscrito de tu libro uno de los objetivos que te gustaría alcanzar para acercarte a tu sueño?

Cuando empecé mi negocio actual, en 2011, no tenía ni idea de que terminaría siendo como es ahora. De hecho, no sabía que existía esa posibilidad. Lo único que tenía seguro era que el siguiente negocio que montara tenía que darme libertad, ser digital, funcionar desde cualquier parte del mundo, ser escalable y estar alineado con mi talento y propósito.

Tenía clara la pinta que tenía mi vida ideal, de la que, créeme, estaba a años luz, ya que mi situación en aquel momento era tan precaria que si me atrevía a confesar mi sueño sonaba patética. Aunque no supiera cómo llegar a mi visión, sí sabía que el primer paso que debía dar era crear una web, empezar a bloguear y trabajar mi marca personal en internet. Incluso hice un posgrado en marketing online para sentirme acreditada. Ese fue mi plan de acción de los primeros doce meses y nada me indicaba si funcionaría ni si sería el camino correcto. Solo era un hipótesis que estaba testando.

En el próximo capítulo te guiaré en la creación y el desarrollo de tu propio plan de acción, pero antes de pasar a él, quiero contarte algunas cosas más sobre la etapa en la que acabas de entrar.

Verás, en esta fase, la de la acción, es en la que inevitablemente surgen los problemas. Hasta ahora solo habíamos estado teorizando, bien cómodos en nuestro proceso de introspección. Ahora toca salir fuera, hacer el trabajo de campo y ensuciarnos las manos. ¿Y qué ocurre en esta fase? Que te estrellas. Y fuerte. Pero el problema no es la caída o el fracaso, el verdadero problema es la interpretación que haces de tus pobres resultados, si los tomas como señales de que no puede ser, de que tu fracaso te vuelve un fracasado, de que está todo decidido o de que no tienes lo necesario para realizarte o triunfar. Así que te rindes y abandonas.

Nadie dijo que crear la vida que quieres fuera rápido o fácil, de hecho, espero no haberte dado a entender que lo veo así. Es innegable que existe una lotería que hace que algunas personas nazcan en países, familias o circunstancias con claras ventajas y privilegios, como también es innegable que existe el azar, las tragedias sin sentido y los auténticos problemas. Pero sí creo que, siempre y cuando tengas la esperanza, la actitud apropiada y la perseverancia necesarias, podrás acercarte en gran medida a la vida de tus sueños y superar incluso tus expectativas.

Así que, cuando en esta fase surgen los ineludibles problemas, errores, fallos y caídas, no es el momento de rendirte. ¡Al contrario! Es el momento de volver a tu plan de acción original (el que harás a continuación), añadir la experiencia y nueva información que hayas adquirido, y trazar una nueva ruta para volver a salir fuera.

Si yo hubiera interpretado el cierre de mi anterior negocio como una sentencia definitiva, no tendría mi actual empresa. Por suerte fui tenaz (o no tuve alternativa) y me empeñé en crear un nuevo negocio incorporando todo lo que había aprendido de mis errores. ¿Fue fácil? En absoluto. Tener un negocio es un constante pulso mental contra tus miedos y la incertidumbre. ¿Fue rápido? Para nada. Tardé dos años enteros en poder vivir únicamente de mi negocio actual y dejar mi empleo de media jornada. Te cuento esto porque sé que a muchas personas les ayuda conocer mi caso, como el de tantos otros que no lo consiguieron inmediatamente, y ver que las cosas en realidad requieren tiempo y esfuerzo, que rara es la persona que triunfa de la noche a la mañana o a quien la vida le concede sus sueños sin más. Así que si algo que intentaste no funcionó, sea un negocio o una relación, no fue un error en realidad, sino nueva y valiosa información que integrarás en tu plan de acción para volverlo a intentar.

Esta fase es larga, muy larga. Así que es necesario que economices tu energía y que gestiones bien tus expectativas para no decepcionarte ni dejarlo a las primeras de cambio, cuando tengas que hacer frente a los problemas que surjan y entender los retos como pruebas que debes superar para conseguir lo que quieres. Porque ¿qué pensarías si te dijera que los problemas a los que estás haciendo frente te están preparando, en realidad, para lograr lo que quieres?

Te lo plantearé de otra forma. ¿Crees que ahora tienes todas las aptitudes necesarias para crear la vida que anhelas? Esta no es un pregunta con trampa, sabes que pienso que nacemos con la capacidad de hacer realidad nuestros sueños y con los recursos internos necesarios para superar los problemas, pero no niego la falta de preparación en todos nosotros. Y es precisamente la superación de los retos que se nos presentan en esta fase lo que nos prepara y nos convierte en quien tenemos que ser para lograr lo que queremos.

Esto no lo digo yo ahora, sino que viene de muy atrás. Deja que te hable del viaje del héroe. Este es un término acuñado por el antropólogo Joseph Campbell tras su profundo estudio de mitos como, por ejemplo, el de la *Odisea* de Homero. Con él, Campbell se refiere a la narración arquetípica que vemos en todas las historias del mundo, tanto del pasado (en la mitología y los cuentos) como del presente (en la literatura, los dibujos animados, los cómics, el teatro o las películas).

El viaje del héroe explica el proceso y la evolución del personaje principal de la historia y, en resumen, acostumbra a ir de la siguiente manera: el protagonista, una persona muy normal, como podrías ser tú, recibe una llamada, que en tu caso es tu anhelo (la vida que quieres) pero que en la historia tiende a ser una misión como salvar a su pueblo o a una dama, y eso lo lanza a la aventura. Por el camino, tropieza con obstáculos y fuerzas contrarias que debe vencer, por ejemplo, sobrevivir a arenas movedizas, aprender a usar la espada, matar a un dragón o derrotar al malo de la película, y que en tu caso vendrían a ser tu ruptura, la depresión que superaste, las tres *in vitro* a las que te sometiste, el cierre de tu negocio, aquel despido, el jefe que te hizo la vida imposible, las rivalidades de tus homólogos, el cáncer de tu pareja, la ruina económica, la pandemia que impide un año más tu reagrupación familiar o, simplemente, tu miedo.

Lo más interesante de todo es que, tal como es el protagonista al principio de la historia, es imposible que pueda realizar su misión, ¡le faltan todas las habilidades necesarias! Y precisamente gracias a que supera todos esos obstáculos desarrolla las aptitudes, la valentía y la determinación imprescindibles para conseguir lo que se ha propuesto.

Tú eres pues el héroe de tu propia historia y, como tal, si quieres algún cambio en tu vida, tendrás que superar ciertas pruebas y hacer frente a dragones y demonios para llegar a la meta, sabiendo que será precisamente la superación de estos obstáculos lo que te convertirá en la persona que tienes que llegar a ser para crear la vida que quieres.

Cuando empecé mi negocio actual y pensaba en lo que me gustaría facturar, yo no era, ni en broma, la persona que mi empresa necesitaba que fuera para llegar a esa facturación. Han hecho falta más de una década e innumerables problemas para que desarrollara el callo y las habilidades que requiere llevar un negocio como el que tengo ahora. Como tampoco soy en la actualidad la persona que mi empresa del futuro necesita. ¡Solo la vida sabe los obstáculos que me mandará para que me convierta en quien debo ser para poder crear la empresa de mis sueños!

Por otro lado, cuando te pongas en marcha en la dirección de tu visión, siguiendo el plan de acción que trazarás en el próximo capítulo, la vida te mandará inevitablemente situaciones y problemas que activarán en ti profundos bloqueos. Para hacer realidad la vida que quieres es imprescindible que te ocupes de estos bloqueos, a fin de que no interfieran en tu acción y puedas seguir avanzando.

Por eso, en esta parte del libro no solo te ayudaré a trazar la ruta, sino que también compartiré contigo herramientas prácticas para superar las barreras mentales que con más frecuencia surgen cuando nos atrevemos a ir a por nuestros sueños y que pueden paralizarte e impedir que pases a la acción. Y ya sabes que sin acción no hay resultados.

Esta etapa puede ser larga y dura, pero la vida que quieres está justo al otro lado de esta fase. Por suerte aquí encontrarás las técnicas necesarias para gestionar los retos que vayan presentándose y navegar tu vida hacia el destino que elegiste para ti.

¡Espera! No zarpes sin mí. ¡Qué ímpetu! Deja que me suba a tu barco y te iré dando indicaciones. Listo. ¡Vamos allá!

- 7 -

Tu plan de acción

¿Tienes tu visión? ¡Perfecto! Ahora toca llevarla a cabo y esto te obliga a considerar todas las rutas posibles para crear tu plan de acción.

Sin embargo, puede que la envergadura o naturaleza de tu sueño te resulte avasalladora. Casi puedo oír lo que te está pasando por la cabeza ahora mismo: «¿Por dónde empiezo? ¿Cuál es el primer paso? ¿Cómo se hace esto? Madre mía, ¡qué agobio!».

Quizá te ayude saber que tu visión tiene peldaños. Es decir, lo que te llevará a hacer realidad la vida que quieres serán los objetivos que te propongas conseguir por el camino y que al alcanzarlos te acercarán a tu mejor destino. Sin embargo, quizá veas claro qué es lo que puedes hacer a corto plazo, pero no tengas ni la más remota idea de qué hacer más allá, y eso está perfectamente bien. Del mismo modo que cuando quieres subir a un piso empiezas con los peldaños que tienes enfrente, no es necesario que se desvelen ante ti todos los pasos que necesitas dar hasta la consecución final y absoluta de tu vida ideal. Es decir, no pasa nada si no tienes todo el trayecto trazado con exactitud. Mientras tengas claro tu destino y cuál es la primera parada en tu ruta, es suficiente para arrancar. Y si ahora no ves más allá del primer o segundo escalón, no debes angustiarte, porque una vez llegues al tercero tendrás nueva información con la que tomar decisiones.

Al igual que no se escala el Everest de una sola tirada, sino que se culmina ascendiendo de campamento base en campamento base para aclimatarte, tu visión se conquista de la misma forma, yendo de objetivo en objetivo. Para hacer realidad la vida que quieres necesitas marcarte metas que estén alineadas con tu visión y cuya consecución crees que te va a acercar a tu destino. Y si no sabes por dónde empezar, hazlo por las decisiones más inmediatas que creas que debes tomar.

Tu plan de acción es, pues, la hoja de ruta de los siguientes doce meses, en él marcarás cuándo tiene que suceder qué, y desglosarás todos tus objetivos en acciones pequeñas que puedas hacer en un día. Con esto no estoy diciendo que no puedas planear más allá de un año. Si eres de los que ya ve todos los peldaños de la escalera, no hay ningún problema en que traces todo el viaje, solo te sugiero que mantengas la mente abierta para responder con agilidad y saber reaccionar ante los imprevistos de la vida, a fin de no atascarte empeñado en que las cosas tienen que suceder como tú habías pensado.

Además, rara es la vez que un plan de acción funciona a la primera, ya que este no es un oráculo ni una garantía de éxito, sino que más bien es como una apuesta. Lo que te da un plan de acción es foco y dirección, te ayuda a ejecutar tus ideas y a pasar a la acción (de ahí su nombre), eso es lo que te permite crear las oportunidades para que acabes consiguiendo lo que quieres. Porque, si no actúas ni lo intentas, nada de lo que quieres sucederá.

A continuación te explicaré los pasos que hay que seguir para trazar la ruta que elijas. Seguramente querrás coger papel y bolígrafo, aunque a veces he hecho este ejercicio con una pizarra blanca, pósits o *mindmaps*.

Paso 1: Lluvia de ideas

Teniendo en mente tu visión, el tipo de vida que deseas y lo que quieres conseguir en lo profesional y personal, escribe todas las cosas que podrías hacer para llegar a tu destino.

En este primer paso lo importante es ser creativo y encontrar, sin censura, cuantas más ideas mejor, ya que no todo lo que te salga es lo que vas a hacer. Por ejemplo, en mi visión sueño con trabajar solo un par de horas al día y pasar el resto de la jornada leyendo y escribiendo. Si yo quiero que mi poder adquisitivo no se vea afectado para poder dar la calidad de vida que quiero a mi familia, tengo que encontrar la manera de que mi negocio facture más mientras yo trabajo menos, hasta ser lo más prescindible posible y tener así el tiempo que tanto anhelo. ¿Es mi realidad actual así? ¡En absoluto! Aunque espero que cuando leas este libro me encuentre un poquito más cerca de mi sueño.

Mi visión me obliga, pues, a considerar varias cosas: mi modelo de negocio, los precios que tengo, el formato de mis servicios y productos, mi marketing, mi equipo e, incluso, mi papel en el negocio. De hecho, para mi sorpresa, mi visión me obliga a plantearme si quiero ser la CEO de mi empresa, ya que ese rol me impide tener el tiempo que quiero dedicar a otras tareas.

De ahí, hago un ejercicio «marcha atrás». Si donde quiero llegar es a una vida en la que yo solo trabajo dos horas al día, veo dos líneas de acción a considerar en mi negocio:

a) Tengo que llegar a suficientes personas interesadas en lo que tengo que decir.
b) Tengo que crear soluciones útiles para los problemas de las personas a las que llegue y que a la vez sean rentables para mi empresa.

La opción A me obliga a conseguir la visibilidad necesaria para llegar a mi gente y la opción B me obliga a evaluar mis precios y ofertas. Con estas dos necesidades detectadas (visibilidad y soluciones) me pregunto: ¿Qué voy a hacer para conseguir esta visibilidad? ¿Qué decisiones voy a tomar sobre mis productos y servicios?

Así que en este primer paso podría escribir:

Ideas para conseguir visibilidad:

- Escribir un libro.
- Lanzar un pódcast.
- Crear una convención online.
- Invertir en publicidad.
- Dar ponencias.
- Salir en los medios.
- Potenciar las redes sociales.
- Crear colaboraciones estratégicas.

Ideas sobre mis productos y servicios:

- Subir precios.
- Eliminar el producto X por ser el menos rentable y el que más recursos consume.
- Lanzar nuevos productos y formatos.
- Introducir mejoras en mi marketing.

Te sugiero que hagas el mismo ejercicio, tengas o no una empresa, trabajes por cuenta propia o ajena, y que, aunque te haya dado un ejemplo profesional, no te quedes solo pensando en el trabajo.

¿Qué proyectos o decisiones podrían acercarte a la vida de tus sueños? ¿Quieres cambiar de profesión? ¿Cuáles son los primeros pasos para reinventarte? ¿Cómo tendría que ser tu empleo o negocio ideal para que fuera compatible con la vida que quieres? ¿Quieres mudarte a otra ciudad? ¿Qué tendrías que hacer en los próximos meses para que esto sea posible? ¿Qué han hecho otras personas para alcanzar metas que tú también quieres conseguir?

El mismo proceso se aplica si quieres tener más amigos, mejorar tu salud o encontrar pareja. Considera aquí todos los ámbitos de tu vida que incluiste en tu visión.

Recuerda, ninguna de las ideas que escribas aquí son una apuesta segura ni te indican que vayas a acertar. Aparca tu indecisión por un momento y simplemente encuentra posibilidades.

Paso 2: Pásalas por el filtro

Una vez completada tu lista, debes pasar por el filtro de tu ser esencial todas las ideas, decisiones o proyectos que te has marcado.

Lee pausadamente, en voz alta y una por una, todas las posibles acciones y pregúntate: «¿Me entusiasma esta idea a pesar del trabajo y el esfuerzo que pueda acarrear?», «¿Cuál es la verdadera razón por la que elegiría estos proyectos?». Sé consciente de las emociones que te despierta y luego observa cómo responde tu cuerpo ante cada uno de los proyectos.

Por ejemplo, antes de hacer mi reposicionamiento y empezar a hablar sin vergüenza sobre temas de mentalidad mezclados con estrategia, la única posible evolución de mi negocio que veía lógica entonces era crear tres programas: uno para gente que empezaba su negocio, otro para la gente que lo quería hacer crecer y un tercero para los que tenían facturaciones altas. Yo miraba esta idea y me parecía el paso evidente. Sin embargo, era leerlo y sentir que me moría de aburrimiento. En lugar de entusiasmarme, el proyecto me hacía sentir una profunda pesadez y desgana en mi cuerpo, y cuando veía todo el trabajo que implicaba esa idea, no lograba sentir la motivación necesaria para llevarla a cabo hasta al final. Sabía que la terminaría odiando, así que, aunque tenía un gran potencial, decidí no avanzar por esa vía y atreverme, en cambio, a hacer la transición en mi negocio que tanto anhelaba, a pesar de que entonces aquello parecía una inmolación empresarial.

Con esta historia quiero enfatizar también que no se trata de elegir los proyectos u objetivos más fáciles, sino de escoger los que más te enciendan por dentro a pesar de saber que serán tareas difíciles, ya que caminar en la dirección de tu visión no significa tener una vida sin problemas.

Al pasar tus ideas por este filtro podrás identificar aquellas que poseen el potencial de acercarte a tu mejor destino y para las cuales tienes la suficiente motivación para superar las dificultades que vayan surgiendo y el esfuerzo y sacrificio que conlleven.

Termina este paso tachando todas las posibilidades que no superen este criterio de selección.

Paso 3: Elige cinco

Ahora que ya has filtrado tus ideas, proyectos y objetivos, debes elegir cinco en los que centrarte en los siguientes doce meses, de los cuales uno o dos deben ser personales, y los demás, profesionales.

En este punto es necesario ser pragmático y tener en cuenta tus recursos actuales. Casi con seguridad, algunos de tus proyectos finalistas te entusiasmarán, pero verás que es humanamente imposible que sucedan este año, ya que antes deben darse una serie de pasos previos. Elige entonces esos pasos previos como objetivos en los que ponerte a trabajar en los siguientes meses.

Mi sueño de vivir trabajando solo dos horas al día es imposible que suceda inmediatamente. Es más, casi con seguridad me tomará años. Lo único en lo que puedo centrarme ahora es en los objetivos que me ayuden a crear las condiciones necesarias para hacer que mi sueño sea posible en el futuro.

Es importante también que uno o dos de estos objetivos sean personales para que haya cierto equilibrio y no te encuentres un día con que tu vida es solo trabajo. Recuerda que la realización profesional que buscas es compatible con tu felicidad personal.

Escribe a continuación cuáles son tus cinco objetivos o proyectos para los siguientes doce meses:

Paso 4: Desglosa tus objetivos

Una vez que tienes tus cinco objetivos definidos es hora de desglosarlos en hitos y acciones o tareas más pequeñas.

Por ejemplo, si en tu vida ideal resulta que te ves trabajando por tu cuenta, es obvio que necesitarás una web. Pero si pegas un pósit en tu pantalla donde has escrito «Hacer web», lo más probable es que, en lugar de inspirarte y motivarte, te bloquees ante la envergadura del proyecto y lo termines postergando.

Es mucho más eficaz desglosar tus proyectos en hitos, y estos, a su vez, en tareas que sea posible hacer en un día.

Te mostraré cómo lo hago con mis clientes. Por ejemplo, así es cómo desgloso en hitos la creación de webs:

1. Diseñar gráfico de la web.
2. Hacer fotos profesionales.
3. Redactar textos.
4. Elegir software de email marketing.
5. Crear el recurso gratuito para la web.
6. Crear secuencia de emails de bienvenida para los suscriptores.
7. Redactar cuatro artículos para el blog.

Ahora toca estimar el tiempo que necesitas para realizar cada uno de estos hitos y desglosar cada uno de ellos en pequeñas tareas que puedas hacer en un día. Sigamos con este ejemplo y dividamos los hitos en tareas pequeñas.

Hito 1. Diseño gráfico de la web:
- Encontrar a diseñadores que me gusten investigando otras webs, preguntando a gente y pidiendo recomendaciones.
- Buscar diseñadores web en Instagram.
- Estudiar los portafolios de estos diseñadores para ver si me gustan y encajan con lo que tengo en mente.
- Contactar con los que más me gusten pidiendo presupuesto.

- Crear una lista de webs que me encanten para tener referencias que mostrar al diseñador.

Hito 2. Fotos profesionales:

- Buscar en redes y seguir a fotógrafos que me gusten y que vivan en mi ciudad.
- Pedir recomendaciones.
- Estudiar sus portafolios para ver si me gusta su estilo.
- Contactar para explicar necesidades, requisitos y pedir presupuestos.
- Buscar en internet fotos que me gusten para mostrar la idea que tengo en mente para la sesión.
- Elegir vestuario y cambios de *outfit* para la sesión.
- Pedir hora en la peluquería.
- Maquillarme como si fuera a una boda.
- Hacer la sesión.

Hito 3. Redactar textos:

- Determinar las páginas que necesita la web.
- Redactar página de Inicio.
- Redactar página de Acerca de.
- Redactar página de Servicios.
- Redactar página de Recursos.
- Redactar página de blog y los cuatro primeros artículos.
- Redactar la página de Contacto.

Y así sucesivamente.

¿Ves cómo se hace? Pero lo más importante de todo es que desgloses los hitos en tareas que sea posible llevar a cabo en un solo día, según tus posibilidades. Por lo tanto, si crees que es imposible que puedas redactar la página entera de inicio de tu web en un día, redacta la mitad y otro día escribes la otra mitad. Y es que no se trata de hacer o de comenzar, sino de ACABAR. Es decir que, sea cual sea la tarea que te marques para un día específico, tiene que terminarse ese mismo día. De modo que, si crees que no la podrás finalizar, necesitas desmenuzar la tarea en otras aún más pequeñas para que puedas tacharlas de tu lista, y no arrastrarlas en tu agenda semana tras semana.

Solo hay una excepción, si uno de los objetivos que te has planteado para este año no puede dividirse en tareas pequeñas porque implica repetición, como es el caso de hacer deporte, correr o escribir, te sugiero que empieces por lo más fácil y pequeño. Es decir, que si en tu plan de acción resulta que corres la media maratón de tu ciudad, en lugar de pretender correr diez kilómetros desde el primer día de entrenamiento, te propongas correr solo uno o dar la vuelta a la manzana. Si en tu plan de acción resulta que has puesto escribir un libro, puedes ponerte el objetivo de escribir mil palabras cada día, salgan como salgan. Si en tu visión hay una pareja, proponte tener al menos una cita a la semana, apuntarte a actividades sociales y decir sí a casi cualquier plan al que te inviten. Lo cual me lleva al último paso...

Paso 5: Agéndalo

Una vez tienes los objetivos de tu plan de acción desglosados en pequeñas tareas, debes programarlos en tu agenda. Necesitas empezar marcándote la fecha de entrega y diciendo cuándo sucederá qué. ¿Cuándo saldrá tu web publicada? ¿Cuándo tendrás tu manuscrito terminado? ¿Cuándo es la media maratón? ¿Cuándo lanzarás ese producto? ¿Cuándo quieres hacer ese máster? ¿Cuándo te mudas de ciudad o de país?

Una vez que tienes tus *deadlines* o fechas límite en tu calendario, puedes programar las tareas en tu agenda dando marcha atrás. Por ejemplo, si tu web tiene que salir a principios de junio, la programación de la web tiene que estar acabada a finales de mayo, y el diseño, a principios de ese mes, lo cual te obliga a pasarle al diseñador todos los textos de la web terminados y las fotos retocadas a principios de abril. Es decir, tienes marzo para terminar los textos y hacerte las fotos, ¿lo ves?

Para llevar a cabo este ejercicio es necesario hacer una buena estimación del tiempo que toman las cosas, algo un tanto complicado cuando nunca has hecho ese proyecto antes, ya que en la vida siempre hay imprevistos. Si eres como yo, tenderás a infravalorar el tiempo y el esfuerzo que toman las cosas, y a sobrevalorar tu capacidad y energía, pero todo se aprende.

Nada de lo que quieres ocurrirá si no lo agendas. Si eres de los que prefiere esperar «A ver cuándo tengo tiempo para escribir un poco / hacer esa llamada / mandar esa propuesta / ponerme a buscar otro trabajo / matricularme en ese posgrado», ya puedes ponerte cómodo, porque ese momento jamás llegará. Nunca es el momento apropiado y nunca nos sentiremos lo suficientemente preparados.

El tiempo no se tiene ni se encuentra. El tiempo se crea para lo que es importante para nosotros. Si quieres otra vida para ti, debes otorgar prioridad a los objetivos que te llevarán a tu mejor destino dándoles espacio y dedicación. Y para ello nada mejor que programarlos.

Así es como monto yo mis planes de acción cada año. Esta herramienta te ayudará a tener foco y dirección, a ser intencional en lugar de reactivo, a dejar de ir por la vida llevado por la inercia y a caminar hacia la dirección que marquen las coordenadas de tu brújula interior, tu ser esencial.

¿Quiere decir esto que no puedes salirte de la ruta que traces? ¡En absoluto! De hecho, recuerda que tu plan de acción es una apuesta con la que testas tu hipótesis. Con él dices: «Creo que estas son las acciones y decisiones que me acercarán a lo que quiero, así que me pongo con ellas». Conforme vayas avanzando, irás recibiendo nueva información que te indicará si debes continuar por ahí o si debes corregir el rumbo. Solo tienes que estar alerta a estas señales y seguir caminando, porque cuanto más lo intentes, cuanto más actúes, cuanto más insistas, más probabilidades tendrás de conseguirlo. Es una cuestión estadística. De ahí mi énfasis en que pases a la acción. Porque desde la parálisis no se mueve nada. Cuando tienes tu plan de acción, DEBES EJECUTARLO, hacer lo que has puesto que harás, salir fuera, ponerte en marcha, arremangarte y ensuciarte las manos. No te escudes tras la planificación. El mapa está muy bien, pero de nada te servirá si no lo usas.

Crear tu plan de acción te tomará un tiempo. Si lo tienes muy claro, quizá en una tarde lo termines, aunque puede que necesites unos días más. En cualquier caso, no te des más de una semana para acabarlo, a fin de no bloquearte en la planificación ni usarla como refugio para esconderte y no pasar a la acción. Y ya que sacamos el tema, hablemos un momento de bloqueos.

- 8 -

Bloqueos

En la fase en la que nos encontramos, la de la acción (que en el fondo es «la hora de la verdad»), es cuando salen todos los bloqueos o frenos mentales que te impiden avanzar. Me refiero a miedos, comparaciones, perfeccionismos, envidias y muchas barreras mentales más que te paralizan o hacen que tardes más de lo necesario en hacer realidad tus objetivos y llegar a tu mejor destino.

De hecho, tiene sentido. Hasta ahora solo has estado trabajando dentro de ti. Tú eras el único que se enteraba de cualquier cosa que ocurriera. Sin embargo, la vida te pide ahora que salgas de tu cueva y pases a la acción, que dejes de pensar y pongas en práctica todo lo aprendido. Es como si hasta ahora te hubieras sacado la prueba teórica y llegara el momento de sacarte la práctica.

Y, claro, al moverte e ir a por la vida que quieres, inevitablemente, te encontrarás en situaciones nuevas, habrá obstáculos a los que tendrás que hacer frente y surgirán problemas que no podías anticipar. La vida ocurrirá y eso activará en ti todos los bloqueos internos que con la falta de acción estaban adormecidos pero que ahora despertarán con fuerza de su hibernación.

Por eso, a continuación desvelaré los bloqueos más frecuentes que pueden encenderse en ti cuando pasas a la acción y cómo ponerles remedio con herramientas prácticas que te ayudarán a gestionarlos y superarlos.

EL MIEDO

Hay dos fuerzas que mueven el mundo: el amor y el miedo, solo que el segundo es como el «gen dominante» o el patrón en el que tendemos a caer por defecto.

Salir fuera e ir a por la vida que quieres es aterrador. Navegar en la dirección de lo que deseas te obliga a hacer cosas a las que no estás acostumbrado que te sacan del territorio que ya conoces, sin saber qué hay al otro lado y sin que nada te garantice que lo vayas a conseguir.

El miedo viene de la parte más profunda de nuestro cerebro, así es como estamos evolutivamente diseñados, y ha permitido que la humanidad sobreviva hasta hoy. De hecho, tu miedo viene de esa parte del cerebro reptiliano tan útil cuando vivíamos en cuevas o cazábamos mamuts y cuando adentrarse en el espeso bosque era jugarse la vida. Gracias a que anticipábamos que detrás de ese matorral podía acechar el peligro hemos llegado hasta la actualidad. Es, pues, una reacción natural que se activa ante lo desconocido y estamos programados para sentirlo cuando nos disponemos a hacer algo distinto de lo que hemos experimentado con anterioridad, o cuando hacemos algo que no nos resulta familiar. El problema es que esa tendencia prevalece. Tras miles de años de evolución, tu cerebro no sabe diferenciar el peligro real del imaginario. Sigue activándose del mismo modo frente a un tiburón que ante a tu jefe.

El miedo es el bloqueo más universal y poderoso que existe. Es tan potente que puede llegar a controlar toda nuestra vida. Tu miedo hace que aguantes relaciones complicadas que te consumen, hace que permanezcas en trabajos que sofocan tu alma, que ridiculices tus sueños o que te relaciones con gente a la que en realidad aborreces y de quien te sientes totalmente desconectado. ¿Por qué? Por miedo a quedarte solo, a no ser querido, a no conseguir lo que quieres o a no pertenecer a un grupo. Miedo a perder estatus, a arruinarte, a ser señalado, a darte cuenta de que tu sueño era una quimera o no tienes talento, a que tu éxito lo cambie todo. Miedo a envejecer, a amar y que te hieran, a depender de alguien. Miedo a ser vulnerable, a ser criticado, a ser descubierto, a decepcionar o decepcionarte. Miedo a que, si realmente ven quién eres, no te quieran. El miedo es paralizante, hace que te quedes quieto donde estás.

Hay un tipo de miedo objetivamente comprensible, es el que se dispara cuando nuestra integridad física se ve amenazada o cuando estamos en situaciones de peligro real. Tienes miedo a caer, a que te atropelle ese autobús, a que te agreda esa persona si pasas por ese oscuro y solitario callejón, etc.

Pero luego hay otro tipo de miedo que solo está en tu cabeza, que se sustenta en la anticipación de acontecimientos y la abstracción de ideas. Empiezas a imaginar lo peor y a proyectarte hacia un hipotético futuro en el que las cosas salen mal y todo son amenazas. ¿Por qué? Porque al no saber qué hay más allá de lo que ves, quieres protegerte por si corrieras peligro.

Igual que los europeos antes de saber de la existencia de América dibujaban mapas en los que más allá de Finisterre el mar se precipitaba en terribles cascadas que engullían los barcos, y en las cuales habitaban criaturas monstruosas, tú crees que por no conocer el desenlace, si te atreves a ir a por lo que deseas, algo en tu vida terminará.

El miedo, además, no desaparece nunca, es un compañero de viaje para toda la vida, y si nos resistimos a él solo aumenta y se fortalece. Lo único que puedes hacer es acostumbrarte a su presencia, y no dejar que gobierne tus decisiones y tus acciones.

Tenemos miedo a algo porque creemos en algo. Es decir, nuestro miedo se basa en creencias que, de nuevo, tomamos como verdaderas y absolutas. ¿Te suena? Creencias que pueden haber sido adquiridas en experiencias pasadas o heredadas de nuestro entorno o nuestra cultura.

Nos da miedo caernos porque en su momento nos la pegamos con la bici y nos dolió, o nos da miedo empezar una nueva relación porque en el pasado nos rompieron el corazón, pero también nos da miedo, por ejemplo, montar una empresa o reinventarnos profesionalmente porque nos dicen que todo pinta mal, que es muy difícil y que nos estrellaremos si lo intentamos.

La llave para desmantelar tu miedo es llegar a esa creencia y modificarla o quitarle fuerza, determinar qué es lo que piensas sobre una situación concreta que te hace temerla y encontrar evidencias que te muestren que lo que crees no es cierto o, al menos, no es exacto.

El miedo es también un signo de que te estás moviendo en la dirección de tus sueños y, por lo tanto, una emoción natural en tu proceso de realización personal. Si no tienes miedo es porque no te mueves ni un pelo y nada está cambiando en tu vida. Del mismo modo que las náuseas indican a la fastidiada madre que sigue embarazada y que todo va bien, el miedo nos indica que estamos en camino hacia lo que queremos y que lo que deseamos se está gestando. Así pues, pese al miedo, debemos continuar y no interpretarlo como un signo de que nos estamos equivocando, ya que nos indica justo lo contrario.

Solo te aconsejaré hacerle caso a tu miedo cuando tu integridad física esté en peligro o cuando tu miedo y tu deseo te den la misma orden. Es decir que si te encuentras pensando: «Tengo miedo de dejar mi empleo porque no sé de qué voy a vivir, por lo tanto, me quedo», y a la vez piensas: «Cómo tenga que pasar un día más en este trabajo me pego un tiro», tienes mi total bendición para crear el plan que te saque de esa situación y buscarte otra cosa a la que dedicarte.

El miedo puede llegar a tomar las decisiones por ti. Y es tan fuerte que, si nos descuidamos y no prestamos atención, termina sacándonos del asiento del conductor para sentarse él al volante y dictar nuestro destino.

Mi pareja y yo llevábamos casi un año intentando tener un hijo sin éxito y el tema empezaba a ser preocupante para mí. El miedo a no llegar a ser madre me dominó hasta tal punto que casi no vuelo a España para el treinta cumpleaños de mi hermano, para no perderme una ovulación. Ridículo, ¿verdad? Por suerte, se me ocurrió comentarlo con una compañera de trabajo que estaba embarazada y me dijo: «No se pueden tomar las decisiones desde el miedo». ¡Pam! Esa misma noche compré el billete para Barcelona y una semana después me presenté por sorpresa en la celebración de cumpleaños de mi hermano.

Aunque saber qué es lo que no quieres es necesario y un buen punto de partida, si tu criterio de decisión se basa en lo que quieres evitar en lugar de en lo que quieres conseguir, tomarás decisiones reactivas que te llevarán en la dirección contraria a tu vida ideal.

Herramientas para vencer tu miedo

El miedo no se va nunca, por lo que esperar a hacer las cosas cuando dejes de sentirlo es una pérdida de tiempo. De hecho, funciona al revés. Es precisamente cuando hacemos lo que nos da miedo y vemos que no es para tanto o que hemos sobrevivido a lo que temíamos cuando el miedo se minimiza. Así que, si estás esperando a sentirte más seguro de ti mismo para pasar a la acción, esperarás para siempre.

No es valiente quien no siente miedo, sino quien, aun sintiéndolo, continúa adelante. De hecho, no sentir miedo es una temeridad. Cierto grado de temor es prudente y necesario, pero se trata de conseguir que tu miedo mental no te paralice, y para ello voy a compartir contigo algunas de las herramientas más eficaces que yo utilizo para gestionarlo y seguir avanzando.

Convierte tu visión en tu misión

Yo tengo miedo en todos los aspectos de mi vida, pero, concretamente en el profesional, uno de mis mayores temores es volver a arruinarme. De hecho, no hay lanzamiento en el que no haya pensado: «Me acabo de estrellar». También tengo miedo a hablar en público, y cada vez que leo algún comentario crítico en redes me entran ganas de hacerme un ovillo en una esquina del sofá y desaparecer bajo la manta. También tengo un miedo atroz a que este libro no te guste o, ¡peor aún!, que no te ayude. Cuando empecé mi negocio y me puse a hacer vídeos, me aterraba tanto exponerme tan abiertamente y estar a merced de las opiniones de todo el mundo que, durante muchos años, tuve deshabilitada la opción que permitía a la gente dejar comentarios, precisamente por esta razón. Te cuento todo esto para mostrarte que, aunque quizá por fuera no lo parezca y me creas segura, por dentro tiemblo. Sin embargo, mis ganas de prosperar, de crear la vida que quiero, son mayores que mi miedo. Es decir, mi anhelo por mi visión y mi vida ideal es tan intenso que hace que, aunque esté cagada de miedo, actúe y no me quede esperando a sentirme más preparada.

Cuando tu visión se convierte en tu misión, pasas a estar al servicio de esta y tu miedo deja de importar.

El método de Byron Katie

Otra poderosa herramienta que me encanta usar para gestionar el miedo es el ejercicio de Byron Katie. Como ya te he comentado, tu miedo se sustenta en creencias. Por lo tanto, si quieres minimizarlo o librarte de su control, debes abordar precisamente las creencias que te bloquean.

Para empezar, quiero que tomes papel y bolígrafo, y pienses en una situación estresante o en lo que crees cierto de ti y de tu situación.

¿Qué afirmación te estás diciendo? ¿Qué crees cierto que te da tanto miedo? ¿A qué tienes realmente miedo? Por ejemplo, «Si me vuelvo a abrir al amor, me romperán el corazón», «Si cambio de profesión, me moriré de hambre» o «Si doy esa ponencia, haré el ridículo».

Ahora, partiendo de esta afirmación, responde a las siguientes preguntas:

1. ¿Es verdad? Sí/No.
2. ¿Puedes saber si es absolutamente verdad? Sí/No.
3. ¿Cómo reaccionas, cómo te sientes o quién eres cuando tienes ese pensamiento y te dices o crees esa afirmación?
4. ¿Quién serías sin ese pensamiento? ¿Qué harías si no creyeras eso?
5. Ahora invierte esa frase hacia el otro, hacia ti o al contrario.
6. Encuentra tres situaciones en las que cada uno de estos giros o inversiones sean ciertos.

Para hacer bien este ejercicio te sugiero que vayas a la web de Byron Katie (está en español también), que mires algunos de sus vídeos y la veas en acción desmantelando creencias, o que te descargues la aplicación The Work App para hacerlo tú mismo.

Para entender la eficacia de esta herramienta no basta con leerla, sino que necesitas hacerla, ponerla en práctica y comprobar los cambios de percepción que se despiertan en ti.

Caricaturiza a tu crítico interno

Te presento a Kassandra, mi alarmista, dramática y telenovelera crítica interna que entra en escena cada vez que me dejo dominar por el miedo y el catastrofismo cuando quiero hacer algo nuevo. Como ves, Kassandra es una intensa, lleva demasiado maquillaje, enormes y ostentosos pendientes dorados, uñas rojas de tres centímetros, demasiado perfume, y el pelo largo y cardado. Siempre que Kassandra aparece lo hace para advertirme de lo mal que acabará todo y para mencionar todas las calamidades del mundo. Acostumbra a llevar un pañuelo en la mano porque siempre está a punto de llorar o a punto de desmayarse. Es una completa exagerada y lo ve todo fatal.

Kassandra solo quiere atención, pobre. Así que cuando se planta a mi lado, la tomo de la mano y le digo: «Vale, de acuerdo, que sí, que te he escuchado. Mira, toma una galleta. Ahora sal afuera que te dé un poco el aire. Que sííí, que lo tengo presente, gracias. Venga, luego te veo. Ciao».

Kassandra soy yo o, mejor dicho, la versión de una parte de mí. Y al caricaturizarla me parezco tan ridícula que me es imposible tomarme en serio.

Caricaturizar a tu crítico interno es una técnica popular con la que consigues minimizar el miedo y el dramatismo. Al aportar humor desinflamas la narrativa de los hechos e incorporas la proporción y la distancia emocional necesarias para pensar de un modo más analítico y no dejarte secuestrar por tus emociones, lo que, a su vez, te ayuda a disminuir tu miedo y a dejar de pensar que todo lo que intentes acabará mal.

De hecho, cuanto más ridículo sea el personaje (que recuerda que es una parte de ti catastrofista), mejor funcionará este ejercicio, ya que se trata de encontrar tu drama tan ridículo que no puedas tomártelo más en serio.

Así que vas a hacer lo mismo. Vas a crear a tu tú caricaturizado:

- ¿Cómo es su cara, sus ojos, su boca, sus dientes, su nariz, su pelo, su barbilla, sus orejas?
- ¿A qué huele?
- ¿Cómo viste? Cuéntamelo con todo detalle. ¿Qué prendas lleva, de qué material están hechas?
- ¿Qué gestos tiene? ¿Cómo se mueve? ¿Tiene algún tic?
- ¿Cómo es su voz? ¿Qué es lo que anda siempre diciendo?

Ahora ponle nombre, un nombre bien ridículo. Yo podría haberla llamado Scarlett, pero la O'Hara es demasiado elegante y en el fondo la admiro en esa película. No me servía. Necesitas sentir cierta repulsión hacia tu personaje. ¿Cómo se llama, pues, el tuyo?

¡Genial! Ahora tu trabajo está en entrenarte para identificarlo cuando entre en escena y saber echarlo.

Cumpleaños feliz

Te propongo hacer un ejercicio simple y divertido. Identifica aquello que te da miedo y ponlo en una frase. Por ejemplo: «Si cambio de profesión, me la pegaré».

¿La tienes? Bien, ahora pronúnciala en voz alta y nota cómo la crees y cómo te sientes.

Perfecto, ahora vas a cantar en voz alta la canción de «Cumpleaños feliz» pero sustituyendo la letra por tu frase.

Te espero.

¿Hecho? ¿Crees eso ahora? ¿Cómo te sientes?

¡Seguramente no has podido evitar una sonrisa! De hecho, la situación es tan chistosa que ya no puedes creer tanto lo que piensas, ¿verdad?

Esta es una buenísima herramienta dentro de la ACT (siglas en inglés para «Terapia de Aceptación y Compromiso»), cuyos ejercicios para no dejarse dominar por los pensamientos son maravillosos. Lo cual me lleva a mi última herramienta, también de la misma disciplina.

Los *greatest hits*

Rumiamos. Al igual que las vacas, masticamos y tragamos pensamientos que luego regurgitamos para volver a masticar. De hecho, se dice que el 90 por ciento de los pensamientos que tenemos son siempre los mismos, de modo que somos un disco rayado. La herramienta consiste en identificar las frases que siempre te dices como tus *greatest hits* o «temazos» e incluirlas en el álbum.

En mi caso, por ejemplo, mi disco de *greatest hits* se titula *No merezco* y estas son algunas de sus canciones (¡ojo!, son un triunfazo de canciones, llevan sonando desde hace décadas en mi cabeza):

- «¿Quién soy yo para hacer esto?».
- «No valgo nada».
- «Estas cosas no me pasan a mí».
- «Van a descubrir que no sé nada en realidad».
- «Nadie me elige».
- «Lo perderé todo».

Así que cuando me descubro diciéndome alguna de estas frases u otras parecidas, me digo: «Ya estoy otra vez con la cancioncilla esa del *No merezco*».

Este divertido ejercicio me ayuda a tomarme menos en serio, a poner distancia y a no fusionarme con mis miedos y creencias, a fin de dejar de verlas como hechos incuestionables. Al final lo que consigo es abrirme a la posibilidad de que lo que me digo podría no ser la verdad absoluta y que otro desenlace podría ocurrir si me atrevo a hacer lo que anhelo y trasciendo mi miedo.

Elijas el recurso que elijas, recuerda que el objetivo no es deshacerte de tu miedo, ya que eso es imposible, sino aprender a escucharlo menos y saber convivir con él sin que te paralice.

Nadie supera el miedo al mar mirándolo. Tienes que entrar en el agua poco a poco y practicar hasta que aprendas a nadar. Solo al hacer lo que temes dejas de tenerle miedo. Así que no esperes a sentirte más seguro para hacer lo que tanto deseas, porque se te pasará la vida.

Ya lo dice el dicho: la vida es de los valientes. Y tú eres valiente.

LA COMPARACIÓN

Tengo que confesarte algo. Apenas uso las redes sociales. Tuve que dejarlas porque no me sientan nada bien. Y aunque he encontrado la manera de trabajar con ellas en mi negocio sin que me afecten, en mi vida personal no las utilizo.

¿Alguna vez te has fijado en cómo te sientes después de pasar media hora en redes? La sensación es parecida a la de una mala resaca. Es horrible. Te deja abatido y con una profunda sensación de que tú y tu vida sois imperfectos e inadecuados.

La razón es la comparación a la que te sometes. ¿Recuerdas el término «sesgo de confirmación» del que te he hablado en el apartado «Creencias»? Pues bien, al usar las redes, inconscientemente nos estamos comparando y encontrando constantes evidencias que reafirman nuestra pobre creencia en nosotros mismos. Es como alimentar a un monstruo.

La comparación ha existido toda la vida, es una desafortunada tendencia que tenemos los humanos, pero si antes se daba solo cuando interactuábamos con alguien, o cuando leíamos una revista, ahora, con la tecnología, la comparación es constante.

Las consecuencias son terribles. De hecho, ciertos estudios muestran un paralelismo entre el aumento de afecciones de salud mental como la ansiedad, las autolesiones y un mayor número de suicidios (sobre todo entre la gente joven), y la generalización del uso de los *smartphones* junto con las redes sociales a partir de 2010.

Las redes sociales exacerban nuestra tendencia a compararnos. En lo profesional te llevan a pensar que no estás haciendo suficiente; que a los demás les va mucho mejor que a ti; que tendrías que estar mucho más avanzado o haber conseguido más para el tiempo que llevas con lo tuyo, o que no lo estás haciendo bien. Y, en lo personal, el daño es aún mayor, ya que llegas a comparar tu vida, tu cuerpo, tu casa, tu estilo de vida, tu matrimonio y tus hijos con los que muestran los demás, y eso te hace sentir defectuoso e inadecuado.

Seguro que no soy la primera que te dice que lo que se muestra en las redes no es la realidad. Pero ¿por qué nos cuesta tanto interiorizarlo? ¿Por qué nos sigue afectando a pesar de saber que lo que vemos es humo?

No es justo comparar profesionalmente tu capítulo seis con el veintisiete de otra persona. Si acaso, compárate con el capítulo seis de quien tienes delante y con cómo era entonces. Tampoco es justo comparar tu cuerpo de treinta y dos o de cuarenta y siete años con uno de diecinueve, ni tu vida de madre separada con dos niños con el de una de veintitrés sin cargas familiares, que viaja por el mundo y alecciona sobre cómo ser un nómada digital.

Seguro que me arrepentiré de escribir esto y de darte ideas, pero ahí va. A mis clientes que están considerando incluir vídeos en su marketing, a menudo les invito a que vayan a mi canal de YouTube y vean mis primeros vídeos, para que se les quite el miedo y la vergüenza. Son tan penosos, salgo tan forzada y están tan mal hechos que, por suerte, les ayuda a pasar a la acción, ya que inevitablemente piensan que, si Laura se atrevió a subir semejante porquería, ellos pueden hacerlo ¡incluso mejor!

Aunque en la actualidad tengo los recursos para trabajar con buenos equipos y una videógrafa, empecé a grabar vídeos con lo que tenía, es decir, con la webcam de mi portátil recalentado, colocado encima de libros, sin focos ni micrófono, sentada frente a una ventana y editándolos yo misma.

Mi empresa, basada en mi marca personal, me obliga a tener presencia en las redes. Para desmitificar la vida de «emprendedor de éxito» tan extenso que se muestra en internet, te contaré la movida que supone publicar fotos como las que ves en mis perfiles de redes, porque requieren de un nivel de organización impresionante.

El proyecto empieza contratando a una fotógrafa profesional con quien hablo sobre lo que tengo pensado, cuántos escenarios quiero sacar en esa sesión y qué estilo quiero que tengan las fotos. Normalmente he preparado ya una carpeta con ejemplos que me gustan y que le envío, así que antes del día en que nos vemos llevo semanas pensándolo y planificándolo. Luego, decidimos dónde haremos las fotos: buscamos un lugar versátil, que, sin tener que movernos mucho, nos ofrezca distintas localizaciones. Como dos semanas antes de la sesión, elijo el vestuario y los complementos, normalmente me quedo con cuatro o cinco conjuntos. Así tendré suficientes fotos distintas para diferentes campañas. Cuando llega el día de la sesión, o viene alguien a casa a peinarme o voy a la peluquería a primera hora, luego me pinto como una puerta y lista para tomar el taxi con mi maleta llena de ropa hacia el lugar donde hemos quedado. El resultado es siempre espectacular.

Mi vida, sin embargo, no es en absoluto glamurosa. No tengo una rutina matutina en la que tomo un jugo verde nada más despertarme para luego ponerme a meditar media hora seguida de un rato más de *journaling*. ¡Ojalá mi vida fuera así!

Mis días empiezan (siguen y terminan) de forma caótica, entre las cinco y las seis de la mañana, porque me despiertan a gritos. De hecho, no sé ni por qué insisto en ponerme el despertador a las siete y media porque NUNCA duermo hasta esa hora. Aún no son ni las siete de la mañana y mi hijo ya está subiéndose en lo alto de los muebles, o tocando o rompiendo algo que no debe. A las ocho he lidiado con tres berrinches, he cambiado dos veces de ropa a mi hija, he tendido o recogido la colada, he desayunado de pie, con interrupciones, y cuando salgo de casa no sé ni cómo he logrado vestirme y pintarme la raya de los ojos. Incluso una vez salí tan pancha sin quitarme el *dry shampoo* de la cabeza.

Para cuando son las nueve y media he dejado a los niños en el colegio y he llegado al despacho, estoy tan cansada que podría dar la jornada por terminada, ¡y acaba de empezar!

Me paso el día escribiendo (guiones de vídeos, artículos, pódcast, material de marketing, etc.), filmando o grabando, en sesiones con clientes o en reuniones con mi equipo. Luego llego a casa para el almuerzo y voy corriendo a recoger a los niños para empezar mi otro empleo: la casa y los niños. Adoro mi vida tal como es, pero no tiene nada de instagrameable ni me apetece retransmitirla en las redes. Odio la sensación de tener que estar siempre pensando qué podría publicar, o de hacer cosas no para mí, sino para acumular material que postear.

Pero ¿qué fotos son las que publico? Aquellas en las que salgo estupenda, recién salida de la peluquería, supermaquillada y con una combinación de vestuario cuidadosa y estratégicamente elegida en entornos como hoteles, preciosas cafeterías o pisos alquilados en Airbnb.

De hecho, hay una foto que me encanta, en ella parece que esté sentada en un campo de trigo cuando en realidad son hierbajos en la cuneta de un camino.

Pongo estas fotos porque es mi trabajo y mi marca personal. De la misma forma que me arreglo para dar una ponencia, salgo arreglada en una comunicación online. Así que si por casualidad se te ocurre compararte conmigo en Instagram, hazlo el día que vayas a una boda, no un día cualquiera de entre semana.

La comparación no se da solamente online, está claro. La experimentamos también en la vida analógica, pero tiene algunos matices interesantes. Según el filósofo Alain de Botton, solo nos comparamos con aquellos a quienes consideramos iguales, por ejemplo, con nuestros hermanos y primos, nuestros amigos, nuestros compañeros de trabajo o cualquier persona cuyos inicios fueron como los nuestros. No solemos compararnos con quienes consideramos que juegan en otra liga. Es decir, yo no me comparo con ninguna actriz de Hollywood, una cantante de éxito o un empresario millonario, porque no me identifico con ellos. Parecen semidioses del Olimpo, mientras que yo soy una simple mortal. En cambio, puedo llevar especialmente mal una reunión de antiguos alumnos del colegio si coincide con una mala racha en mi vida, ya que la comparación sobre cómo nos han ido las cosas me resultará inevitable. Uf…, pereza, ¿verdad?

En tu vida offline envidias a aquella pareja de amigos que parece tan compenetrada (mientras que tú no paras de rebotarte con tu novio), la casa y la vidorra de tu primo Alberto (mientras que tú acabas de quedarte en el paro, tu mujer apenas gana mil doscientos euros y pagáis novecientos de alquiler) o la amiga que no para de subir fotos a las redes desde que se fue a vivir a Ibiza (la muy ****).

El problema de la comparación es que el foco está puesto en exceso en lo de fuera, lo que fortalece nuestro ser social con exageración, nos aleja de nuestro verdadero yo y nos desvía del rumbo correcto hacia nuestro mejor destino.

La comparación pone además nuestra valía en los logros externos, en lugar de en nuestro valor inherente simplemente por ser. Eso nos lleva a pensar que valdremos o mereceremos el día que hagamos o consigamos cosas.

Y, lo peor de todo, la comparación nos conduce a la envidia, una emoción no muy agradable que hace que escupamos veneno y critiquemos por doquier. Así que hablemos un momento de ella.

La envidia

Dicen que sabes quienes son tus amigos de verdad cuando las cosas te van mal, pero espera a ver la cara que ponen tus amigos cuando les cuentes lo feliz que eres, lo bien que te van las cosas, el ascenso que has conseguido o la increíble facturación de tu empresa este año y sabrás entonces quién es realmente tu amigo. Si encima les cuentas que estás profundamente enamorado de una persona maravillosa y que las próximas Navidades las pasaréis en las Seychelles, no sé cómo van a poder disimular lo que sienten.

El fracaso ajeno calma nuestra frustración; el éxito de los demás, en cambio, se nos atraviesa. Esto es así porque los otros nos hacen de espejo. Sin embargo, apenas reconocemos nuestra envidia. Sentirla nos avergüenza, así que nunca la admitimos; la camuflamos con argumentos y la vestimos de crítica porque parece que así tenemos el control, cuando en realidad criticamos porque hay algo en esa persona que también queremos.

Hace unos años aprendí a usar la envidia a mi favor. Porque yo, al igual que tú, también siento envidia. Sin embargo, cuando ahora me sucede, procuro ver la situación desde una perspectiva más elevada y no perderme en el detalle de lo que envidio.

Ahora, cuando reconozco mi envidia, me pregunto: «¿Qué es lo que esa persona tiene, es o hace que yo también quiero? ¿Es el éxito, el reconocimiento, el dinero, su estilo de vida?». Al responder a esta pregunta encuentro el verdadero origen de mi envidia y doy con aquello que quiero en última instancia.

Los resultados son siempre sorprendentes. Haciéndome esa pregunta he llegado a la conclusión de que, por ejemplo, quiero el mismo impacto, dinero y éxito que otras personas, pero quizá no desee su estilo de vida. Puede que quiera su facturación, pero que no desee una mansión, jets privados o el contacto directo con Richard Branson.

Uso la envidia como una brújula, un indicador de lo que realmente quiero. Esto es importante porque a veces no tenemos claro qué es lo que queremos. La envidia, en cambio, arroja luz sobre aquello que en el fondo deseamos y que puede que no nos estemos dando permiso para querer.

Reconocer tu deseo gracias a la envidia que sientes te obliga a hacer inventario de lo que tienes o haces. Quizá te des cuenta entonces de que tu estable y prestigioso trabajo estrangula tu alma, y de que debes dejarlo antes de que sea demasiado tarde, para montar el negocio que llevas años fantaseando tener. O quizá te des cuenta de que al envidiar la complicidad y conexión que tu amigo tiene con su mujer a pesar del paso de los años estás admitiendo que tu propia relación no funciona y que debéis tomar una decisión.

Una vez que sabes qué es lo que envidias exactamente, es cuando lo identificas como objetivo y puedes ocuparte de ello y empezar a actuar, tomar las decisiones convenientes y caminar en esa dirección para conseguirlo.

Te ayudaré con el siguiente ejercicio. Piensa un momento en alguien a quien envidias aunque lo quieras. Quizá una compañera de trabajo, quizá un amigo o quizá tu hermano. Sabrás que lo envidias porque te dará un poco de rabia esa persona en algo. Vale, ahora quiero que seas franco contigo mismo. ¿Qué es lo envidias exactamente? ¿Que haya rehecho su vida? ¿Su poder adquisitivo? ¿Su realización profesional y el reconocimiento que obtiene? Pues ahora que sabes qué es lo que envidias, admite que ese es tu deseo y conviértelo en un objetivo en el que trabajar gracias a tu plan de acción.

Por cierto, recuerda que tienes todos estos ejercicios en el cuaderno de viaje que puedes descargarte gratis junto con otros bonus en **LaVidaQueQuiero.com/bonus**

Lo mejor de todo es que cuando te ocupas de realizar así tus sueños, dejas de envidiar a esa persona y empiezas a sentirte más satisfecho con tu vida. La envidia es, pues, tu herramienta, la lupa que aumenta tus deseos para que puedas verlos. Es la señal de neón parpadeante que te indica el camino. Úsala a tu favor.

La comparación es un bloqueo porque mina tu autoestima, dispara la envidia, te hace caer en el perfeccionismo y te convierte en indeciso. Además, te roba tiempo y creatividad, dos recursos muy necesarios para crear la vida que quieres. Así que a continuación voy a darte algunos trucos y herramientas para ayudarte a reducir esta tendencia, para que dejes de compararte y pases a la acción.

Limita tu exposición a las redes

Of course, pero tenía que ponerlo. Quizá te parezca imposible o ahora creas que no te apetece, pero te sorprenderá la explosión de creatividad que experimentarás, lo mucho que volverás a gustarte y el tiempo que recuperarás el día que limites tu ingesta de tecnología.

Deja de seguir a gente que envidias

Tengo una amiga a la que, pobre, he tenido que dejar de seguirla. Me cae superbién y me gusta tenerla en mi vida, pero exponerme a la suya en internet me lleva a pensar que no me gusta la mía. ¡Imagínate! ¡Cuando mi vida es increíble y soy en realidad una privilegiada! Pero, claro, tiene una casa en el campo con piscina y un marido rico…, y ya sabes que yo también quiero una casa en el campo (y un marido rico). De hecho, ¡está en mi *dream board*! Como ves, ya he hecho el trabajo de identificar qué es lo que quiero a través de mi envidia. Ahora, simplemente, no necesito restregarme por la cara lo que quiero pero aún no tengo. Lo bueno es que, al hacerlo, dejo de tenerle manía a mi amiga y todos felices.

Trátate con compasión

De la compasión te hablaré más adelante porque merece un capítulo entero, pero es importante que empieces a darte cuenta de lo duro que eres contigo mismo. La vida es muy complicada, date un respiro.

Empieza por no luchar contra tus creencias negativas de ti mismo, mejor usa las herramientas que he estado compartiendo contigo, en las que todas las emociones tienen cabida, para no sentirte inadecuado, avergonzado o culpable de tenerlas. Date cuenta de lo

injusto que eres contigo al compararte con personas cuyas circunstancias son más favorables que las tuyas.

Usa la comparación a tu favor

Si ves que envidias a alguien, se trata en realidad de una proyección
positiva. Es decir, esta persona está reflejando sobre ti algo que no
reconoces. No puedes ver en los demás lo que no está dentro de ti.
La forma en que los demás lo expresan puede ser distinta, pero la
esencia es la misma. La comparación te da una pista de lo que realmente anhelas. Así que, teniendo a esta persona en mente, completa las siguientes frases sin pensarlo mucho:

Cuando te miro, veo...
Envidio en ti...
Admiro de ti...
Tú creas...

Cuando hayas acabado, vuelve a escribirlo todo pero esta vez
sustituye a esta persona por ti usando expresiones como: «yo», «yo
mismo», «para mí» «conmigo», etc. Verás qué interesante es lo que
sale y lo que sientes al leerlo. Ahora está en tus manos hacerlo realidad a tu manera.

EL PERFECCIONISMO

Carlos era un talentoso psicólogo y un cliente con el que trabajaba el desarrollo de su estrategia. En mi asesoramiento vi imprescindible para conseguir los resultados que él buscaba que creara una nueva web; la que tenía no solo era deficitaria sino que además le estaba costando clientes. Él estaba de acuerdo conmigo, así que marcamos la fecha límite para la publicación de la nueva web un par de meses más tarde.

Sin embargo, fueron pasando las semanas y la web no se terminaba. Carlos nunca la veía bien del todo y se estaba convirtiendo en una tarea interminable. Ni siquiera mi *feedback* positivo le convencía. Llevábamos un retraso de dos meses según nuestro plan de acción cuando me planté. «Carlos, o publicas la web tal como está o te secuestro el resto de las sesiones que nos quedan pendientes y no las hacemos jamás».

Mi amenaza surtió efecto y, al cabo de un par de días, Carlos publicaba una preciosa web, no terminada del todo, pero bella y estratégica. El resultado fue que, precisamente porque ya la tenía publicada, terminó de atar los cabos sueltos que le quedaban. No solo eso, sino que al tener por fin una web de la que se sentía orgulloso, empezó a ser activo en su marketing y consiguió la visibilidad que necesitaba.

El caso de Carlos es uno de los más comunes. De hecho, en mis programas empresariales, cuando un cliente o un alumno se da cuenta de que tiene que hacer o rehacer su web, con frecuencia se convierte en un proyecto eterno. La realidad es que crear una web es uno de los proyectos más difíciles, porque te obliga a concretar las ideas abstractas que hasta ese momento solo habían estado en tu cabeza y que tienen que aterrizar para definir quién eres (tú o tu negocio). De ahí que a la gente nunca le parezca que sus webs están lo suficientemente bien para lanzarlas y se enreden con su perfeccionismo y posterguen sus proyectos hasta el infinito. Si bien te he dado el ejemplo de las webs, el perfeccionismo se sufre en todos los aspectos de la vida: tu cuerpo, tu relación, tu forma de vestir, tu trabajo, tu práctica de yoga, cómo crees que te alimentas, cómo crías a tus hijos, tu *crossfit*..., ¡por todo!

El perfeccionismo es una estrategia compensatoria que se desarrolla al crecer en ambientes muy críticos y busca precisamente amortiguar la inseguridad, la carencia o el miedo. A menudo, quien tiende al perfeccionismo ha tenido padres o figuras de autoridad que han sido muy duros o exigentes con ellos, aunque fuese con la mejor de las intenciones, y que no pararon de expresar «críticas constructivas». Es una respuesta de supervivencia que viene con sus beneficios y sus costes.

Los beneficios de esta estrategia son los resultados que eres capaz de obtener con tu perfeccionismo, las desagradables emociones que logras evitar con él y la aceptación, validación, seguridad, amor o merecimiento que sientes que adquieres con este comportamiento (porque ya te adelanto que, por suerte, el perfeccionismo no es un gen, sino un hábito adquirido).

El coste asociado a este patrón es toda la *performance* que tienes que hacer para conseguir ser visto, reconocido y amado por lo que haces o consigues, en lugar de, simplemente, por ser quien eres.

Esta estrategia compensatoria, el perfeccionismo, te lleva a dar el 110 por cien en todo lo que haces y a preocuparte mucho por hacer las cosas bien. Debido a él te pones un listón muy alto al que a menudo sientes que no llegas, no toleras bien los errores y te fustigas cuando los cometes. Además, y esta es una de las consecuencias más graves, tu perfeccionismo te conduce a postergar cosas, incluso las que realmente quieres hacer, porque piensas que todo tiene que estar perfecto antes de comenzar o de lanzarlo.

Si te reconoces perfeccionista, te interesará mucho saber que se trata de una estrategia que seguramente desarrollaste para compensar la sensación de no ser suficiente siendo tú mismo, debido a las críticas constantes que recibiste, a sentirte ninguneado o a las burlas de las que quizá eras objeto.

Ojo, no tienes por qué haber vivido necesariamente una experiencia claramente traumática para desarrollar este mecanismo compensatorio. Quizá tus padres te querían pero estaban como ausentes y te parecía que no te veían; quizá uno de tus hermanos enfermó gravemente, centró toda su atención y tú te sentiste relegado, o quizá perteneces a una generación en la que en la escuela se ponía el foco sobre todo en lo que estaba mal hecho.

El perfeccionismo quiere que hagas las cosas lo mejor posible, pero consigue justo lo contrario, es decir, que finalmente no exista nada, puesto que el poner el foco de modo permanente en lo que está mal paraliza hasta el punto de que no haces lo que tienes que hacer para lograr lo que te propones.

Al perfeccionismo le da igual que lo que hagas esté bien, porque nunca será suficiente. Siempre tendrá la mirada puesta en lo que está mal. Es, pues, extenuante, negativo y muy castrante, por lo tanto, por si aún no lo ves claro, el perfeccionismo no es una cualidad de la que alardear, sino más bien un mal hábito del que quieres librarte.

Como la perfección es esa meta inalcanzable a la que jamás se llega, al final no crearás nada que puedas luego mejorar. Y es que, una idea mediocre pero ejecutada es infinitamente mejor que una idea perfecta, existente solo en tu cabeza. La primera será real, mientras que la segunda será solo un sueño.

Si preguntas a algunas personas a quienes admiras por su éxito cómo fueron sus comienzos, te dirán que la cagaron varias veces y que lo que ahora es su vida o su empresa no es la idea original y exacta desde la que partieron. Te contarán errores con tremendas consecuencias, te hablarán de relaciones mal elegidas destinadas a romperse, de negocios fracasados, de miedos, de incertidumbres, de empresas montadas con una cuchara y un palo o de empleos equivocados. Te contarán que simplemente siguieron adelante, que saltaron obstáculos a trompicones, que se cayeron de bruces y se levantaron al tiempo que se sacudían el polvo. Te contarán que ahora son buenos porque antes la fastidiaron mil veces, hasta que por fin dieron con la versión que tú ves ahora, y que todas esas malas versiones fueron necesarias para llegar al resultado actual.

¿Habría sido mejor que no se hubieran atrevido si no hubiera sido perfecto desde el principio? Ni por asomo. Nada de lo que hay ahora existiría. Todo son versiones mejoradas de un primer y tosco prototipo.

Así que cuando hagas frente a un nuevo reto, piensa que estás engendrando la versión beta de tu relación, trabajo, libro, familia, creación o vida, que será normal que haya algún que otro fallo (a menudo más de los que uno querría) y que estás abierto a escuchar críticas, porque lo irás mejorando con el tiempo y el uso.

Lo que quiero dejar claro es que el perfeccionismo es un hábito adquirido y no algo inamovible en ti. No naciste perfeccionista, sino que desarrollaste ese patrón y se vio reforzado por el entorno en el que creciste, hasta convertirse en un hábito. Lo más interesante de todo es que puedes cambiarlo y desarrollar otro patrón de comportamiento mucho más eficaz a la hora de conseguir crear la vida que quieres. Aquí te cuento algunos de mis mejores recursos para conseguirlo.

El primer borrador de mierda

Una de las herramientas más útiles que jamás he encontrado para revertir el perfeccionismo, salir de la parálisis y pasar a la acción es el concepto del «primer borrador de mierda» (*shitty first draft*), típico en el mundo editorial anglosajón.

Verás, escribir un libro es aterrador, hasta el punto de que llega a bloquearte y a afectar a tu autoestima. Es frecuente que te quedes mirando la página en blanco sin saber cómo proceder o que escribas un párrafo para luego borrarlo y reescribirlo infinitas veces. Para quitarle hierro al asunto y restarle gravedad, con esta expresión pasas de pensar «Estoy escribiendo mi libro» a decirte «Estoy escribiendo el primer borrador de mierda de mi libro».

Al explicarte las cosas de este modo, sientes de inmediato que la presión se aligera. Das por sentado que lo que vas a escribir será una porquería al principio, no la versión definitiva, sino el texto que luego mejorarás y, por lo tanto, tienes permiso para equivocarte. Uf, ¿sientes el alivio?

Lo mejor de todo es que este concepto se puede usar como herramienta para todo en la vida: tu primera cita de mierda después del divorcio, tu primer entrevista de trabajo de mierda después del despido, tu primera negocio de mierda, tu primer lo que sea de mierda, etc. ¡Es maravilloso! ¿Verdad? Yo lo he aplicado a todo: a mis vídeos, mis artículos, mi pódcast, a este mismo libro, ¡hasta a mi maternidad!

Pruébalo. Identifica algo que quieras conseguir o en lo que estés trabajando pero en lo que tu perfeccionismo te esté frenando, y cambia el discurso. En lugar de pensar que tiene que salir perfecto, dite que es el primer borrador de mierda de XXXXX y fíjate en lo que sientes y en lo que haces.

Seguramente notarás cómo la presión que sentías desaparece y la motivación por hacer lo que quieres aumenta, y eso te ayuda a desbloquearte y a pasar a la acción, lo que, de nuevo, propiciará que tengas más probabilidades de conseguir la vida que quieres.

La mentalidad de crecimiento

El antídoto para avanzar en esta fase y conseguir que el perfeccionismo no te bloquee es la mentalidad de crecimiento, concepto acuñado por la psicóloga Carol Dweck en su famoso libro *Mindset*, que me cambió la vida.

Dweck describe dos tipos de mentalidades, la fija y la de crecimiento, pudiendo darse las dos en todas las personas. Es decir, no nacemos con una u otra mentalidad, sino que potenciamos una u otra según nuestro entorno.

Estas son algunas de la principales características y diferencias entre las dos formas de pensar y ver la vida:

- La mentalidad fija toma la inteligencia como algo que se tiene o no se tiene, mientras que la de crecimiento cree que la inteligencia es algo que se desarrolla.
- La mentalidad fija piensa en términos absolutos: o triunfas o fracasas, mientras que la de crecimiento ve los acontecimientos con matices, piensa que aprendes de los errores y se centra más en el esfuerzo que en los resultados.
- La mentalidad fija cree en la tiranía del ahora: si no lo has conseguido, no lo lograrás jamás, mientras que la mentalidad de crecimiento cree en el «no por ahora» o en el «aún no» y se abre a la posibilidad de que sí suceda en el futuro.
- En la mentalidad fija hay una identificación con lo sucedido: he fracasado, luego soy un fracasado, mientras que la mentalidad de crecimiento ve los acontecimientos como algo separado de la persona, que no forma parte de su identidad.
- La mentalidad fija se siente intimidada y amenazada por el éxito y la felicidad ajenos, puesto que, en el fondo, los ve como recursos finitos, mientras que la mentalidad de crecimiento ve el éxito de los demás como inspiración y ejemplo de que lo que quiere se puede conseguir.

Lo que encuentro más interesante es que cuando estamos en mentalidad fija (que no nos engañemos, es la que tendemos a tener) acostumbramos a abandonar nuestros sueños antes y a tirar la toalla, porque tal como nos explicamos las cosas no vemos alternativa ni solución a los problemas que se nos presentan. Creemos que si hemos fracasado, esa es la respuesta y la sentencia de la vida, que no hay nada que podamos hacer para cambiar nuestra trayectoria, mientras que cuando estamos en mentalidad de crecimiento, creemos en nuestra capacidad de cambiar nuestra vida a través de nuestra acción, nuestra constancia y nuestro esfuerzo.

Esto explica por qué hay personas que, a pesar de su situación aventajada (por su inteligencia, estudios, dinero, entorno, contactos, belleza u oportunidades) y debido a la mentalidad fija, tienden a conseguir menos de lo que su potencial les ofrece en comparación con quienes tienen una actitud de crecimiento, que tienden a conseguir más de lo que se creían capaces, y llegan incluso a superar sus expectativas.

La mentalidad de crecimiento es, pues, una actitud compasiva ante la vida y no determinista, que se centra en el progreso y el esfuerzo, y que tú puedes potenciar.

Para integrar estos conceptos, te propongo el siguiente ejercicio a fin de que empieces a cambiar tu patrón perfeccionista y desbloquearte.

Recuerda que puedes hacer este ejercicio en el cuaderno de viaje que puedes descargarte gratis en **LaVidaQueQuiero.com/bonus**

Paso 1: Identifica la voz crítica de tu mentalidad fija. Cuando te propones hacer algo y tu perfeccionismo te bloquea, ¿qué frases te dices? Escríbelas a continuación.

Por ejemplo, esto es lo que escucho que me digo cada vez que me siento a escribir: «Menuda porquería de libro estoy escribiendo. La editorial lo tirará a la basura. Esto es un desastre. ¿Para qué me he metido yo en esto? La gente me destripará. ¿Y este párrafo? Pero ¿qué es esta mierda que he puesto aquí? ¿Dónde está el contrato que he firmado? ¿Cuál es la cláusula que explica cómo puedo salir de esto?».

Paso 2: Encuentra la explicación o interpretación de ese proyecto o situación desde la mentalidad de crecimiento. Es decir, ¿cómo te hablarías si estuvieras en ese tipo de mentalidad? Esta versión acostumbra a ser compasiva y comprensiva, como le hablarías a un niño que ha cometido un error.

Siguiendo con el ejemplo, esto es lo que me digo cuando ejercito mi mentalidad de crecimiento: «Bueno, quizá no está perfecto, pero creo que las ideas están expuestas. A ver qué dice la editora y qué cambios y mejoras propone. Llevo dos días con este capítulo y al menos estoy orgullosa de haber terminado el borrador. ¡Fíjate en todo lo que he avanzado ya! Mañana continuaré con el siguiente capítulo».

Good enough is good enough

En los años sesenta, en la carrera por ser los primeros en llegar a la luna, tanto la NASA como la Unión Soviética se dieron cuenta de que los bolígrafos de toda la vida no podían funcionar en el espacio, puesto que es necesaria la gravedad para que la tinta fluya hacia abajo. ¿La solución? Usar lápices. Y aunque los lápices no eran lo ideal, era una opción lo suficientemente buena para seguir adelante y no bloquearse. Con el tiempo se inventó y patentó un bolígrafo espacial, pero tardó años en crearse.

¿Qué quiero decir con esta historia? Pues que sigas adelante con los recursos que tienes ahora porque son lo suficientemente buenos aunque no sean los ideales.

¿Que no tienes dinero para pagar a alguien que te diseñe la web? Compra una plantilla y móntala tú mismo. ¿Que quieres empezar un pódcast y no tienes micrófono ni estudio de grabación? No importa, grábate con el móvil. ¿Que ahora no puedes pagar el máster que te gustaría? Busca en la infinidad de prestigiosos cursos en Coursera y fórmate con ellos ahora mismo.

Lo importante es avanzar con lo que es suficiente y no permitir que tu perfeccionismo te paralice o te deje esperando la solución ideal que quizá nunca llegue.

EL SÍNDROME DEL IMPOSTOR

¿Alguna vez has sentido que no estabas preparado ante una oportunidad profesional? ¿Piensas que deberías seguir formándote un poco más o que aún no es el momento para tu siguiente paso laboral o empresarial?

La mayoría de las personas que quieren crecer y realizarse profesionalmente sufren de un mal que les impide avanzar e incluso las lleva a sabotearse. Se trata del síndrome del impostor, un freno mental por el cual la gente que lo padece es incapaz de internalizar sus logros y temen ser descubiertos como un fraude.

Aunque podría estar relacionado con el merecimiento o con el perfeccionismo, temas de los que ya hemos hablado, tiene más que ver con el reconocimiento de nuestra competencia y nuestro mérito, y es un freno que aparece casi en exclusiva en el ámbito profesional, por ejemplo, cuando te proponen un ascenso, cuando quieres pedir un aumento de sueldo, cuando por fin consigues un mejor trabajo, cuando vas a dar una charla o una ponencia, cuando te entrevistan en medios de comunicación o cuando tu empresa experimenta un crecimiento evidente y pasas a un nivel superior. En el mundo del emprendimiento es lo que te impide cobrar el precio que mereces o lo que te lleva a proporcionar a tu cliente más de lo que has presupuestado.

Pero lo más irónico de este freno es que lo sufren personas que no solo están perfectamente capacitadas y cualificadas para las responsabilidades que se les encomiendan y el nivel de éxito y reconocimiento que reciben, sino que además sus logros lo demuestran. Tienen un histórico que así lo confirma, pero no parecen tenerlo en cuenta. Si sufres del síndrome del impostor serás ciego a todos tus logros, nunca serán suficientes y siempre pensarás que todo lo que has conseguido ha sido porque hubo un error, por accidente, por casualidad o porque has sabido disimular y camuflar bien tu ignorancia e incompetencia.

Quien sufre de este mal teme ser descubierto. No importa que lleves diez o más años trabajando en tu especialidad, no importan los casos de estudio que tengas a tus espaldas, no importan los libros o artículos que hayas publicado o las investigaciones que hayas liderado. Eres ciego a tu mérito y competencia.

Tu síndrome del impostor te llevará a rechazar oportunidades de trabajo, a no buscarlas ni perseguirlas o a encadenar curso tras curso o máster tras máster, porque nunca te sentirás suficientemente preparado.

Este mal te hace pensar también que los demás son mejores o están más preparados que tú, porque, al ser consciente de tus dudas, debilidades y fallos, y al no ver que los demás expresen inseguridades, llegas a la conclusión de que simplemente no das la talla y que está claro que tiene que haber habido un error para que hayas conseguido semejante oportunidad.

Cómo gestionar el síndrome del impostor

Si te digo la verdad, este bloqueo no termina de desaparecer nunca, es como un patrón mental con el que uno se autosabotea y al que puedes tender a caer si no prestas atención, pero una vez que eres consciente de ello puedes gestionarlo para evitar que obstaculice tu crecimiento y tu éxito profesional.

A continuación comparto algunos consejos basados en cosas que yo he hecho y que me ayudan a minimizar mi propio síndrome del impostor cuando se asoma (porque, ¡oh, sí!, yo también lo tengo, y bien grande..., de hecho, aquí está, sentado a mi lado, mientras escribo este libro, mirando la pantalla por encima de mi hombro).

Fórmate (pero lo mínimo imprescindible)

Temo poner este consejo por miedo a dar luz verde a tu tentación de enredarte con mil cursos de formación, pero fue una de las cosas que hice y que me ayudaron a sentirme más acreditada para cobrar por mis servicios.

Estudié diseño gráfico y venía de un negocio fallido. Luego, al llevar la comunicación de una ONG, y debido a un curso de *community manager* al que me inscribí, me sumergí en el mundo del marketing online. De hecho, todo lo aprendí de forma autodidacta y comprando algunos cursos muy concretos, pero no me sentía lo suficientemente segura para cobrar por mis servicios. Había una clara tendencia errática en mi currículo. Decidí entonces estudiar un posgrado en marketing online de la Universidad de Barcelona, en el que no aprendí mucho más de lo que ya sabía, y que luego, encima, nadie me pidió, pero fue suficiente para sentirme validada.

Ahora bien, ese posgrado duró unos ocho meses. Es decir, no me metí en una carrera de cuatro años ni me puse a estudiar un máster de emprendimiento porque, directamente, preferí gastarme mi escaso dinero en emprender. Y aunque siempre invierto en conocimiento, no encadené formación con formación, o, mejor dicho, no esperé a vender mis servicios escondiéndome detrás de la formación hasta sentirme preparada.

Por lo tanto, si te sientes un impostor a pesar de tu experiencia y conocimiento, quizá sea una buena idea hacer algún tipo de formación breve que te ayude a sentirte acreditado. Lo importante es que exista una proporción. No se trata de empalmar curso tras curso sin pasar a la acción, sino de hacer alguna formación estratégica, puntual y quirúrgica que puedas llevar a cabo mientras actúas. Porque la realidad es que no necesitas acumular más títulos, sino bajar al terreno de juego y HACER.

Di que sí

Sé que es más fácil decirlo que hacerlo, pero ante cualquier situación favorable a tu crecimiento profesional, simplemente pasa a la acción, di que sí, acepta o pide esa oportunidad, aunque no te sientas preparado.

Seamos realistas, si objetivamente no tienes la experiencia ni aportas los resultados, la oportunidad no se te presentará. La gente no es tonta y cuando alguien te ofrece algo es porque ve en ti al mejor candidato. Así que confía no solo en el criterio de la persona que te la ofrece, sino también en los tiempos de la vida, porque si la oportunidad te llega es porque es tu momento. Por lo que más quieras, ¡agárrala!

Fake it 'til you make it

O dicho más o menos en español: «Finge hasta que lo consigas». Y no me refiero a montar un tinglado en tu vida para aparentar éxito, sino a apechugar con tu miedo e inseguridad, puertas adentro, hasta que hayas normalizado la situación y te hayas acostumbrado a ella.

Es absolutamente normal sentirte fuera de lugar en una nueva posición profesional o en un nuevo nivel de facturación en tu empresa, pero esa desubicación es propia del proceso del cambio en sí mismo, y es temporal. Solo necesitas darte tiempo.

Por otro lado, la práctica te ayudará a llegar a esa normalización. La primera vez que, por ejemplo, des una charla, una ponencia o una entrevista, o estés en una reunión con tus compañeros en tu nuevo cargo o puesto de trabajo, sentirás que te empequeñeces, pensarás que todos saben mucho más que tú, temerás que descubran que no tienes la más remota idea y querrás salir corriendo, pero conforme esas situaciones se repitan te irás acostumbrando a ellas y tu síndrome del impostor se apaciguará por un rato, al menos, hasta que oses pasar al siguiente nivel.

Reconoce tu mérito

Y, por último, procura separar tu miedo y tus emociones de tu mérito. Date cuenta de que lo que sientes se basa en una creencia y que, como tal, tiene el inmenso potencial de no ser verdad. Mira tu preparación, experiencia y pasado profesional, y reconoce con objetividad tu competencia. Bien sea porque, aunque no hayas estudiado fotografía, por ejemplo, llevas quince años dedicándote a ella o tienes un inmenso talento y tu portafolio es excepcional, bien porque tienes tu MBA y, ¡qué narices!, mereces ese ascenso y ese sueldazo, o porque los clientes con los que has trabajado son de primera división.

Aunque el síndrome del impostor es una constante en la mayoría de mis clientes, tuve una clienta en particular que era un caso grave. Trabajaba ayudando a mujeres en su proceso de divorcio para que fuera lo menos disruptivo y traumático posible. Sin embargo, estaba completamente bloqueada. Decía sentirse una intrusa porque no era psicóloga, algo que me alucinaba porque era trabajadora social con formación en derecho (!!!!). Además, ella misma pasó por un divorcio con dos niñas. Te juro que si me divorciara no encontraría a una persona más acreditada que ella para guiarme. Se me ponían los ojos como platos cuando la oía decir que no se veía con suficiente mérito, formación y experiencia, cuando desde mi punto de vista no podía estar más preparada y acreditada para hacer su trabajo.

La única cosa buena de este bloqueo es que te da humildad, que siempre viene bien, y evita que caigas en el narcisismo y la grandiosidad, porque hay pocas cosas más insoportables que la petulancia en la gente con talento y éxito.

En cualquier caso, si algo de mi mensaje me gustaría que quedara en ti es que la vida da las oportunidades en el momento preciso, con independencia de lo preparado que te sientas, que si te llegó es porque te toca. Así que abre las manos para recibir lo que se te presente, siempre y cuando esté alineado con tu ser esencial y te acerque a tu visión, porque es todo tuyo.

LA PARÁLISIS POR ANÁLISIS

—¿Quieres casarte conmigo? —le pregunté.

No quería un bodorrio. Simplemente quería estar casada con él. Me daban igual los regalos, los invitados o las ceremonias. Lo amaba tanto que quería ser su mujer y que él fuera mi marido. Podíamos casarnos en secreto, por sorpresa, pasar de organizar nada y anunciar luego que lo habíamos hecho. Incluso había fantaseado con casarnos solos en Samos, la isla griega, justo enfrente de Kusadasi, donde estaba el barco amarrado y lugar al que íbamos cada verano. Lo tenía todo pensado: podíamos navegar el kilómetro de distancia que separaba la costa turca de la griega, hacer autoestop hasta el pueblo de Vathi y pedir a alguien de la calle que fuera testigo de nuestra boda-aventura.

El amor que sentía por él y lo feliz que era a su lado era todo lo que necesitaba para saber que quería casarme con él. Me encantaba llegar a casa y encontrarlo allí. Me encantaba despertar y tenerlo a mi lado. Después de todo, yo me había mudado a Alemania para estar a su lado. Él era LA persona.

Sin embargo, su respuesta me hundió. De todas las posibles contestaciones, esa no era la que esperaba.

—¿Cómo puedes saber que quieres casarte conmigo? ¿Cómo puedes estar segura? Apenas hace un año y medio que estamos juntos. Deberíamos esperar más. Es demasiado pronto.

—¿Cómo puedo estar segura? No te entiendo. ¿Qué tipo de pregunta es esa? Lo sé porque te quiero. Me baso en lo que siento y en cómo estamos ahora. ¿Esperar más? ¿A qué? ¿A que tengamos garantías de acierto?

Y mi ilusión se empañó de tristeza.

Su indecisión mostraba su miedo a equivocarse. ¿Y si yo no era la mujer con la que debía casarse? ¿Y si resultaba ser un error? ¿Y si no funcionaba? Su falta de determinación no solo se hacía presente ante decisiones tan trascendentales como casarse, sino que se manifestaba en todos los aspectos de su vida. Cuando llegaba el momento de elegir, se bloqueaba y se enrollaba, fuera algo tan importante como escoger una colaboración profesional o tan trivial como decidir qué tipo de billete de metro comprar.

Supongo que lo tendría que haber visto venir. Si tardaba (literalmente) doce meses en escoger una pequeñez como qué anorak comprarse, analizando todas las opciones y creando excels comparativos de distintos modelos según precio, material y colores, ¡¿cuánto iba a tardar en decidir casarse?!

No podíamos ser más diferentes. Yo era capaz de comprar un mueble por internet en diez minutos con tan solo ver las fotos y asegurarme de que las medidas eran las adecuadas, o podía apuntarme a un curso solo por las ganas y entusiasmo que sentía. No necesitaba hojas de cálculo ni extensas comparativas. No necesitaba pensarlo una semana más porque ya tenía toda la información necesaria.

Con el paso de los meses, la diferencia de nuestros ritmos fue haciéndose cada vez más difícil de ignorar. Yo, con capacidad para tomar decisiones con rapidez (aunque a sus ojos era una impulsiva inconsciente) y muy orientada a la acción, avanzaba en mi negocio, aprendía alemán a trompicones pero sin pausa, tenía un trabajo a media jornada mientras hacía crecer mi empresa, me sacaba un posgrado de marketing online y me inscribía en cursos de crecimiento personal.

Sin embargo, él, frenado por su miedo a equivocarse en todo y cada vez más bloqueado, empezaba a estancarse. Su situación era la misma que hacía varios años, los mismos dilemas, los mismos problemas, las mismas preguntas, los mismos miedos. Con la diferencia de que ya no era un chico de veintitantos años, sino un hombre de treinta y algo, por lo que la situación era cada vez más insostenible y difícil de tolerar.

No es cuestión de tiempo sino de información

Si eres de los que tarda en tomar decisiones y te lías analizando la situación, es muy probable que sufras parálisis por análisis, un tipo de bloqueo con el que la duda se vuelve crónica: no haces más que darles vueltas y vueltas a las cosas sin avanzar.

De todas las barreras mentales que se pueden tener en esta etapa del camino, esta es la que más desapercibida pasa, ya que se interpreta como prudencia y reflexión.

Tu indecisión te paraliza porque tienes miedo a equivocarte y a tomar la decisión incorrecta. Así que empiezas a postergar, procrastinar y cavilar porque crees que así, pensándolo un día, una semana, un mes o un año más, tomarás una mejor decisión y acertarás. Pero ese día nunca llega.

La parálisis por análisis tiene un alto precio: tu tiempo de vida y un alto coste en oportunidades. Cuanto más tardas en elegir una opción, más tiempo dejas pasar, y el tiempo, a diferencia del dinero, la salud o el amor, es el único recurso en la vida que jamás se recupera. El tiempo que dejas pasar jamás volverá. Así que, aunque tú crees que te estás asegurando de que tomas la decisión correcta, en realidad lo que sucede es que se te escurre el tiempo entre los dedos.

Patricia era una empresaria de éxito cuya audiencia crecía semana tras semana. Era tal la admiración que despertaba que la gente se apuntaba a sus cursos de usuario para luego dedicarse a lo mismo que ella. Pero ante mi consejo de lanzar su certificación y capitalizar así la competencia que usaba sus programas para formarse, ella respondía con un «No lo veo claro» o un «Ahora no es el momento». Finalmente, y tras varios años, decidió hacerlo, y se convirtió en la mayor fuente de ingresos de su negocio. Ella siente que lo lanzó cuando era el momento y, aunque por un lado puedo estar de acuerdo, por el otro pienso en el coste de oportunidad, en todo el dinero que dejó de ganar con su talento, en toda esa competencia que nació con unos cursos (¡sus propios cursos!) que no pretendían formar a profesionales.

De hecho, la no acción es también una decisión, con todas sus consecuencias y, créeme, estas son siempre peores. Cuando caminas por la vida sin tomar decisiones pierdes la oportunidad de vivir intencionalmente y con dirección. Pierdes la oportunidad de alcanzar tus sueños debido a tu pasividad.

Pensamos que tardar más en tomar una decisión ofrece mayores garantías de acierto, cuando la realidad es que no es una cuestión de tiempo, sino de información. Hay cosas que, por más que esperes para tomar una decisión, nunca las sabrás. Es más, la mayoría de las veces solo consigues las respuestas que buscas cuando pasas a la acción.

Por ejemplo, si estás indeciso sobre qué carrera profesional escoger, por mucho que teorices sobre el tema y estudies todas las opciones, solo tendrás la respuesta correcta cuando elijas, lo pruebes y te tires a la piscina. Y con esto no estoy diciendo que no debas investigar todas las opciones, porque toda decisión debe ser bien valorada, pero una vez que dispones de toda la información posible, ¡toca ejecutar la decisión!

Nunca conocerás el futuro de antemano. Nunca sabrás con antelación si casarte con tu pareja es la decisión correcta, si te irá bien invirtiendo en esa empresa, si lanzar esa línea de productos triunfará o si el plato que pides en el restaurante te gustará. Solo barajas la información de que dispones en el presente y, por tanto, todo son hipótesis.

¿Y si me equivoco?

Siempre tomarás la mejor decisión en el momento en el que te encuentres porque lo harás con la información de la que dispongas entonces.

¿Que resulta que al final asociarte con tu amigo fue un error? No tenías forma de saberlo, eso lo viste una vez que empezasteis el negocio. ¿Que te equivocaste de carrera y no debiste elegir ingeniería? Eso lo sabes ahora que llevas cinco años trabajando en lo que estudiaste. ¿Que piensas que casarte con tu mujer fue una equivocación? Aunque ahora vuestra relación esté en coma, cuando os casasteis estabais profundamente enamorados.

Es injusto que te juzgues por decisiones del pasado desde la conciencia y el conocimiento que tienes en el presente, porque entonces no disponías de ellos.

En cualquier caso, si la parálisis por análisis te frena, creo que debes tener muy presente que siempre puedes corregir el rumbo. De la misma forma que cuando vas en coche por carretera, si te das cuenta de que te has equivocado en la bifurcación, das la vuelta y giras, en la vida puedes hacer exactamente lo mismo: dar marcha atrás, elegir otra opción y cambiar de opinión.

Yo misma siento ahora, a mis cuarenta años, que me arrepiento de no haber ido a una universidad clásica cuando era «mi momento» y de no haber vivido esa experiencia vital de joven. También creo que escogí los estudios incorrectos. Pero, claro, eso lo sé ahora que llevo media vida hecha. Entonces parecía la mejor opción. Eso no me impide pensar en sacarme otro grado universitario a estas alturas de la vida. No sería lo mismo porque no dispongo de todo el tiempo del mundo, tengo niños, una empresa, nóminas e hipoteca que pagar, pero seguro que me daría la misma o mayor satisfacción conseguirlo. Es más, tengo la certeza de que los estudios que eligiera ahora estarían más alineados con mi talento y mi propósito que los que escogí a los dieciocho, gracias a las dos décadas extra y a la experiencia que traigo conmigo.

«Laura, ¿y si ya no se puede arreglar? ¿Y si ya no puedo dar marcha atrás porque la oportunidad de corregir el rumbo ya pasó?». Toda decisión implica abrazar una opción y rechazar otra, y es cierto que a veces hay decisiones que son definitivas e irremediables. Sin embargo, entre la opción de no decidir y la de elegir, equivocarme y arrepentirme, siempre preferiré el peso del arrepentimiento por haberlo probado, aunque me equivocara, que morirme pensando que ni siquiera lo intenté.

Desde mi punto de vista, la verdadera tragedia no es el error en la elección, no es el camino equivocado. La verdadera tragedia es perder la oportunidad, llegar al momento en que ya es demasiado tarde para decidir debido al tiempo que has perdido por tu indecisión.

Y si estas palabras tampoco te consuelan, y el arrepentimiento de tu decisión te tortura, te sugiero que hagas el trabajo de perdonarte a ti mismo que hicimos en el apartado dedicado a la culpa; te ayudará a librarte de este peso y a reconciliarte con el pasado.

Cuando la vida te pida que elijas, por lo que más quieras, ¡elige! No esperes a estar preparado porque nunca lo estarás. La claridad solo viene con la acción, y solo actuando tendrás la respuesta e información que buscas.

Tomar decisiones es, además, uno de los mejores hábitos que puedes tener, porque acelera tu acción y, por lo tanto, te acerca más rápidamente a la vida que quieres. Piensa que al tomar decisiones recuperas el timón de tu vida. Y si al final resulta que te equivocas, recuerda que no pasa nada. Simplemente corrige el rumbo y punto.

Para ayudarte a librarte de la parálisis por análisis, a continuación comparto un par de herramientas que a mí me sirven mucho para ir por la vida sin que la indecisión me frene.

Pon fecha límite a tus decisiones

Aunque te haya pintado un retrato de mí misma como una mujer segura, que no vacila nunca y toma decisiones a la velocidad del rayo, la verdad es que yo también dudo y hay momentos en que me cuesta escoger.

También es verdad que hay otros en los que en el fondo ya sé qué decisión tengo que tomar, pero postergo su ejecución por miedo a las consecuencias. Por ejemplo, tardé meses en decidir cerrar mi anterior negocio. Fue agónico. En el fondo, ya sabía que lo cerraría, pero estaba anclada en la negación. Cuando por fin me decidí, lo que más me sorprendió fue la liberación y la alegría que sentí. Mi indecisión fue una tortura, pero cuando elegí cerrar el negocio, a pesar de estar en una situación económicamente nefasta en un contexto de recesión económica mundial, al menos la incertidumbre se había despejado y sabía a lo que me atenía.

Así que para no perder el tiempo y seguir avanzando en la consecución de los objetivos que me llevarán a mi visión y mejor destino, ahora tengo la costumbre de poner fecha límite en mi agenda para tomar Y (en mayúscula porque es importante) ejecutar mis decisiones.

Por ejemplo, si estoy dudando del nombre que le pondré a uno de mis cursos de formación y llevo semanas o meses dándole vueltas, anoto en el calendario el día definitivo en el que elegiré el nombre, sea cual sea, y no vuelvo a mirar atrás.

Puede parecer una chorrada, pero uso esta herramienta para todo, y la gente a la que se lo cuento y lo pone en práctica siempre me confirma su eficacia. Al poner fecha límite a tus decisiones acotas el tiempo que te das y minimizas la posibilidad de perder demasiado tiempo.

Elige desde tu ser esencial

¿Recuerdas todo el trabajo que has hecho en los primeros apartados del libro para reconectar con tu ser esencial? ¡Pues no ha sido en vano! Ahora es cuando, más que nunca, debes convocarlo a una reunión y consultarle.

Cuando llega el momento de elegir algo, sea lo que sea, desde si viajar con ese grupo de amigos hasta si aceptar ese nuevo puesto de trabajo o hacer esa colaboración, la mejor forma de tomar una decisión con altas garantías de que te estás acercando a la vida que más feliz te hará es conectando con tu ser esencial.

Con tu visión

Tal como hablamos en el apartado «La visión "correcta"», tu visión nace de tu verdadero yo, esa parte de ti que sabe cuál es el mejor destino para ti y la vida que quieres. Tu visión no es solo la diana hacia la que apuntas y que marca el camino, sino también el filtro por el que pasas tus decisiones.

Por lo tanto, ante cualquier dilema, una de las mejores formas de tomar decisiones es teniendo siempre en cuenta tu visión. ¿Ves cuán útil y poderoso es definir tu visión? Con tu vida ideal en mente, es mucho más fácil decantarse por una opción u otra. Así que, si ahora mismo estás agonizando ante una disyuntiva, lee lo que escribiste cuando redactaste tu visión y de todas las opciones que puedes elegir, escoge la que te acerque más a la vida que quieres.

Con tu cuerpo

Tu cuerpo es la herramienta más infalible de la que dispones. Es también uno de los canales principales a través del cual tu ser esencial se expresa. Tu cuerpo te indicará si debes decir sí o no a ese trabajo, a esa persona, a esa aparente oportunidad, a esa idea, a esa casa o a ese viaje, a través de las sensaciones de liberación o constricción que sientas.

Para ayudarte a reconectar con tu ser esencial y saber leer sus señales a través del cuerpo, recuerda que tienes un audio que puedes descargarte gratis en **LaVidaQueQuiero.com/bonus**, con el que te guío paso a paso en este poderoso ejercicio.

Con tus emociones

Y, por último, ante cualquier dilema, considera todas las opciones teniendo en cuenta las emociones que te generan. ¿Cuál de todas las opciones es la que más entusiasmo o paz despierta en ti? ¿Hay alguna opción que te dé una pereza tremenda, a pesar de que tu mente te diga que es la más interesante o lucrativa? No menosprecies el mensaje de tus emociones, porque, al igual que tu cuerpo, siempre tienen razón.

Por ejemplo, pon que llevas meses considerando la posibilidad de dejar a tu pareja, pero que no terminas de decidirte. Haz el siguiente ejercicio. Imagina que rompes con él o ella y que, a pesar de dejarlo, tanto a ti como a tu pareja todo os iría bien y no sufriríais. ¿Qué emoción y sensación sientes? Si ante esta escena te das cuenta de que te sientes aliviado e incluso animado, quizá la opción por la que secretamente te decantas es terminar esa relación. A este ejercicio puedes añadirle la fecha límite y decirte que si en tres meses no ha habido un cambio sustancial en tu relación, entonces tomarás la decisión de ponerle fin.

Llegados a este punto, es la hora de elegir. Todos tenemos decisiones pendientes que tomar. Apuesto a que ahora mismo hay algo que deberías decidir. ¿Qué estás pensando y postergando desde hace tiempo? Anota aquí tu decisión pendiente, así como todas las opciones que podrías tomar:

....

....

....

Ahora, lo que vas a hacer con esta decisión es…, adivina. ¡Decidir! Ya. Ahora. Aquí. Usa las distintas herramientas que he mencionado. Puedes tomar tu objetivo y elegir la opción te acerca más a tu visión, o puedes parar un momento, quedarte en silencio, escuchar lo que sientes y fijarte con qué opción tu cuerpo se expande y con cuál se contrae.

¿Listo? Pues anota aquí la decisión que has tomado:

....

....

....

Ahora, y esto es clave, vas a ejecutar la decisión esta misma semana. Sí, sí, lo digo en serio. Apunta aquí cuándo vas a ejecutar tu decisión:

....

....

....

¡Enhorabuena! Acabas de acercarte un poco más a la vida que quieres.

LA VERGÜENZA

En una de nuestras sesiones le dije a Maïder: «Y vas a tener que hablar en público», a lo que ella contestó: «Eeeh… Eso no va a suceder nunca». Por suerte se tragó su vergüenza, empezó a dar ponencias y se convirtió en una de las conferenciantes más prestigiosas de marketing online del mundo hispanohablante.

La vergüenza es uno de los mayores frenos de la acción y se presenta en dos formatos:

- O bien nos da vergüenza hacer algo y por eso no lo hacemos.
- O bien nos avergüenza algo de nosotros y eso nos impide crecer y caminar ligeros hacia la vida que queremos.

En el primer caso, creemos que, si osamos intentar lo que anhelamos y hacer cualquiera gesto que se pueda ver, nos sentiremos expuestos y a merced de la opinión de los demás. Lo cual es cierto. La vergüenza solo existe cuando un «otro» nos puede ver o se puede enterar. ¿O me dirás que bailas igual en el salón de tu casa, cuando estás solo, que en la pista de una discoteca?

Nos avergüenza hacer algo porque tememos fracasar ante los demás. Otorgamos un exceso de importancia a lo que piensan los otros y preferimos no internarlo, no sea que hagamos el ridículo. Porque si nadie te viera ni se enterara, lo intentarías todo en la vida, ¿verdad?

La vergüenza nos protege del rechazo y de la burla, pero…, adivina, también nos priva de nuestra realización. Por culpa del «qué pensarán» corres el riesgo de no intentarlo y, por lo tanto, de no cambiar nada en tu vida.

El problema de bloquearte con la vergüenza es que el foco está puesto en los demás. Por temor a lo que piensen los otros te quedas pequeño y te conformas con lo malo conocido en lugar de ir hacia lo bueno por conocer. Por vergüenza no te apuntas a ese curso de samba «Porque tengo cuarenta y cinco, y las demás, veinte;

pareceré una patata», no lanzas ese pódcast «Porque como me reconozca alguien, me muero», o no dejas tu empleo en esa multinacional para dedicarte a lo que más te gusta, la jardinería, «Porque menudo desprestigio, ¿no? Me verán como un perdedor».

Por otro lado, la segunda forma de vergüenza, la que sentimos cuando creemos que hay algo mal en nosotros, merece también nuestra atención. De hecho, a veces puede ser confundida con la culpa, pero son dos cosas distintas. Según la académica e investigadora Brené Brown, la vergüenza nos hace creer que hay algo mal en nosotros, mientras que la culpa se basa en la creencia de que hemos hecho algo mal. ¿Ves la diferencia? La vergüenza pone el foco en nuestro valor y nuestra forma de ser (el defecto está en nosotros) mientras que la culpa lo pone en nuestros actos (el defecto está en lo que hacemos).

Este tipo de vergüenza también nos bloquea en la consecución de la vida que queremos, porque hace que ocultemos una parte importante de nosotros. Por lo tanto, especialmente en este tipo de vergüenza, es necesario trabajar y revertir las creencias que nos llevan a pensar que somos defectuosos y que debemos ocultar lo que nos avergüenza, lo cual me lleva al siguiente punto.

Secretos

Durante los primeros años de mi empresa había algo de lo que me sentía profundamente avergonzada: el cierre de mi anterior negocio. A pesar de tener una empresa rentable que funcionaba y un posgrado en marketing online que me acreditaba, ese cierre era como una mancha en mi currículo que debía ocultar.

Pensaba que era una gran incoherencia asesorar sobre la estrategia a otros pequeños empresarios cuando yo no había hecho triunfar mi anterior empresa, de modo que eso se convirtió en mi secreto. Cuando me entrevistaban y me preguntaban cómo había empezado, obviaba esta parte e intentaba salir airosa de la conversación, siempre pendiente de lo que pensarían. Pero era agotador y me sentía defectuosa.

Como tenía la sensación de que era algo que terminaría saliendo a la luz, decidí ser yo quien empezara a contarlo. Además, en el fondo, pensaba que no era algo de lo que debía avergonzarme. De hecho, me alegra haber cerrado aquel negocio porque era incompatible con la vida que quería y fue una etapa de mi vida profesional de la que saqué grandes lecciones que me permitieron hacerlo mejor en mi siguiente intento. Así que lo empecé a contar. Lo escribí en los textos de mi web, lo mencioné en mis vídeos e incluso lo puse en mi primer libro autopublicado y es algo que, como puedes ver, tampoco escondo en este.

Lo que conseguí al contarlo fue liberarme de la vergüenza que sentía. ¿Y cuál fue mi sorpresa? Que a la gente no parecía importarle lo más mínimo. Quizá haya alguien a quien le moleste esta parte de mi historia, pero a fecha de hoy, aún no me he cruzado con nadie que me reproche el cierre de mi anterior negocio. ¡Todos aquellos años torturándome innecesariamente!

Para liberarte de la vergüenza y desbloquear tu acción, te sugiero que, en lugar de ocultar lo que te da vergüenza y convertirlo en un secreto, lo cuentes. Ojo, no estoy diciendo que lo hagas exactamente como yo y que lo publiques por doquier. Elige bien a quien decírselo. Es importante que la persona con quien compartas tu vergüenza sea empática y compasiva, y no crítica o exigente. A veces, con decírselo a una sola persona basta. Otras, es necesario contárselo a quien más miedo te da que se entere.

El ejercicio consiste en librarte de la sensación y la creencia de que hay algo mal en ti o en tu vida, que nadie debería conocer. En el momento en que lo cuentas, la vergüenza pierde poder. Así es como funciona el chantaje y cómo uno se libera de él.

De este modo lo hizo Susanne Klatten, heredera millonaria de la empresa BMW y la mujer más rica de Alemania, que fue víctima del chantaje por parte de un gigoló compinchado con el gurú de una secta (te juro que la historia es real, ¡googléala!): le pedían cincuenta millones de euros a cambio de no divulgar su adulterio en el momento en que Klatten quiso terminar la relación.

Sin embargo, les salió el tiro por la culata. Cuando Klatten se dio cuenta de que era víctima de un chantaje, en lugar de pagar por la vergüenza que sentía (sus encuentros habían sido grabados) y dejarse llevar por el miedo de perder su matrimonio y su reputación, lo denunció a la policía.

Así que, cuando tú mismo desvelas lo que te amenazan con hacer público, ya no pueden hacer nada contra ti. La vergüenza funciona igual. Si tú mismo cuentas lo que tanto miedo te da que descubran, la vergüenza ya no puede hacer nada contra ti. Se acabó el chantaje.

Coraje

Superar la vergüenza te pide que seas valiente. De hecho, el coraje es la cualidad que desarrollas cuando trasciendes la vergüenza y, tal como te he contado al hablar del miedo, no te hace valiente la ausencia de miedo, sino tu acción a pesar de él. Es porque tienes miedo que eres valiente.

Como la vergüenza es una forma de miedo, te sugiero que uses las herramientas que comparto en el capítulo dedicado a él, especialmente la que consiste en convertir tu visión en tu misión, ya que cuando esto sucede pasas a estar al servicio de esta y el miedo deja de importar.

Seleccionar bien las opiniones que escuchas

Te decía hace un momento que la vergüenza acostumbra a existir cuando hay un «otros» y dejamos de hacer cosas a fin de controlar lo que piensan los demás. Hablemos pues un momento sobre ese «otros», cuán acreditados están para opinar y cuánta atención merecen…, porque te aseguro que hay muchos «otros» que no son dignos de tu vergüenza.

Cuando oses hacer algo diferente la gente, inevitablemente, opinará. Sea tu tío, al que solo ves dos veces al año y que se empeña en contarte cómo tienes que vivir tu vida, o tus amigos más cercanos, que te dicen cómo hacer las cosas. La cuestión es a quién prestas atención. Porque, hablar puede hablar todo el mundo, pero otra cosa es qué mensajes permites que te lleguen.

A mí me dicen constantemente cómo tendría que hacer las cosas: desde cómo llevar mi empresa hasta cómo debería educar a mis hijos. Pero después de varios años volviéndome loca con las opiniones de los demás, he empezado a discernir y a escuchar solo a los que, como mínimo, están haciendo lo que yo o han pasado por la misma experiencia que yo. Eso desacredita de un plumazo al 99 por ciento de los comentarios que recibo.

Lo que me diga sobre la gestión de mi negocio alguien que jamás ha tenido una empresa lo tomaré con pinzas o lo ignoraré. De la misma forma que hago oídos sordos cuando alguien sin hijos opina sobre la hora a la que acuesto a los míos.

Un día, mucho antes de que yo tuviera hijos, ante mis comentarios *opinionated* y sabelotodo sobre cómo hacían las cosas con mi hermano pequeño, la mujer de mi padre me dijo: «La maternidad es un acto de humildad». Su comentario fue una forma elegante de callarme la boca, ya que, básicamente yo no tenía ni la más remota idea de lo que estaba diciendo. ¡Qué fácil es opinar sobre lo que hacen los demás y cómo lo hacen, cuando uno no ha pasado por esa experiencia!

Yo era de las típicas que arrugaban la nariz cuando un niño montaba un numerito en la calle y de las que pensaban que los críos deberían estar prohibidos en Ikea. Pues bien, todo lo que he dicho me lo he comido con patatas, puesto que yo y los míos somos la típica familia a la que se oye llegar por los berridos que damos, o la mesa que se porta fatal en un restaurante. Ahora cuando veo a una madre lidiando con un berrinche procuro que mi cara transmita este mensaje: «Lo sé, tranquila, no pasa nada, los míos hacen lo mismo».

La experiencia, pues, proporciona humildad, y, si filtras todas las opiniones que recibes y te quedas solo con las de aquellos que han pasado por lo mismo que tú, verás que estos tienden a ser compasivos y empoderadores porque saben lo difícil que es salir fuera y exponerte para conseguir tus sueños.

Si después de leer estas páginas te has dado cuenta de que tu freno es la vergüenza, me gustaría que te quedaras con lo siguiente: tu sueño y tu vida es un precio demasiado alto que pagar para intentar controlar lo que los demás piensen de ti. Y si al final te atreves a hacer aquello que tanta vergüenza te da, debes saber que los que opinen mal de ti y te critiquen en el fondo te admiran y te envidian. Porque al acabar el día eres tú quien está ahí, en el ruedo, intentándolo, mientras que ellos simplemente lo contemplan.

EL CINISMO

Si tienes este libro entre tus manos, no creo que seas muy cínico, pero he pensado que es importante hablar de este bloqueo porque a veces la vida nos da tantas bofetadas y decepciones que dejamos de creer en ella para entrar de cabeza en la amargura.

Hablamos de cinismo para describir una postura ante la vida y visión de ella carente de esperanza. En ese sentido, el cinismo es una actitud que frena la acción, puesto que no solo crees que no conseguirás lo que quieres, sino que, directamente, ni te permites siquiera desear nada.

La tendencia del cínico a expresar esta actitud mediante la ironía, el sarcasmo y la burla le dota de cierta pedantería y un aire de superioridad. El cínico te habla con condescendencia porque cree que eres un ingenuo que no entiendes cómo funciona la vida.

Sabrás que estás en cinismo, o ante un cínico, porque no tendrás mucha esperanza, justificarás tu postura diciendo que en realidad no te engañas a ti mismo, creerás que la humanidad está podrida por sus debilidades y su egoísmo, verás el sistema corrupto, y todos los ideales te parecerán ridículos, pensarás que nunca triunfarás y creerás que no tiene sentido intentarlo.

El cinismo podría parecer pesimismo, pero el tema va más allá. El pesimista al menos tiene anhelos, aunque piense que irá todo mal, mientras que el cínico no espera nada de la vida. Y, ante esta postura, apaga y vámonos.

En realidad, el cinismo es una respuesta psicológica para protegerte. ¿De qué? De más decepciones. El cínico es una persona profundamente herida que decide que, para evitar sufrir en el futuro, mejor no esperar nada de él. Decide decepcionarse a sí mismo con antelación para evitar que el mundo le desilusione y le haga daño de nuevo. Y es que el cínico no cree solo que los malos desenlaces le decepcionarán, sino que piensa también que su propia ilusión y el esperar que su anhelo se cumpliera le llevaron a sufrir.

El cinismo es descorazonador porque cortocircuita y se carga todo amago de entusiasmo y esperanza, elementos clave para activar cualquier cambio en la vida y pasar a la acción.

Caemos en el cinismo cuando la vida nos pega fuerte. Después de dos años intentando tener un hijo, tragándome decepción tras decepción cada vez que me venía la regla, ¡por fin estaba embarazada! No podía ser más feliz. Sin embargo, el embarazo se complicó desde el principio, tuve que guardar reposo durante todo el primer trimestre para terminar con un fatal desenlace en el segundo. Las palabras nunca llegarán a describir el dolor que sentía en mi alma. Caí de cabeza en la más absoluta oscuridad y no salí de ella hasta que finalmente nació mi hija, dos años después, pero hasta entonces pasé por otro aborto y tres transferencias embrionarias fallidas.

En este tiempo toqué fondo y creo que sufrí una especie de depresión funcional. Por fuera parecía que estaba bien, sabía poner la expresión adecuada para no preocupar a mi entorno y el trabajo funcionaba, pero por dentro no veía en la vida nada que tuviese sentido. ¿Cómo podía tener sentido semejante dolor y sufrimiento? ¿Para qué seguir luchando por mi empresa cuando mi máxima motivación para hacerla crecer era tener una familia que había perdido? Miraba mi piso recién comprado y ni a eso le encontraba sentido. ¿Con qué llenaría la habitación que iba a ser para el bebé? ¿Para quién estaba creando un hogar, entonces?

Pasé de creer en la Vida (lo que otros llaman Dios o Universo) a pensar que todo era simple folclore, historias que nos contamos los humanos para hacer frente a la angustiosa realidad de que somos tan solo un accidente biológico en medio de una galaxia, que no somos más que un poco de polvo de estrellas mezclado con sol, que la verdad es que estamos solos y que nuestra vida no tiene ni sentido ni propósito.

Empecé a caminar con esta creencia y actitud, pensando que así minimizaría el dolor. Pero la realidad fue que me hundí aún más. Pasé a ver la vida en blanco y negro. Nada me entusiasmaba, nada me alegraba. Solo me sentía triste y desengañada. Los meses se sucedían y yo no mejoraba. Aunque por fuera tuviera una buena vida, un manto negro y opaco cubría mi corazón. Hacía terapia y me cuidaba, pero nada parecía levantar ese manto.

Un día una amiga me sugirió que fuera a una vidente y eso hice, aterrada pero preparada para escuchar que jamás sería madre y que tendría que aprender a vivir con esa frustración. Te cuento esta historia a pesar del riesgo que corro de perder toda la credibilidad, pero por favor continúa leyendo porque la vidente es lo de menos.

En una hora de sesión la mujer me dijo, entre otras cosas, que aquel mismo otoño me quedaría embarazada y que sería una niña. Salí llena de esperanza. De nuevo estaba ilusionada. ¿Sería posible? ¿Y si no estaba todo perdido? En las siguientes semanas pedí mi historial clínico, cambié de hospital y lo puse todo en marcha para intentarlo de nuevo. Volvía a tener entusiasmo y a ilusionarme por un posible futuro y el color regresó a mi vida.

Se me ocurrió contarle la anécdota de la vidente a mi padre: «Papá, esa mujer me dijo que continúe, que me quedaré embarazada en otoño y que tendré una niña», a lo que él me contestó, con una mirada que venía a decir cuánto-dinero-derrochado-en-tu-educación-hija, «¡Pero eso ya te lo dije yo! ¿Para qué te gastas el dinero en ese timo y en algo que ya te he dicho?».

Y así ocurrió, en noviembre me quedé embarazada de una niña que nació en agosto. ¡Ojo! La mujer también me dijo otras cosas que no se cumplieron. Pero ¿cuál fue mi cambio interno? ¿Qué ocurrió en mí? Pues que conecté con la esperanza y la ilusión, y eso fue lo que me activó de nuevo y me puso en marcha, lo que me ayudó a crear las circunstancias para conseguir mi anhelo.

Hay encuentros providenciales que nos pueden cambiar la vida. En mi caso, fue esa mujer, que quizá se lo inventó todo y le debí de dar tanta pena que me dijo lo que secretamente esperaba escuchar, pero lo mismo podría haber sucedido tras una conversación aleatoria con una desconocida cuya historia me inspirara a actuar, tras leer un libro o una entrevista.

«Laura, no entiendo, ¿me estás diciendo que vaya a una vidente?». ¡En absoluto! La vidente es una anécdota y es lo de menos. Estoy diciendo que es la esperanza lo que nos saca del cinismo y que si quieres conseguir la vida que quieres, tienes que fomentarla y agarrarte a ella por fino que sea el hilo.

«Laura, lo que estás diciendo es contraproducente. Fomentas la ilusión en las personas. ¿Y si luego no lo logran?». Veo lo que quieres decir, pero al final el cinismo no evita el sufrimiento, sino que lo multiplica. Si para evitar decepcionarte decides que es mejor esperar lo peor o no esperar nada, solo lograrás deprimirte en el presente y eso no evitará la tristeza que produce la decepción, si es que se da. Además, esa misma tristeza desalienta cualquier acción, lo que confirmará tus temores ya que no pasarás a la acción ni cambiarás nada.

Por ejemplo, si anhelo tener una pareja significativa pero decido que, para no sufrir, mejor me hago a la idea de que eso no sucederá, no solo me amargo el presente, sino que, además, no puedo tener la certeza de que así evitaré decepcionarme. Es como sufrir dos veces: antes de que ocurra lo que temo (pensando, de un modo retorcido, que si ya me espero lo peor me dolerá menos, aunque ya te aseguro que eso no funciona) y cuando ocurre (si es que termina sucediendo). Si al final la vida no me lo da, ya me ocuparé de gestionar la decepción pero, mientras, habré recorrido el camino más alegre y contenta. ¿Que eso es ser ingenua? Mmm…, no estoy segura. No niego que quizá al final no consiga lo que quiero, y tengo que estar abierta a esa posibilidad, pero, mientras no se dé, también tengo que seguir por la vida de la mejor manera posible. ¿Para qué amargarme de antemano?

Reenfoca tus decepciones

El pasado nos pesa a todos, y cuando hablamos de sueños rotos estamos entrando en terreno pantanoso. Estarás de acuerdo conmigo en que lo que ya ocurrió no se puede cambiar. Sin embargo, sí podemos modificar cómo nos contamos los acontecimientos para que dejen de ser un pesado lastre o, por lo menos, conseguir estar en paz con el pasado, ¡que ya es mucho!

Reenfocar nuestras decepciones del pasado y cómo nos contamos todo lo que no funcionó en nuestra vida nos ayuda a aligerar nuestra mochila y a liberarnos del peso de la amargura, en la medida de lo posible.

Martin Seligman, en su aclamado libro *La auténtica felicidad*, propone las herramientas de la gratitud y el perdón como factores clave para cambiar nuestra lectura de los hechos que ya ocurrieron y que nos producen tristeza o amargura.

Una herramienta maravillosa para sentir agradecimiento por el pasado, incluso por las cosas malas, es un ejercicio fantástico de Martha Beck, que consigue que veas lo peor que te ha pasado como un evento al que al final le debes lo mejor de la vida. Funciona de la siguiente manera, pero, aviso, solo verás lo revelador que es si haces el ejercicio, no sirve solo leerlo. Así que toma papel y boli o escribe en el mismo libro, y hazlo conforme voy explicándotelo.

 Tienes este ejercicio incluido en el cuaderno de viaje que puedes descargar gratis en **LaVidaQueQuiero.com/bonus**

Enumera las tres mejores cosas en tu vida actual. Pueden ser cosas trascendentales (como tus hijos) o más aparentemente banales (como tu casa, tu cachorro, tu nuevo empleo o tu empresa):

1. ....

2. ....

3. ....

Señala tu favorita, aquella que más feliz te hace.

Recuerda qué evento positivo sucedió en tu vida que te permitió tener eso o llegar a eso que tan feliz te hace ahora. A esto lo llamaremos «la causa más próxima», algo que directamente hizo posible que eso que tan feliz te hace llegara a tu vida o sucediera.

Escribe a continuación el evento o acontecimiento feliz (causa próxima) que contribuyó a que fuera posible eso que tan feliz te hace:

....

....

....

Ahora, retrocede un poco en tu historia. ¿Qué ocurrió antes e hizo ese evento posible? Anota el evento feliz previo a la causa próxima (antecedente a la causa próxima):

....

....

....

Sigue yendo para atrás en tu vida hasta que llegues a un momento de mala suerte que ayudó o permitió que aquello que ahora te hace tan feliz existiera finalmente. Verás que incluso te salen cadenas de malos o desafortunados incidentes.

El evento supuestamente malo o triste que al fin permitió mi cosa favorita fue:

....

....

Genial, ahora que ya tienes los pasos definidos, se trata de cambiar el modo en que lo cuentas. En lugar de decirte: «Esto malo sucedió en mi vida, pero luego vino esto bueno», debes contar tu historia de la siguiente manera: «Mi destino era tener esto que tan feliz me hace, por lo tanto, este acontecimiento malo sucedió para que lo que tan feliz me hace pudiera existir».

¡Vamos allá! Esta es ahora la historia de tu vida:

Estaba destinado a [inserta lo que más feliz te hace]:

....

....

....

Debido a mi destino, algo malo sucedió [inserta el evento supuestamente negativo]:

....

....

Por fortuna esto me llevó a [inserta antecedente a la causa próxima]:

....

....

....

Y eso ayudó a que esta otra cosa sucediera [inserta la causa próxima]:

....

....

....

Y así es como el destino me llevó a lo que más feliz me hace.

Léelo en voz alta y verás cómo este ejercicio te ayuda a ver que los momentos o acontecimientos malos de la vida siempre llevan a cosas buenas finalmente.

Una última nota. En el caso de haber vivido algo traumático (abuso, violación, maltrato y cualquier evento desgarrador, como la muerte de un ser querido, un accidente, una enfermedad, etc.) es importante que te pongas en manos de algún especialista para ayudarte a procesar y sanar el dolor del trauma. En mi caso, además de la psicología, me ayudó muchísimo la arteterapia, el estar en contacto con la naturaleza y la compasión conmigo misma. Una vez que sientas que has sacado y expresado tu sufrimiento, puedes empezar a hacer este tipo de ejercicios. Quizá te ayude a darle sentido al cáncer que sufriste o al cierre de tu negocio, pero ya te adelanto que ningún ejercicio te ayudará a darle sentido a la muerte de una persona a la que amabas. Aunque me encanta esta herramienta, jamás podré sentirme agradecida ni le encontraré sentido alguno al aborto de mi hijo. Hay cosas innecesarias que no me hacían falta pero las acepto porque sucedieron.

Conecta con la esperanza

Ahora que estás empezando a cambiar la lectura de tu pasado y a contarte la vida de otra forma, es el momento de reconectar con la esperanza, porque, tal como te comentaba más arriba, es el antídoto del cinismo. La esperanza es lo que hace que te abras a la posibilidad, que te ilusiones y te emociones de nuevo, y que pienses que quizá sí podrías hacer realidad tu deseo. Y, cuando hay esperanza, hay acción, porque lo crees posible.

La esperanza no te da garantía de nada (a diferencia de la fe, que te da absoluta certeza), pero es un motivador importante de la acción. Fomentarla es, pues, un paso indispensable para salir del cinismo.

De hecho, todas las herramientas que compartí contigo en la parte de ideación te ayudarán a ver la vida con esperanza, pero una de las que más me ayuda a mí es encontrar referencias, es decir, ejemplos de personas que, a pesar de las adversidades y los problemas, consiguieron lo que yo también quiero.

Te sugiero que no ceses en la búsqueda de ejemplos que te inspiren, sea en tu entorno más inmediato, en biografías, en foros o incluso en internet. En cualquier caso, necesitas ejemplos inspiradores que te ayuden a ver que lo que quieres es posible, además de trabajar tu merecimiento para sentir que tú, igual que cualquier otra persona, también puedes llegar a tener la vida que quieres.

- 9 -

Tu red de apoyo

La etapa del viaje en la que te encuentras, la de la acción, está llena de obstáculos que debes ir superando para llegar a la vida que quieres. Es complicado, no solo por las dificultades intrínsecas que conlleva todo objetivo, sino también porque es un viaje interior que nos obliga a hacer frente a nuestros miedos y a la incertidumbre.

Sin embargo, creo que lo que termina de complicar este viaje es la soledad e incomprensión que se puede sentir, especialmente si en tu entorno no hay ejemplos o referencias que te hayan abierto el camino.

Es muy probable que cualquier sueño que compartas sea recibido, en el mejor de los casos, con palabras de apoyo pero acompañadas de miradas de preocupación, o, en el peor, con una fuerte respuesta contraria de quienes intenten quitarte la idea de la cabeza.

Es normal, después de todo, las personas a las que les contamos nuestros anhelos suelen querernos y desean evitarnos los problemas y las decepciones. Pero de la misma forma que tú tienes tus propias creencias limitantes (las cuales, afortunadamente, ya has empezado a gestionar con este libro), los demás tienen también las suyas, y desde ellas intentan convencerte. Y como el viaje es largo y no sabes cuándo llegarás a tu destino, conviene que te crees una red de apoyo formada por personas que te motiven e inspiren, gente afín a ti, de cuyas interacciones salgas energizado y que te animen a levantarte cuando te caigas o te llamen la atención cuando vean que te desvías del camino.

Dicen que somos el resumen de las cinco personas con las que más tiempo pasamos; no sé si esta proporción es la correcta, pero sí creo en la influencia directa de nuestro entorno en nosotros.

Cuando estamos con personas positivas, su energía y su visión optimista se nos contagia. De la misma forma, cuando estamos con personas negativas, su mal rollo nos afecta y desanima y nos hace pensar en todo lo que puede salir mal.

Verás, hay un dicho africano que afirma: «Si quieres llegar rápido, ve solo; si quieres llegar lejos, ve acompañado». Este es el propósito de tu red de apoyo. Personas que, aunque quizá no se conozcan entre sí, te ayudan cada una a su manera a seguir avanzando.

A continuación comparto algunos de los tipos de relaciones que han formado parte de mi red de apoyo en la última década.

Quiénes pueden formar parte de tu red de apoyo

Amistades afines

No tienes por qué buscar nuevos amigos si los que ya tienes en tu vida comparten tus mismos intereses y motivaciones. Sin embargo, es frecuente que tus viejas amistades, aunque te quieran bien, no terminen de entender tu ambición, tu frustración, los retos y problemas a los que haces frente, porque o bien nunca se han encontrado en esa situación o, simplemente, estén en otra onda.

A la hora de elegir qué amistades incluir en tu red de apoyo, es importante tener en cuenta que sean personas positivas, constructivas y centradas en su propia realización. Gente con pensamiento crítico, pero no personas criticonas, juzgonas o negativas.

También hay que tomar en consideración en qué momento vital o profesional se encuentran esas personas. Yo misma sé con qué amiga puedo hablar sobre la facturación de mi negocio porque es empresaria como yo, y con quién no porque trabaja por cuenta ajena y si compartiera con ella esas cifras pensaría que estoy hablando de mi sueldo sin tener en cuenta que hay gastos, nóminas e impuestos que pagar. Y no me estoy refiriendo a solo juntarte con tus nuevos amigos afines, sino a saber seleccionar bien a quién le cuentas qué y cuándo se lo cuentas.

Esta recomendación no es solo para temas profesionales, sino que se aplica en todos los ámbitos de la vida. Si sientes que necesitas apoyo y ánimo en la realización de tu sueño de encontrar una pareja significativa, no le cuentes tus anhelos, inseguridades o citas desastre a tu amiga la indignada con la vida, que siempre despotrica de los hombres, porque no te ayudará. Mejor cuéntaselo a aquella persona que sabe aportar un punto de vista constructivo y que te anima a continuar.

También es importante saber cuándo es el momento de compartir tu sueño con alguien, ya que, cuando tu anhelo está en fase embrionaria, es especialmente vulnerable a la opinión de los demás. Mejor macera bien tu visión por dentro, y espera a tener tu plan de acción más o menos definido, antes de empezar a contarlo a tus amistades.

Y, por último, cualquier amistad, y especialmente estas, deben ser equilibradas, estar basadas en la lealtad y ambas partes tienen que mostrarse abiertas en la misma proporción. Es decir, que si resulta que tú eres la única persona que se abre y se muestra vulnerable, mientras la otra no es especialmente clara, te sugiero que contengas tu impulso de compartir tus planes con ella y observes sus movimientos.

Hace muchos años, al principio de mi negocio, conecté muy bien con alguien que también tenía presencia en internet. Mi falta de asertividad y de límites, junto con mis ansias de congeniar con alguien con quien tuviera puntos en común, me llevaron a contarle, sin ningún tipo de contención, todos los planes y proyectos que tenía pensado lanzar en mi negocio en los siguientes doce meses. Y aunque yo me mostraba ingenuamente abierta y respondía a todas sus preguntas sin problemas, la otra persona nunca se mostraba transparente ni específica respecto a sus planes. Nunca vi a esa persona como competencia, puesto que no hacía exactamente lo mismo que yo, pero mi intuición (la misma que no quise escuchar) me decía que no era una relación equilibrada y bidireccional. Te engañaría si te dijera que me sorprendió cuando, al cabo de unos meses, anunció un programa calcado al que yo le había estado contando que iba a lanzar.

Si no puedes ser abierto con tus amistades afines porque temes que eso te perjudique, no se trata de una amistad, sino de una relación interesada.

Comunidades

Una de las formas que te permiten sentirte arropado y menos bicho raro es unirte a comunidades afines a tus intereses. Por ejemplo, si quieres emprender o tienes un negocio, existen innumerables organizaciones, tanto online como offline. Puedes ser miembro de cámaras de comercio, de asociaciones de empresarios o apuntarte a MeetUps relacionados. Prueba a googlear «comunidad de emprendedores» y verás la cantidad de comunidades que existen.

Y aunque ahora te he dado ejemplos relacionados con el emprendimiento, lo mismo puede aplicarse en todos los ámbitos de la vida. Tienes una comunidad a tu medida acorde con el momento vital en el que te encuentres o lo que quieres conseguir.

De hecho, tengo una amiga en la cincuentena que cada mes se reúne con un grupo de mujeres. No son más de diez y se juntan alrededor de una mesa para cenar, no solo para pasarlo bien, sino, sobre todo, para ayudarse las unas a las otras. Gracias a este grupo, una de ellas encontró apoyo en su repentina viudedad, otra consiguió los contactos que necesitaba para seguir adelante con un proyecto empresarial y otra más tuvo en quien sostenerse emocionalmente ante su diagnóstico de cáncer.

Tengo otra amiga británica que, a sus treinta y ocho años, sin pareja y ante la posibilidad de no ser madre nunca, acudió a un grupo de mujeres sin hijos en el que encontró los recursos emocionales necesarios para procesar sus sentimientos y conocer a personas que la entendieran (¡aunque lo irónico es que finalmente terminó teniendo dos hijos!).

Comunidades, grupos y círculos no faltan, solo necesitas saber qué quieres conseguir en el futuro, qué necesitas en cada momento y en qué situación vital te encuentras, para dar con el formato y el tema que más te ayude.

Masterminds

El concepto *mastermind* fue acuñado por Napoleon Hill en los años veinte del siglo pasado, y es especialmente interesante si quieres emprender o ya tienes un negocio. Yo misma fui miembro de uno hace tiempo y lidero mi propio *mastermind*, llamado «Constelación».

Un *mastermind* es un grupo de personas afines, en este caso emprendedores, que se reúnen con periodicidad para compartir sus objetivos, retos y problemas, y recibir *feedback*, ideas y soluciones de los demás miembros.

Este tipo de grupos ayudan a avanzar y crecer de forma exponencial, ya que, al quedar con regularidad con la gente que lo componen, debes rendir cuentas ante ellos, es decir, contar qué hiciste el mes anterior y nombrar las acciones que te comprometes a realizar en las siguientes semanas, antes de la próxima sesión del *mastermind*.

Sin embargo, no te servirá cualquiera. Encontrar el *mastermind* apropiado puede llevar tiempo. La clave para sacarle el máximo partido a este tipo de estructuras radica en que los miembros tengan el mismo o mayor nivel de éxito que tú y tus mismos objetivos económicos, sino mayores.

También aconsejo que no sea un grupo muy grande, lo ideal es no más de diez personas, y lo perfecto es un grupo íntimo, de cuatro o seis personas, que trabajen en sectores distintos, para que no haya competencia entre ellos y todos se sientan seguros al compartir sus ideas.

Lo que logras con un *mastermind* es juntarte con personas que ya han llegado donde tú quieres llegar, aprender de su experiencia, normalizar el rango de cifras que quieres alcanzar y empezar a verte capaz de conseguirlo. Y aunque quizá te parezca que solo sean para empresarios, has de saber que los hay también para ejecutivos de altos niveles con la misma finalidad.

Accountability partner

A falta de *mastermind*, que puede costar encontrarlo, un *accountability partner* puede ser una gran alternativa. Consiste en una persona con la que quedas regularmente (una vez al mes o cada quince días), a quien le cuentas tus metas profesionales, tus retos, logros, planes y demás.

Sin embargo, de nuevo te recomiendo que te juntes con personas que tengan los mismos nivel, ritmo y capacidad de implementación que tú. De lo contrario, te exasperarás y no funcionará.

Estas sesiones pueden ser online, así que no te sientas limitado por encontrar a alguien que viva en tu ciudad. ¡Quizá tu *perfect match* vive en otro país! Mi *accountability partner* durante muchos años era egipcia y vivía en Singapur.

Mentores

Los mentores son personas que ya han conseguido el éxito que tú quieres y a las que acudes para recibir consejo y asesoramiento. Aunque pueden hacerlo de manera voluntaria (un exjefe o un superior a quien le caes en gracia), el mejor modo que yo he encontrado en el mundo profesional ha sido pagando por sus servicios.

Desde mi punto de vista, el tipo de mentor o mentora que más ayuda es aquella persona que está como unos cinco o diez años por delante de mí, en mí mismo sector o parecido, con un modelo de negocio similar al que tengo o quiero, con éxito y que ya lleva un tramo del camino recorrido.

Tener un mentor te ayuda a aprender de él, de sus aciertos y de sus fallos, lo que te ahorra cantidad de tiempo y dinero en ensayo y error. Digamos que acortas tu curva de aprendizaje. Y aunque al final tú tienes la última palabra sobre cómo llevar tu vida personal o profesional y qué decisiones tomar, consultar a un mentor te aporta coraje y dirección.

Además, un mentor puede ser aquella (o la única) persona que crea en ti en determinados momentos, algo importantísimo para tener aguante.

Y, por último, un buen mentor es aquel que se alegra de que su *mentee*, o discípulo, le supere, por lo que debe ser una persona con el ego trabajado para que no caiga en el «síndrome del gurú» y no espere pleitesía y adoración perpetuas. El mentor es un transmisor de conocimientos que traslada a otra persona lo que ha aprendido, y debe ser capaz de sentirse orgulloso y aceptar que su protegido le trascienda y se emancipe de él. Un buen mentor es aquel que potencia la autonomía del *mentee* y un buen *mentee* es aquel que mantiene su pensamiento crítico y su soberanía.

Aunque con el paso del tiempo es normal sentir aprecio por la otra persona, esta es una relación que tiene fecha de caducidad; ambas partes deben tener claro que no se trata de una verdadera amistad, debido a que existe un desequilibrio de poder que no la permite.

Tu red de apoyo es algo que vas tejiendo y que va cambiando con el tiempo, por lo que no quiero que te estreses pensando que debes tener todas estas estructuras en tu vida a la vez. De hecho, aunque en el pasado he tenido o he pasado por todos los formatos que acabo de describirte, en la actualidad solo tengo, y me bastan, buenos amigos afines.

Uno puede pensar que cuántas más personas tenga en su red mejor, pero la realidad es que es preferible la calidad a la cantidad. Quizá no tengas diez o veinte personas con las que compartir objetivos, pero mientras haya una sola a la que puedas hablarle de tus anhelos y recibir de ella el apoyo y la esperanza que necesitas, es suficiente.

Te he dicho que la fase de la acción es trepidante, ¿verdad? Sin embargo, he olvidado mencionar que también es aquella en la que mucha gente se rinde, al interpretar los obstáculos como señales o al dejarse convencer por sus bloqueos. Y es que no se puede negar que es una etapa dura. Después de todo, te pilla ahí fuera con tu anhelo, exponiéndote a la vida, de la que puede que recibas rechazos y decepciones. Es muy tentador decidir que mejor te quedas donde estás para ahorrarte el dolor de los sueños rotos. Pero ¿sabes una cosa? Quieto en casa o detrás de una pantalla no ocurrirá nada, nada cambiará. Solo si sales fuera, muerto de miedo y sintiéndote más vulnerable que nunca, las cosas empezarán a moverse, las piezas comenzarán a encajar y tú, al superar miedos y bloqueos, te convertirás en la persona capaz de conseguir lo que quiere. Así que usa este libro como una caja de herramientas para navegar por la vida, gestionar cualquier situación y seguir avanzando.

Quiero recordarte también que esta es una fase larga, en la que lo normal es fallar muchas veces. La clave para superarla con éxito radica en cómo te explicas los reveses y contratiempos, y en volver a tu plan de acción añadiéndole la información y la sabiduría adquiridas en tus caídas; así podrás hacer los cambios de ruta necesarios.

Lo importante es que te estás moviendo y creando los escenarios necesarios para que lo que quieres acabe dándose. Estás muy cerca de conseguirlo, solo te queda una última fase. Veo tierra firme en el horizonte. ¡Venga, que llegamos!

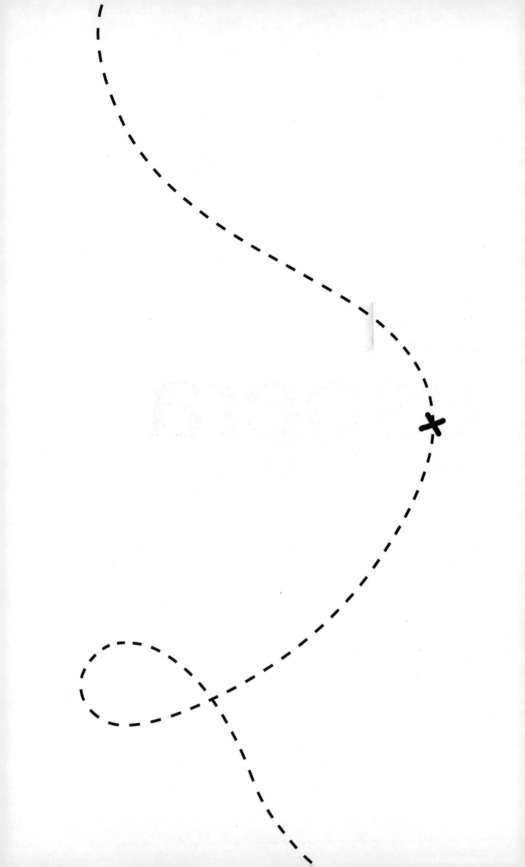

La espera

FASE 4

Después del monumental trabajo que has hecho, del profundo análisis de tu vida, de la toma de responsabilidad y reclamación de tus sueños, y de la gestión de tus bloqueos internos, llegas por fin (toma aire) a la etapa en la que lo que quieres se hace realidad.

¿En serio?

No.

Me encantaría decirte que, llegados a este punto, tus sueños te están esperando, que no tienes que hacer nada más, que solo tienes que alargar la mano y tomar lo que es tuyo. Y aunque en cierto modo es así, el proceso de realización de tu mejor vida requiere un pequeño detalle: la espera. ¡Un momento! Antes de que cierres el libro, indignado por lo que acabo de soltarte, te pido que me des unos minutos más para defender mi caso y, si consigo convencerte, darte las últimas y definitivas herramientas para, esta vez sí, llegar al destino que estás a punto de alcanzar.

Si hasta ahora me he estado centrado en los principios que nos ayudan a tener la actitud apropiada y los recursos y técnicas necesarios para navegar pese a las tormentas de la vida y los vientos en contra, en esta última parte quiero hablar de aquellos conceptos que nos ayudan a perseverar y a esperar con calma y certeza.

Porque de la misma forma que creo en el poder de nuestra acción y en la capacidad de cambiar nuestras circunstancias, también creo que la vida luego tiene que hacer su parte para que nos encontremos a medio camino. No todo está en nuestras manos y hay que saber darle tiempo y espacio a la vida. Aunque si eres remotamente parecido a mí, esto es lo que más te costará.

Yo, una mujer orientada a la acción altamente funcional, llevo especialmente mal dejar que la vida haga su parte. Siento que si no me ocupo yo, lo que quiero no ocurrirá. Lo bueno es que a estas alturas, y después de más de una década de autoanálisis, soy consciente de que, en realidad, mi sobrefuncionamiento es una tapadera; mis ansias de control ponen en evidencia mi miedo a no conseguir lo que quiero. Por suerte, con el paso de los años he ido desarrollando recursos internos que me permiten perseverar y esperar con calma hasta que lo que quiero esté listo para llegar. Lo que te contaré en esta parte del libro son precisamente todas las herramientas que utilizo para esperar con gracia.

El proceso de consecución de nuestras metas es curioso. ¿Te has fijado en que muchas de las cosas que logras llegan a ti cuando al fin dejas de luchar por ellas? ¿Te has dado cuenta de que parece que cuando dejas de buscar consigues lo que quieres?

No es que dejes de querer lo que quieres, es que dejas de empujar y poner energía porque todo lo que podías hacer ya está hecho. Ahora solo te toca esperar con la certeza de que lo que quieres está en camino. Suena sencillo, después de todo parece una etapa pasiva en la que no tienes que hacer nada más. Pero la realidad es que es una de las fases más retadoras. Esperar es también una acción, y una de las cosas más difíciles de hacer.

Esperar (y esperar con calma) te pide que sepas gestionar bien tus expectativas, entrenes el músculo de la perseverancia, sepas sostener la motivación, desarrolles disciplina y tengas fe en la vida. Casi nada, ¿verdad? Por suerte, la vida me ha doblegado más de una vez y me ha obligado a entrar en esta fase aunque fuera a regañadientes. Una vez ahí, no he tenido más remedio que aprender las claves que hacen de la espera algo llevadero, las mismas que compartiré contigo en los siguientes capítulos. Tú dame la mano y te mostraré cómo se hace.

- 10 -

La perseverancia

Cuenta una historia que un hombre compró una mina de oro abandonada. Picó durante meses, e incluso años, pero de la mina no salió nada, ni una pepita del preciado metal. Harto de insistir, se rindió y se la vendió a uno que pasaba por allí, quien, tras una sola semana de darle al pico y la pala, encontró oro. Si el primero hubiera insistido un poco más, lo habría conseguido también. La pregunta del millón es hasta cuándo hay que picar, ¿verdad?

Si me fijo en todo lo que he conseguido me doy cuenta de que la vida me lo ha dado por pesada. Casi la puedo oír diciéndome: «Toma, Laura, aquí tienes el negocio, aquí tienes los niños, la pareja, etc. Ahora déjame en paz, ¡plasta!». Así que, para mí, la perseverancia es un ingrediente evidente e indispensable de la espera.

Pero, claro, la perseverancia no vende, y menos en los tiempos que corren. Lo bueno es que sé que eres inteligente y tienes suficiente criterio para sospechar de cualquier mensaje que diga: «Fácil y rápido».

Estamos muy mal acostumbrados

Vivimos en la era del *prime* y en la cultura del *swipe*. Nos hemos acostumbrado a que los pedidos nos lleguen en veinticuatro horas sin que tengamos que salir de casa ni quitarnos el pijama, a cance-

lar planes o a justificar nuestro retraso con un simple wasap, a ponernos al día con alguien con solo mandar un audio o a ligar des-
lizando el dedo a la izquierda o la derecha. Ahora incluso podemos
montar un negocio en internet con una inversión inferior a cien
euros o hacer la mayoría de las gestiones burocráticas online. ¡Y me
encanta! Abrazo la tecnología y es evidente que ha mejorado mi calidad de vida en muchos aspectos. Sin embargo, soy consciente de
lo indolente que es esta forma de vivir.

Tengo la suerte de haber sido una niña de los ochenta, de haber
tenido mi primer email a los dieciocho años y mi primer *smartphone*
a los treinta. Así que recuerdo una vida en la que, si querías comprar-
te un billete de avión, tenías que ir a una agencia de viajes y (algo increíble ahora) recoger físicamente el billete, que, en aquella época,
parecía un talonario (si lo perdías tenías un problema, porque no había emails de confirmación de compra). Recuerdo una vida en la
que, si querías ropa, tenías que ir forzosamente a las tiendas y perder
una tarde entera. Una vida en la que la gente tenía enciclopedias en
casa porque no existía Wikipedia o en la que había que ir a la biblioteca para tener acceso al conocimiento. Una vida en la que se usaban
mapas y tenías que estudiarlos para llegar a los sitios, porque no había ni GPS ni Google Maps que te indicaran la ruta más corta.

Y a pesar de la nostalgia con la que te lo estoy contando, es evidente que, antes de la revolución tecnológica, había menos opciones para todo, las cosas costaban más dinero, requerían más esfuerzo y se tardaba más en conseguirlas. Así que me parece normal que
nos hayamos acostumbrado a las facilidades que nos aporta la tecnología. Sin embargo, creo que este habituarse a una vida más sencilla ha sido inversamente proporcional a nuestra tolerancia al
esfuerzo y el sacrificio (entendido este último como, por ejemplo,
simplemente madrugar, o molestarnos en vestirnos e ir a un lugar,
y no tener que trabajar arando la tierra desde los ocho años por necesidad como quizá hicieron nuestros abuelos).

Estamos en unos tiempos en los que empezar cualquier cosa es
más fácil, ya que existen innumerables recursos para arrancar, pero

la pendiente ascendiente que muchas veces toman las cosas, lo que tardamos en conseguirlas y la energía que hay que poner para ello nos sorprende y nos pilla desprevenidos.

My point is: Hemos caído en la pachorra debido a que somos animales tremendamente vagos. A la mínima que las cosas se ponen difíciles o nos toman más tiempo de lo esperado, nos cuesta responder con insistencia y empeño. Total, si deslizo el dedo a la derecha quizá encuentre una pareja que me pida menos, una falda que me guste más o pueda hacerme youtuber y forrarme sin mover un dedo.

Abandonamos nuestros objetivos

Uno de los motivos más comunes por el cual nos cuesta conseguir lo que queremos es el abandono de nuestras metas debido a la falta de foco y de constancia. Es decir, no las acabamos de alcanzar porque nosotros mismos nos apartamos de la ruta y vamos a la deriva. Puede que empecemos con fuerza, pero con el paso de los meses o los años (porque hay objetivos que tardan años en llegar; de hecho, la mayor parte de las visiones requiere ese tiempo para hacerse realidad), lo que queríamos va difuminándose hasta que un día ni nos acordamos de que teníamos un sueño. Nuestra batalla del día a día hace que dejemos de mirar al horizonte y de recordar nuestro norte.

Otras veces es la falta de victorias lo que nos lleva a rendirnos y a dejar correr nuestro sueño, al no ver un progreso significativo en el plazo esperado. En cualquier caso, ambas razones convergen en la falta de perseverancia, es decir, en la no insistencia en nuestra acción o en nuestro intento a lo largo del tiempo.

Por suerte, la perseverancia es un hábito que se entrena, así que no importa cuán comodón te hayas vuelto, siempre puedes desarrollar tu tenacidad, sobre todo si te ocupas de los siguientes cinco factores:

- La fe en la vida
- La gestión de expectativas
- La motivación
- La disciplina
- La compasión

Me atrevo a asegurarte que si haces este esprint final conmigo y dejas que te cuente más, desarrollarás el superpoder de la constancia y te volverás casi invencible. ¡Estás tan cerca de lo que quieres! Solo tienes que aguantar un poco más. Deja que te muestre cómo fortalecer tu perseverancia en las siguientes páginas.

FE EN LA VIDA

Nos cuesta esperar con calma porque, en el fondo, no estamos seguros de que lo que queremos se llegue a dar. Esperar es fácil cuando tienes la certeza de que lo que quieres está en camino. ¿Y sabes qué es lo que da certeza? La fe. Cuando a pesar de la falta de pruebas estás seguro del resultado, puedes permitirte esperar con calma.

La fe se describe como la seguridad en algo aun sin tener evidencias que demuestren su existencia. La fe no es un bien exclusivo de las religiones. De hecho, tanto la fe como la espiritualidad son una capacidad del ser humano que va más allá de cualquier filosofía religiosa. Todas las personas, hasta las más ateas, son espirituales y tienen experiencias y necesidades espirituales.

Creer en algo que nos trasciende y que procura nuestro bien tiene inmensos beneficios: además de la certeza, nos da paciencia, templanza, sentido, esperanza, sensación de pertenencia, calma y paz mental. Pero ¿cómo podemos tener fe en la vida, si no creemos en una religión? ¿Cómo podemos creer en Vida/Dios/Universo y en su protección sin tener pruebas de su existencia? Es más, ¿cómo podemos creer siquiera en ello si de lo único que tenemos evidencias es de nuestro sufrimiento?

No te engañaré, mi fe es fluctuante y se ha visto seriamente retada, sobre todo en momentos de pérdidas, pero si algo me ha quedado claro por mi experiencia personal es que la fe es un músculo que puede fortalecerse y que me conviene trabajar. Y es que cuando caigo en el cinismo y dejo de creer, me precipito en la amargura, la angustia y el pesimismo, así que, de una forma casi interesada, decido tener fe, porque no solo me sienta bien, sino que, además, me ayuda a perseverar.

La espiritualidad y la razón no son incompatibles ni excluyentes

Mónica, una clienta de uno de mis programas, me mandó el siguiente email para que lo respondiera en una sesión:

> Deseo realmente conectarme y encontrar una práctica espiritual que me haga sentir esa trascendencia, ese «hay algo más», pero mi formación científica, que reafirmo cada día con mi trabajo, se interpone. ¿Cómo puedo estar enseñando que la vida se originó, como dices, de polvo de estrellas y un poco de suerte, y a la vez creer en algo superior? No necesariamente un Dios, he creído mucho en la Naturaleza, pero aun así me resulta difícil creer que algo tan vasto me va a tener en consideración, que somos algo más que una hormiga para el Universo. Y cuando doy clase de biología, que me encanta, siento que o les engaño o me traiciono. Además, especialmente en momentos duros, yo también entro en el cinismo y me cuesta recuperar la fe en que todo saldrá bien. Mi mente racional y empírica y mi formación en biología me impiden aceptar la creencia en Dios.

Los científicos tienen que ser, por fuerza, las personas más espirituales de todas (aunque no se den permiso y eso los lleve a un conflicto interno similar al que comentó mi clienta). Porque, aunque conozcan y entiendan los mecanismos del Universo, no pueden dar respuesta al origen de las cosas. ¿Cómo no vas a quedarte fascinado cuando te enteras de qué es el haz de His y cuál es su función? ¿Cómo no vas a quedarte fascinado cuando aprendes que el Universo, que muchos creíamos infinito y eterno, en realidad se está acabando? ¿Cómo no vas a quedarte fascinado ante la belleza de los fractales? ¿Cómo no vas a quedarte fascinado cuando te enteras de que hace 225 millones de años se extinguió el 96 por ciento de las especies? ¿Cómo no vas a quedarte fascinado cuando te enteras de que, técnicamente, y a nivel atómico, estamos hechos de espacio?

De hecho, se sabe que el mismo Einstein era una persona profundamente espiritual. Así que si tu mente racional se resiste a creer que hay algo más allá que te trascienda, recuerda que el creador de la teoría de la relatividad y ganador del premio Nobel no veía incompatible creer en las ondas gravitacionales sin verlas, ni no ser capaz de demostrar su existencia, con sentir que tenía que haber algo más que nos trasciende. Y aunque quizá no creas en Dios/Vida/Universo, es innegable la existencia de una energía y fuerza creadora que hace que de una semilla seca salga un majestuoso árbol o que de un blastocito crionizado se desarrolle un humano cinco años después.

Tu espiritualidad no es incompatible con la ciencia ni con la mente racional, ni tienes que elegir entre una u otra. Que entiendas la evolución de las especies, que sepas cómo funciona la fotosíntesis, que sepas que el Universo se originó con el Big Bang no le resta misticismo al hecho. Tu espiritualidad y tu mente empírica pueden coexistir en ti sin entrar en contradicción.

Y si el marco monoteísta imperante no encaja contigo, existen otros en los que desarrollar tu espiritualidad, por ejemplo, el panteísmo, con el que, personalmente y al igual que Einstein, me siento más cómoda, desde cuya visión, todo lo que existe en este y en todos los mundos es expresión de una misma conciencia y que, por lo tanto, tú, yo, el papel de este libro, la pantalla desde la que me lees, ese árbol o esa montaña somos Dios.

En cualquier caso, no hay una forma correcta de ser espiritual, sino tantas como las personas sintamos. Lo importante es que tengas y desarrolles tu propia práctica para fortalecer el músculo de la fe como quien va al gimnasio, porque daño no te hará. Es decir, que si, después de todo, ahí fuera no hay nada más, no importa en absoluto. Si te da miedo engañarte, toma tu fe como un placebo, porque lo que te interesa son todos los beneficios que obtienes al creer.

Cómo desarrollar tu práctica espiritual para fortalecer tu fe en la vida

Reconstruir mi fe después de la crisis que sufrí no fue tarea fácil. Como tampoco es sencillo creer en la vida cuando estás inmerso en dificultades y todo parece ir en tu contra. Mi reconciliación con la vida fue una decisión. Solo cuando se me pasó el descomunal enfado que tenía con ella y, con el paso del tiempo, el dolor empezó a mitigarse, fui capaz de volver a acercarme a ella y pedirle ayuda de nuevo.

A lo largo de los siguientes meses fui desarrollando mi propia práctica espiritual, con lo que, poco a poco, volví a tener esperanza y salí del cinismo. Estas son algunas de las cosas que hacía. Siéntete libre de usarlas, cambiarlas, rechazarlas o añadirlas a la práctica que ya tengas. De nuevo, no hay una forma correcta de hacerlo.

Feminicé a Dios

Esto no sucedió exactamente entonces, sino que fue un cambio que hice alrededor de los treinta años, en otra gran crisis personal, la que me sobrevino después de cerrar mi negocio y mudarme a Alemania. Me parece importante contártelo porque quizá te sirve.

Una de las razones por las que me costaba conectar con «ese algo» era que tenía una imagen masculina y punitiva de Dios, debido a mi educación. No conseguía sentirlo como una energía compasiva, sino más bien como un juez que me juzgaba. Ni siquiera la palabra «Universo» me servía. Todo cambió con un simple giro. En lugar de llamarle «Dios» le empecé a llamar «Vida». Con este simple cambio, comencé a percibir esa energía como una madre que me acepta tal como soy, que me abraza y me quiere con mis errores, como una fuente que me nutre, como una energía creadora. La misma energía que siento en un bosque, en una meditación o mirando a mis hijos.

De hecho, una de las ventajas de no seguir una religión en particular es que todas me sirven. Puedo perfectamente entrar en una iglesia y ponerle una vela a la Virgen María, encenderle incienso a la diosa Lakshmi, sentir esa conexión al entrar en una mezquita, poner flores en mi altar, ver una estatua de la diosa Isis o abrazar un árbol y sentir que estoy ante la misma energía creadora arquetípica.

La oración

La oración es una de las herramientas espirituales más poderosas, porque en el mismo acto de la oración hay un reconocimiento de la existencia de eso que nos trasciende y una entrega de nuestra petición.

Rezar es una conversación íntima con la Vida. A veces simplemente le das las gracias; otras, le pides ayuda. Y aunque no hay una forma correcta de hacerlo, y siempre le puedes rezar a la vida con tu lista de deseos (yo también lo hago), encuentro más útil pedirle la claridad, el discernimiento y la fuerza necesarios para hacer frente a las dificultades y tomar las decisiones correctas. Claro que puedes pedirle que haga desaparecer de tu vida a esa compañera de trabajo insoportable, pero seguramente te ayudará más pedirle la templanza y la asertividad necesarias para hacerle frente y frenar esa dinámica.

Con la oración realizas el gesto de dejar de controlar para soltar y delegarle a la vida lo que quieres. ¡Es liberador! Es como si le dijeras: «Toma, Vida, ya no puedo más, te paso las carpetas de "Triunfar con mi negocio" y "Encontrar el amor de mi vida". Dentro están todos los informes. ¡Gracias!».

Así que si eres de los que no reza desde que era pequeño o si jamás has rezado, te sugiero que empieces a hacerlo, cada día un poco, donde sea, como sea. Lo importante es empezar esa conversación.

Las señales

Recuerdo caminar por la calle hablándole a la Vida por dentro, diciéndole: «Vale, Vida, de verdad que necesito una señal porque estoy al límite. Pero no me mandes una parida de señal como dos pajaritos o cualquier chorrada. Quiero una señal a prueba de tontos, algo obvio. ¿Funcionará esta *in vitro*?». Cien metros más abajo, cuando acababa de cruzar la avenida Diagonal para bajar por paseo de Gracia, al otro lado del paso de peatones vi un papel en el suelo. Cuando me acerqué y vi qué era, resultó que se trataba de un folleto en cuya portada había una barriga de mujer embarazada.

Me encantaría decirte que veo señales por todas partes, que la vida me deja respuestas en cada esquina, pero lamentablemente no es así. Sin embargo, en momentos críticos, en verdaderos puntos de inflexión en mi vida, he tenido respuestas tan evidentes como si de carteles de neón parpadeantes delante de mi cara se tratara, que no dejaban lugar a dudas. Señales que me han quitado el aliento y que me han obligado a sentarme del patatús que me daba. No debo de haber tenido más de ocho experiencias de estas en mi vida, pero son suficientes para volver a creer en «ese algo» cuando mi mente crítica y escéptica me empieza a dominar.

Las señales se piden. Así que si estás en un momento en el que tu fe empieza a flaquear, si empiezas a dudar de todo, si notas que la esperanza se te escapa por el desagüe, si necesitas un cable, habla con la Vida y pídele una señal.

Las experiencias espirituales

Tu práctica espiritual puede ser ritualística y estar enmarcada en una doctrina religiosa, como ir a misa cada domingo, o puede ser o incluir dar paseos por el bosque, por ejemplo.

William Bloom, en su libro *The Power of Modern Spirituality*, define la espiritualidad como la conexión con la maravilla y la energía creadora de la vida. Desde esta descripción, una experiencia espiritual puede ser el éxtasis que sientes en el museo de Orsay, la fascinación que experimentas ante un cielo estrellado, la plenitud que sientes viendo en el sofá una peli con tus hijos, la trascendencia que sientes cuando bailas o la conexión que percibes rodeado de naturaleza. Es decir, cualquier situación que te lleve a lo que en inglés se llama *state of awe* y que podría traducirse como un estado de asombro y fascinación por la creación de la vida. La pregunta que te hago es: ¿qué te hace sentir esa trascendencia? ¿Qué te fascina y maravilla?

Para fortalecer tu fe en la vida, debes introducir estas experiencias espirituales (por banales que te parezcan) lo más a menudo posible en tu día a día. Si resulta que para ti pintar es una experiencia mística, crea el espacio necesario para hacerlo dos o tres veces a la semana. Si resulta que sientes esa conexión montando a caballo, hazlo todas las semanas, ponlo en tu agenda. Si resulta que sientes esa trascendencia haciendo meditación, medita todos los días. Cuanto más experimentes estos estados de conexión y fascinación, más evidente será para ti la existencia de «ese algo» y más fe tendrás en ello.

En resumidas cuentas, la fe en la vida tiene que ver con tu realización personal porque de ella depende, en gran medida, tu tenacidad y tu perseverancia. En el momento en que crees, sin necesidad de pruebas, que lo que deseas está en camino y llegará a su debido tiempo, en el momento en que sabes que lo único que tienes que hacer es presentarte, fichar y cumplir con tu parte mientras la vida cumple con la suya, es cuando puedes esperar con paciencia y tranquilidad.

GESTIÓN DE EXPECTATIVAS

¿Recuerdas la sesión de ventas que te he contado, en la que debería haber hecho caso a mi intuición y no aceptar trabajar con aquella persona? Mi clienta, llamémosla Raquel, decidió finalmente apuntarse a mi programa de consultoría en estrategia, pero lo que yo no sabía entonces era que sus expectativas incluían conseguir más clientes y facturar más sin tener que mover un dedo, hacer ningún cambio ni meterle más horas. La decepción no pudo ser mayor. Cuando vio que mi programa implicaba trabajar más y atreverse a hacer cosas que jamás había intentado en su negocio, su resistencia fue monumental. Raquel esperaba una píldora mágica que le solucionara la situación de su empresa sin exigirle nada por su parte y recibía cualquier consejo con un soplido de hartazgo, por lo que, evidentemente, nada cambió.

«¡Estoy segura de que irá bien y que no tardaré mucho en conseguirlo!», me decía Carlota, sonriente, tras contarme que iba a someterse a un tratamiento de fertilidad. «Ay... —pensé—. ¡Ojalá sea así!». Parecía que quisiera ignorar mis años de búsqueda y de intentos fallidos, y no iba a ser yo quien le pinchara el globo. Además, ¿qué sabía yo? Quizá sí lo conseguiría a la primera. Lo último que supe fue que, tras un intento, lo dejó correr. El torrente hormonal y los cambios de humor secuestraron toda su vida y dejó de compensarle.

Las expectativas son lo que esperamos de la vida, pero el problema surge cuando lo que esperábamos y la realidad no coinciden, lo que da lugar a la decepción y el abandono de nuestros sueños. Nuestra frustración se debe a menudo a que nosotros mismos no hemos sabido anticipar lo que las cosas conllevan y lo que nos tomarán. De hecho, si eres una persona muy idealista se te dará especialmente mal hacer una estimación proporcionada de lo que implicará hacer realidad tu visión y tu objetivo, y eso te llevará a pensar constantemente: «Esto no es como lo había imaginado» o «Esto debería ser más fácil o bonito».

La no gestión de nuestras expectativas es una de las causas de la falta de perseverancia y es lo que hace que, cuando las cosas se ponen complicadas o tardan más de lo que esperábamos, no luchemos por ellas porque no esperábamos que fueran así.

Si yo estimo que lo que quiero es posible, no infravaloro la dificultad de mi objetivo y no sobrevaloro mi capacidad, sabré persistir cuando aparezcan los problemas, porque no me pillarán por sorpresa. En cambio, si me pongo en marcha pensando que todo será rápido y fácil, cuando vengan las curvas, me rendiré a la primera porque no estaré concienciada. Saber que tu visión puede costarte esfuerzo y tardar un tiempo te proporcionará el aguante necesario, no te sorprenderán las dificultades y, por lo tanto, las sabrás tolerar.

La mejor forma de gestionar tus expectativas es averiguar lo que cuesta alcanzar tus metas y anhelos, y no caer en lecturas edulcoradas y facilonas. Así sabrás que para conseguir ciertos cargos necesitas un MBA, que triunfar con un negocio cuesta años y mucho esfuerzo o que todas las relaciones pasan por malas rachas.

Debes investigar. Pregunta cuánto tardaron otros en conseguirlo, ponte en el peor de los casos, anticipa problemas. De hecho, a cuantas más personas preguntes u observes, mejor. Si yo me meto en el *online dating* esperando dar con el amor de mi vida en no más de seis semanas porque mi amiga encontró novio en quince días y se enamoró en la primera cita, me llevaré una gran decepción, puesto que la gran mayoría de las personas tardan bastante más o, directamente, no lo consiguen por este medio. Lo cual me lleva al siguiente punto.

La vida que quieres quizá no suceda (exactamente) como esperas

Una de las opciones que debemos contemplar es la posibilidad de que al final no consigamos lo que queremos y que la vida que deseamos no acabe siendo exactamente como esperábamos.

Esto parece contradecirse con el título del libro, pero a estas alturas ya sabes que estoy hablando de vivir con intención, alineándote con tu verdadera naturaleza y apuntando a tu mejor destino, y no de una manifestación espontánea de tus sueños.

Deja que me explique. Cuando teníamos clientes en el barco, debido a los pocos días de que disponían, acostumbrábamos a llevarlos a una serie de islas, siempre las mismas. Sabíamos lo que nos tomaba llegar a ellas y de esta forma podíamos garantizar que tal día estaríamos de regreso y a tiempo para que tomaran el avión de vuelta a sus respectivos países. La turística isla de Patmos era una en la que siempre hacíamos escala, pero en una ocasión, los vientos no eran favorables y decidimos fondear en la isla de Lipsin, donde no habíamos estado nunca. Para nuestra sorpresa, fue maravillosa. Al ser mucho menos turística que Patmos y estar mejor conservada pudimos disfrutar de una experiencia más auténtica. Incluso descubrimos una sencilla taberna donde la comida era espectacular. Me alegré de no pasar por Patmos, a pesar de que era nuestro objetivo y de que el mar nos obligara a desviarnos de nuestra ruta, porque creo que el grupo pudo disfrutar más de lo que buscaba.

La vida manda cambios de ruta forzosos, sobre todo cuando no nos escuchamos. Pero es que la vida sabe más que nosotros y hay destinos que ni siquiera somos capaces de imaginar y, por lo tanto, no hay forma de que podamos incluirlos en la visión que queremos para nosotros. Por ejemplo, era imposible que yo pudiera soñar con el tipo de empresa que ahora tengo, porque no sabía que existía esta posibilidad. Así que la vida se ocupó de obligarme a cambiar de ruta hasta tenerla. ¿Ves adónde quiero llegar? Todas tus rupturas sentimentales, todos tus cambios forzosos de plan y todas tus reinvenciones profesionales te llevan a la vida que quieres o a algo mucho mejor que ni se te había pasado por la cabeza.

Quizá tú te empeñas en ir a cierta isla, pero la vida sabe que la que más feliz te hará es otra distinta.

MANTENER LA MOTIVACIÓN

¿Cuántas veces has comenzado un proyecto o has adquirido un nuevo hábito y te han entrado ganas de abandonarlo a las pocas semanas? Para perseverar es necesario mantener la motivación. Algo fácil de decir y muy difícil de hacer, sobre todo cuando nuestras metas son a largo plazo y los cambios se consiguen mu y p o c o a p o c o.

«Motivación» significa «la causa de la acción» y etimológicamente deriva del latín *moveo*, que quiere decir «mover». Por lo tanto, tu motivación son todas aquellas cosas que funcionan como tu combustible y te mantienen en marcha. Porque ya puedes tener el mejor y más potente motor del mercado, que si no le echas gasolina, de nada te sirve.

Tener la capacidad de automotivarte es, pues, uno de los ingredientes de la perseverancia y del aguante, claves en la fase de la espera. Pero ¿cómo puedes mantener la motivación cuando nada te indica que vas por buen camino, cuando apenas tienes victorias o, incluso, encadenas fracasos?

Una de las formas con las que yo consigo mantenerme enfocada en la dirección de la vida que quiero es teniendo en mente mi visión. ¿Recuerdas los ejercicios que hiciste en la primera parte del libro? Ahora es cuando son tremendamente útiles. De hecho, si no los has realizado ya, te sugiero que vayas al apartado «La vida que tú quieres» y los hagas, puesto que ahora entenderás cuán importantes son.

Mi sueño de tener una empresa y de trabajar por mi cuenta me ayudó a seguir caminando incluso en situaciones adversas, como empleos en los que me explotaban o cuando, arruinada, cerré un negocio. Tu visión es tu zanahoria, y, como nace de tu ser esencial (requisito imprescindible para que el tema funcione), te proporciona la pasión y la fuerza necesarias para levantarte y seguir caminando.

Tus valores son también otra gran fuente de motivación, puesto que, tal como te conté en el capítulo «La visión "correcta"», tus valores no son el destino sino la dirección. De modo que, aunque no hayas llegado aún adonde querías, siempre que lo que hagas esté alineado con tus valores, sentirás una profunda satisfacción, y eso te ayuda a avanzar con independencia de los logros o resultados que alcances.

Sin embargo, para seguir hablando de la motivación, tengo que mencionar lo que nos desmotiva y, en concreto, lo que nos quema. Y es que no serías la primera persona que dice haber perdido la motivación a causa del estrés descontrolado o de haber forzado la máquina.

Llevaba dos meses enteros trabajando doce o quince horas diarias sin descanso, incluidos los fines de semana, cuando sentí que estaba a punto de romperme. Había dicho «sí» a demasiadas cosas y tenía que cumplir. En mi nevera solo había un tetrabrik de leche y café. No tenía tiempo para cocinar y me alimentaba a base de *takeaways*. Era totalmente infeliz, me sentía desgraciada y muy incomprendida porque, como las cosas me iban bien, no podía quejarme, o al menos así lo sentía. Después de años peleando, ¡por fin tenía éxito! Un maravilloso problema comparado con el de no saber cómo pagar el alquiler a fin de mes, está claro, pero la situación estaba acabando conmigo. Me sentía en permanente estado de ansiedad y empezaba a odiar mi trabajo. ¿Para qué quería el dinero si no tenía vida? ¡No tenía sentido! Si este era el precio que tenía que pagar para alcanzar el nivel de éxito con el que había soñado, no lo quería. El punto de inflexión fue un viaje que hice a Costa Rica. Solo escapando de mi vida (porque compré los billetes para escapar y tener la excusa de desaparecer) pude parar y pensar. En las dos semanas que duró aquel viaje solo tuve fuerzas para dormir y comer. Estaba tan exhausta y quemada con mi negocio que apenas visité dos o tres sitios, y cuando sacaba el móvil para entrar en las redes o leer los emails sentía un rechazo físico que me causaba náuseas. Al volver a España hice los cambios necesarios para que mi negocio fuera sostenible y compatible con la vida que quería, porque estaba claro que de aquel modo no podía continuar.

Tu motivación podría compararse con un pozo. Si no paras de sacar agua y te pones con el riego intensivo, lo secarás. La energía de donde salen tu entusiasmo y tu fuerza debe nutrirse y protegerse a la vez. Hacer realidad la vida que quieres se parece más a una maratón que a una carrera de cien metros lisos, por lo que necesitas dosificar y alimentar tu resistencia.

Duerme

—En las farmacias venden unas ampollitas que si te las tomas te dan un chute de energía con la que solo necesitarás dormir tres o cuatro horas.

No podía creer lo que acababa de oír.

—¿Y por qué, simplemente, no duermes? —respondí.

Somos el único animal del mundo que cuando está cansado, en lugar de sentarse o tumbarse un rato, se toma un café (o algo más fuerte) y sigue forzando la máquina. Vivimos además en una sociedad que mitifica, ensalza y normaliza el estrés y el «trabajo todo el día», y menosprecia el ritmo más pausado.

Sin embargo, no exagero si te digo que el secreto para poder hacerlo todo en la vida es dormir las horas que tu cuerpo necesita. De hecho, la falta de sueño está asociada a la aparición de enfermedades, al envejecimiento prematuro y a muchos trastornos mentales, como la depresión o la ansiedad. Y aunque quizá no llegues a estos extremos, no me podrás negar que no dormir lo suficiente afecta negativamente a tus emociones, energía, creatividad, memoria y claridad mental. Al igual que un niño pequeño que no ha hecho la siesta se vuelve irritable, impaciente, llorón y gruñón, nosotros, los adultos, cuando estamos cansados nos volvemos bordes e impacientes, nos cuesta tener ideas innovadoras, pensar con claridad e, incluso, vivimos cualquier situación con más dramatismo. En cambio, si te despiertas descansado, no solo eres más productivo, sino que, además, estás de mejor humor y ves la vida con optimismo.

En cualquier caso, si crees que no tienes tiempo para descansar y no te cuidas físicamente, no solo no durmiendo lo suficiente sino tampoco alimentándote bien, no te preocupes, que la biología lo hará por ti mandándote un ataque de ansiedad o un colon irritable, por nombrar algunos ejemplos, para que hagas el favor de parar y descansar.

Desconecta

Te sugiero dos tipos de desconexión: la del tiempo y la de la temática. Verás, el trabajo (o cualquier proyecto) se expande tanto como tiempo le des. Si te dices que tienes una semana para terminar un informe, te tomará una semana entera, mientras que si te dices que solo tienes una mañana, tardarás una sola mañana. Si no me crees, ¡haz la prueba! ¿O no te has fijado que, cuanto menos haces, menos haces?

Limitar el tiempo que tienes disponible para hacer las cosas te convierte en una persona altamente eficaz y resolutiva. Además, al operar así, acotas tu perfeccionismo e indecisión y liberas tiempo para otras cosas. ¿Mi truco? Ponte fechas de entrega que te presionen un poco, prioriza tu vida personal anotando en tu agenda las vacaciones y escapadas con antelación, y no esperando a ver cuándo tienes un hueco, y móntate planes por las tardes, como quedar con amigos, ir al gimnasio o ir a clase de lo que sea, la cuestión es saber que no puedes trabajar más allá de las siete de la tarde.

Luego está la desconexión de temática. Hubo una época (que duró años) en la que solo leía libros empresariales relacionados con lo mío, solo me inscribía a formación en marketing y solo asistía a eventos de negocios. Mi vida giraba alrededor de mi profesión y, aunque me encantaba, llegué a un punto de saturación, desmotivación y falta de creatividad. ¡Era endogámico! Para solucionarlo, retomé la lectura de novelas y me apunté a cursos completamente ajenos a mi trabajo que me parecían interesantes, podían ser de aromaterapia, patronaje, meditación o astrología, de lo que fuera con tal de desconectar. Necesitaba nutrir el pozo porque lo había secado, lo cual está muy relacionado con el siguiente punto.

Ten aficiones

Cuando regresé de mi viaje contraté a la primera empleada, a quien le delegué el máximo número de tareas, y lo que ocurrió me pareció un milagro. Pasé de trabajar una media de doce horas diarias a cuatro. Pero también sucedió una cosa inquietante... ¡no sabía qué hacer con el tiempo libre! Mi negocio había empezado como un *hobby* que me obsesionaba, al que dedicaba todas las horas del día, y llevaba tantos años trabajando tan duro que había normalizado jornadas maratonianas. Lo más irónico de todo era que yo había creado mi negocio para tener la vida que quería, y la imaginaba con mucho tiempo libre, y cuando por fin lo tenía, no sabía qué hacer con él, aparte de trabajar. Me di cuenta entonces de que no tenía aficiones. Necesitaba volver a conectar con esa parte lúdica que todos tenemos y preguntarme qué me apetecía hacer que no fuera productivo o útil, y cuya motivación solo fuera el disfrute.

Tener aficiones es como ventilar tu mente y dejar que entre aire fresco. Es lo que te ayuda a desconectar, para volver a lo tuyo al día siguiente con más ganas y entusiasmo, y seguir perseverando. Tener vida más allá del trabajo te ayuda a no quemarte y a correr esa maratón hasta llegar a la línea de meta.

Tu motivación, la causa de tu movimiento, es uno de tus mejores superpoderes, pero, como has visto, no es una fuente inagotable de energía, sino más bien susceptible de padecer sequía si no la nutres. Sin embargo, si a tu visión y tus valores le sumas los cuidados que te propongo, y te ahorras los errores que yo cometí, estoy convencida de que tendrás gasolina para mucho tiempo.

LA DISCIPLINA

Aunque quizá sientas cierto rechazo ante la idea de la disciplina, esta consiste tan solo en realizar las tareas o acciones que sabes que te acercarán a tu objetivo, incluso (y esta es la clave) cuando no te apetece hacerlas.

La disciplina es, pues, la acción intencional para intentar progresar hacia tu visión o hacia algo importante para ti. Eres disciplinado cuando te dices: «Voy a llevar a cabo estas tareas para hacer realidad mi deseo aunque ahora mismo preferiría quedarme tirado en el sofá media hora más». Por lo tanto, es la capacidad de ver que la acción, el esfuerzo y, a veces, el sacrificio en el presente recompensa a largo plazo.

La disciplina no es, pues, cortoplacista, no busca la gratificación inmediata, ni se basa en lo que te apetece hacer, sino en lo que necesitas hacer ahora para llegar al futuro que deseas, entendiendo que lo construyes, precisamente, con las acciones y las decisiones que desarrolles y tomes en el presente. Disciplina es preguntarte qué actividad puedes hacer hoy para acercarte un poco más a tu meta o la que te aportará un mayor impacto. Disciplina es la decisión de hacer cosas que son difíciles pero importantes, y emprenderlas voluntariamente porque vemos lo bueno que el esfuerzo y sacrificio del presente traerá a largo plazo.

La disciplina tiene mala reputación porque la relacionamos con la coacción, con la obligación impuesta desde el exterior, con la privación de opciones, con la rigidez y la pérdida del disfrute de la vida. Pero cuando la disciplina es autoimpuesta y eres tú quien con plena consciencia y total autonomía te dices: «Me importa y quiero tanto lo que deseo cambiar o conseguir que voy a hacer tal y tal cosa», estás ejerciendo tu libertad y trabajando por y para ella. Por lo tanto, la disciplina, cuando está al servicio de tu visión y responde a una decisión consciente, es en realidad autonomía y autosoberanía y, por lo tanto, sinónimo de libertad.

La disciplina implica inevitablemente cierto grado de sacrificio, entendido como la renuncia de lo que nos apetecería hacer en determinado momento (dormir, comer otro cruasán de chocolate, quedarte absorto un rato más, pasar dos horas viendo series, perdernos en las redes, ir a una fiesta, hacer una escapada, etc.) en beneficio de los resultados que queremos crear en nuestro futuro.

Afortunadamente, la disciplina es una cualidad que puede adquirirse y pasar a formar parte de nuestra identidad. Así que no importa cuán vago creas que eres o cuán grande sea tu falta de autocontrol, o cuán débil tu fuerza de voluntad, la disciplina puede incorporarse, sin duda alguna, a tu cinturón de herramientas.

Cómo desarrollar la disciplina

La forma más potente para desarrollar la disciplina es... adivina: teniendo clara tu visión (supongo que ahora ves lo importante que es esa sección del libro). Como te comentaba en el capítulo anterior, tu visión es fuente de motivación y, créeme, vas a necesitar mucha motivación para ser disciplinado, porque la mayoría de los sueños exigen tiempo y esfuerzo. Saber qué es lo que quieres en la vida te ayudará a esforzarte en el presente sabiendo que el premio será mayor en el futuro.

Te será más fácil correr tres veces a la semana si te recuerdas que en tu vida ideal te ves fuerte, sano, atlético y lleno de energía. Te será más fácil estudiar con intensidad el máster un par o tres de horas al día después de comer a toda prisa, si te visualizas graduado y gozando de todos los beneficios que aportará a tu carrera profesional.

Tu visión, sobre todo cuanto más alineada esté con tu ser esencial, será tu estrella polar y tu guía, y cuanto más potentemente conectada con tu alma esté, más fuerza y sentido te dará.

Luego están los trucos, es decir, aquellos hábitos que te ayudarán a ser disciplinado. Por ejemplo, si en tu mejor vida te ves como una persona enraizada, y en ella no hay lugar para la ansiedad ni el estrés, quizá decidas que meditar cada día quince minutos es la mejor forma de lograrlo. Despertarte media hora antes o no entrar en internet nada más levantarte son hábitos simples que harán mucho más fácil el desarrollo de esta práctica, ya que se dará de un modo más natural.

Quizá la forma en la que he escrito este libro sea también un buen ejemplo. No soy una persona con una fuerza de voluntad especialmente férrea, pero estaba agarrada a mi sueño de crear un libro que inspirara a quien lo leyera para pasar a la acción e ir a por la vida de sus sueños. Tenía, pues, la visión que me daba fuerza y motivación, pero necesitaba constancia. Si quería ser disciplinada, necesitaba recurrir a trucos o hábitos para hacer realidad mi objetivo, así que bloqueé en mi agenda dos horas y media cada día de lunes a viernes a lo largo de más de seis meses. No tenía tiempo ni me podía permitir el lujo de esperar a que las musas se dignaran darme una buena idea, así que convocaba a mi inspiración, le gustara o no, cada mañana, a las nueve y media, hubiese yo dormido suficiente o no, estuviera o no de humor, me sintiera especialmente creativa o no. Mi equipo tenía prohibido interrumpirme durante esas horas, no miraba los emails hasta que había terminado de escribir, y si había alguna tarea que no me cabía en la agenda, la terminaba por la noche, después de acostar a los niños. A veces (muchas) lo que escribía era una porquería, pero otras, valía la pena o era un buen punto desde el que tirar del hilo.

Por lo tanto, teniendo en cuenta tu vida ideal y los objetivos que te has marcado para acercarte a ella, ¿qué hábitos crees que necesitas desarrollar para conseguir ser disciplinado y constante en tu acción? ¿Cómo puedes incorporarlos en tu vida para poder perseverar?

 Desarrolla estas preguntas en el cuaderno de viaje que puedes descargar gratis en **LaVidaQueQuiero.com/bonus**

Y, por último, ¿qué debes dejar de hacer en tu día a día porque te está perjudicando en la consecución de tu mejor vida? Porque tan importante es incorporar hábitos nuevos y constructivos como eliminar los perjudiciales. Por ejemplo, quizá sea una buena idea dejar de acostarte tan tarde y probar a irte a la cama a las diez y media a más tardar. Quizá te cambie la vida dejar de entrar en las redes sociales, de leer la prensa o de enchufarte en vena series de Netflix sin tregua. A lo mejor sea renovador dejar de quedar con personas quejicas, negativas o, directamente, tóxicas. Quizá suponga un antes y un después dejar de comer alimentos procesados, contratar a alguien para que te ayude en las tareas domésticas y con los niños, y dejar de intentar ser una *superwoman*, o dejar de complacer a todo el mundo diciendo sí cuando quieres decir no.

En cualquier caso, revisa cómo pasas tus días, haz una pequeña auditoría de tus hábitos, sé honesto contigo mismo, analiza en qué se te va el tiempo y toma la decisión de introducir cambios e incorporar pequeños hábitos que te permitan adquirir la disciplina necesaria para hacer realidad la vida que quieres.

Eres perfectamente capaz y tienes todo lo que necesitas para desarrollar la constancia y fuerza de voluntad que tu mejor vida te pide.

LA COMPASIÓN HACIA UNO MISMO

He mencionado la compasión a lo largo de todo el libro y por fin llegamos a ella, aunque no por ser uno de los últimos temas es menos importante. De hecho, si de todo el libro te quedaras con solo una cosa, por favor, que sea esta, porque cambiará tu vida. Es revolucionaria y completamente relevante, teniendo en cuenta la etapa en la que nos encontramos en la consecución de la vida que quieres.

La compasión hacia mí misma no solo me ayudó a remontar en uno de los momentos más duros, sino que, en la actualidad, me permite aceptarme, mejorar mi autoestima y merecimiento, gestionar mis bloqueos, dejar de ser crítica conmigo misma y, en definitiva, tener una mentalidad de crecimiento que me ayuda a seguir avanzando. Como ves, la compasión hacia uno mismo sirve para todo y no creo estar equivocada al afirmar que la compasión es LA solución para todos los males y, si te fijas, la mayoría de las herramientas que he compartido a lo largo de estas páginas son técnicas que te ayudan a tener una actitud compasiva contigo mismo.

Puede que al hablarte de la compasión pienses que estoy haciendo referencia a conceptos religiosos; sin embargo, la compasión es, en realidad, una capacidad humana (la que más humanos nos hace), es una cualidad, una actitud, una forma de ver y de tratar a los demás y (lo que más me interesa aquí) a nosotros mismos.

La compasión no es pena ni incita a la complacencia

Una de las razones más frecuentes por la que quizá no quieras, en un primer momento, explorar la compasión hacia ti mismo es que tal vez la entiendas como pena y complacencia, o porque tengas miedo de caer en la pereza o el egoísmo. Pero si te fijas, no estoy hablando de autocompasión, que sí podría fomentar una actitud victimista, y tampoco de aceptar todo lo que hay sin quejarte ni de anular cualquier intención de cambio o mejora. Deja que me explique y verás cómo la compasión hacia ti mismo te ayuda a ser más resiliente y tenaz, y, por lo tanto, a saber esperar hasta que tus sueños u objetivos lleguen a tu vida.

Qué es la compasión hacia uno mismo

La psicóloga Kristin Neff, de quien aprendí a ser compasiva conmigo misma a través de sus libros y programas, la describe como el reconocimiento del sufrimiento propio, y el trato empático y bondadoso hacia nosotros mismos. En última instancia, la compasión significa reconocer que nosotros, como todos los humanos, somos imperfectos y frágiles, y, por lo tanto, no solo somos normales sino que está bien que seamos así. En su libro *Sé amable contigo mismo*, Neff dice: «Cuando aplicas la compasión hacia ti mismo sientes cómo el nudo de la autocrítica negativa empieza a deshacerse para ser sustituido por una sensación de aceptación tranquila y conectada», y eso es lo que hace que dejes de bloquearte y sigas avanzando. La compasión hacia uno mismo aporta paz y consuelo, y conduce a un comportamiento, paradójicamente, productivo.

La buena noticia es que ser compasivo contigo mismo es una práctica que se aprende y que puedes empezar a ejercer en cualquier momento de tu vida. Y, como no podía ser de otra forma, en este capítulo compartiré las herramientas y los ejercicios que mejor me funcionan para ser amable conmigo misma, dejar de fustigarme y seguir avanzando. Pero, antes, deja que te hable un poco más de la compasión.

La compasión valida tus emociones

Uno de los factores que contribuyeron en gran medida a mi recuperación tras mi crisis personal fue la compasión hacia mí misma.

Después de la pérdida, mi tristeza era tan profunda y la herida tan desgarradora, debido a un aborto tan traumático, que a pesar de haber transcurrido un año, la pena continuaba y era incapaz de ver la vida con alegría. Pero precisamente porque había pasado tanto tiempo empecé a impacientarme y a pensar que ya debería estar mejor. Eso lo complicó todo, puesto que no solo no podía negarme que seguía profundamente deprimida, sino que me hizo creer que había un problema en mí. No sabía entonces que el cuerpo, la mente y el alma tienen distintos tiempos de sanación, y me estaba dando prisa. Además, como seguía intentando tener un hijo, creía que mi pena afectaría a los resultados e impediría que lo consiguiera (influenciada sobre todo por corrientes e ideas como la ley de la atracción, que afirma que tienes que estar en una frecuencia elevada —léase, tener emociones y pensamientos «positivos»— para atraer y manifestar lo que quieres… fue muy contraproducente para mí).

Afortunadamente, en aquella época me puse a hacer un curso sobre compasión hacia uno mismo, y el efecto fue transformador. Pasé de creer que tenía que pensar en positivo y forzar mis emociones a decirme: «Está bien estar triste, Laura. Es normal que sientas pena. No pasa nada. Tu tristeza no impedirá nada. La biología es más poderosa de lo que piensas y está por encima de lo que sientes ahora. Está bien sentir miedo también. ¿Cómo no vas a sentir miedo? Tu miedo no interfiere en nada, así que deja de resistirte a él».

Al darme permiso para sentir mis emociones, que por otro lado eran inevitables, dejé de sentirme inadecuada, de pensar que algo andaba mal en mí y de presionarme. Y al dejar de resistirme a ellas, paradójicamente, poco a poco, empecé a sentirlas con menos intensidad. Ya no contenía a la fuerza mi miedo y mi tristeza como el hormigón de una presa en un río, sino que abría las compuertas y dejaba que el agua fluyera, soltando y liberando la presión. No había nada mal en mí. Todo lo que sentía estaba bien.

Eso no solo hizo que me sintiera mejor conmigo misma, sino que me ayudó a navegar la situación con una actitud más ligera y explicándome las cosas de forma más constructiva. Básicamente, la compasión hacia mí misma me ayudó a no abandonar y a seguir intentándolo.

En la actualidad procuro seguir practicando la compasión, sobre todo en momentos en los que estoy triste, tengo miedo o me critico demasiado, lo que me hace sentir culpable o avergonzada. La aplico en todos los ámbitos de mi vida, tanto el profesional como el personal, bien sea en situaciones claramente estresantes o trascendentales, o en menudencias irrelevantes. De hecho, la compasión hacia uno mismo es una maravillosa herramienta para gestionar el perfeccionismo. Cuando me veo en uno de mis vídeos, me muero de la vergüenza y empiezo a pensar en todo lo que he hecho mal, o cuando doy una ponencia de la que no salgo satisfecha, procuro ser lo más compasiva posible para ayudarme a no caer en la espiral de la autocrítica destructiva y centrarme más en el progreso, así consigo no bloquearme.

También procuro ser compasiva conmigo misma con respecto a la maternidad. Y es que todo lo que no tengo de perfeccionista en el trabajo, lo tengo como madre. Soy durísima conmigo misma, me culpo de todo y nunca creo que lo hago tan bien como podría. Hablarme con comprensión, ternura y aceptación me ayuda a relajarme y a darme cuenta de que soy una madre lo suficientemente buena, y eso es mucho.

Los tres factores de la compasión hacia uno mismo

En su libro *Sé amable contigo mismo*, Neff considera que la compasión hacia uno mismo se basa en tres pilares:

1. La bondad hacia uno mismo.
2. La experiencia humana compartida.
3. La capacidad de estar presente.

Así es como entiendo yo lo que ella explica.

1. La bondad hacia uno mismo

Ser compasivo contigo mismo significa hablarte, tratarte y cuidarte con el mismo amor, comprensión y ternura con los que tratarías a un niño. Soy de la opinión de que, a pesar de que nos hacemos mayores, continuamos siendo niños grandes y, por lo tanto, seguimos teniendo las mismas necesidades de bondad, ternura y amabilidad que un niño de cinco o diez años; sin embargo, eso es lo último que recibimos, sobre todo de nosotros mismos.

Así que la próxima vez que te encuentres cometiendo un error o fijándote en todo lo que está mal en ti, prueba a hablarte con ternura, aunque solo sea por experimentar. Fíjate en la diferencia que hay entre decirte: «Menuda cagada acabo de hacer, soy imbécil. No me extraña que las cosas me vayan así», a decirte: «Ay, [inserta tu nombre], no, no ha estado muy acertada tu reacción, pero estás cansado, has dormido fatal y vienes con las preocupaciones de casa. Así que es normal que te equivocaras. Además, es un proyecto muy difícil. Es normal que hayas tenido ese desliz. No te preocupes, mañana lo harás mejor y de esto nadie se acordará».

La primera opción me lleva de cabeza al bloqueo, mientras que con la segunda relativizo, me perdono y me animo a continuar. El mito está en creer que siendo exigentes y duros con nosotros mismos es cómo conseguimos avanzar con más eficacia, cuando en realidad es el trato amable y comprensivo lo que impide que nos paralicemos y permite que sigamos caminando.

Para empezar a ser compasivo contigo mismo, además del cambio de discurso y trato que te propongo, te sugiero el siguiente ejercicio.

Abrázate

Todos necesitamos consuelo, sobre todo en momentos de miedo, preocupación, tristeza, culpa o vergüenza. Sin embargo, no siempre tenemos a alguien cerca que nos diga las palabras justas que nos harían sentir mejor. No importa, ¡te tienes a ti mismo!

Está demostrado que el contacto físico afectuoso ayuda a regular nuestra emociones y a sentirnos bien. Abrazarte puede parecerte absurdo al principio, pero tu cerebro no sabe que el abrazo viene de ti mismo y funciona igual de bien, ¿así que por qué no intentarlo? Te invito a que lo pruebes, ahora mismo si puedes. Deja el libro un momento y abrázate mientras piensas en una situación que sea un reto para ti. A continuación dite palabras de consuelo, con ellas te das permiso para sentir tus emociones, reconoces la dificultad de la situación y haces referencia a cómo en el futuro puede ir mejor. Permanece así al menos diez o quince segundos y observa cómo te sientes después de este abrazo.

Una variante de este ejercicio es ponerte las dos manos en el centro del pecho, donde está el esternón, mientras te dices lo mismo y respiras hondo. ¿Sientes cómo se deshace el nudo de la autocrítica?

2. La experiencia humana compartida

El segundo pilar de la compasión hacia uno mismo es entender que estamos juntos en esto, es decir, que eres imperfecto porque todos los humanos lo somos, y que tu vida puede ser complicada porque vivir es una experiencia dura y difícil para todos.

Neff dice: «La compasión hacia uno mismo enaltece el hecho de que todos los seres humanos sin excepción somos imperfectos y falibles, y que las decisiones erróneas y los sentimientos de arrepentimiento son inevitables». Por lo tanto, el dicho «Mal de muchos, consuelo de tontos» no es cierto. Mal de muchos sí es un consuelo para quien lo sufre. Que yo me entere, por dar un ejemplo, de que hay otras familias que tienen un hijo autista que pasan por las mismas dificultades que yo y que tienen la misma sensación de estar perdidos, me consuela. Que yo me entere de que a otras personas también les cuesta manejarse en un ambiente corporativo, o promocionar y vender sus productos o servicios, me consuela. Que yo sepa que otras personas también han sido despedidas a pesar de ser inteligentes y competentes, me consuela. Que yo me entere de que otras madres llevan años sin dormir más de cinco horas seguidas, me consuela ¿Y por qué me consuela? Porque no me hace sentir defectuoso o que hay algo mal en mí, ya que veo que no soy el único que lo siente o experimenta y, por lo tanto, no soy un raro ni debo avergonzarme por ello.

Por eso funcionan tan bien los grupos de apoyo, de alcohólicos anónimos, de lactancia materna, de padres y madres de niños con discapacidades, de emprendedores, ¡de lo que sea! Porque en la experiencia compartida te sientes comprendido y normal, y eso alivia.

Cuando nuestras experiencias difíciles se acompañan con el reconocimiento de que muchas otras personas pasan por situaciones parecidas y piensan y sienten las mismas emociones que nosotros, el golpe se suaviza. Evidentemente, tu problema sigue estando ahí, pero tus sentimientos se ven validados y te sientes más conectado y menos solo. Ser compasivo contigo mismo es más fácil cuando ves que a otras personas les pasa lo mismo que a ti y también lo encuentran difícil.

3. La capacidad de estar presente

Las emociones que tenemos pueden llegar a distorsionar exageradamente la realidad. ¿Cuántas veces has creado una montaña de un grano de arena? ¿Cuántas veces has pensado que las cosas eran peores de lo que eran en realidad? Es aquí donde entra en juego la atención plena, que nos ayuda estar presentes en el momento, a ser conscientes de lo que nos está pasando por la cabeza, a observar las emociones que esos pensamientos nos causan y a tener la distancia emocional necesaria para responder, en lugar de reaccionar.

De esta forma, conseguimos dejar de perdernos en nuestro culebrón particular y observar cualquier situación con perspectiva, ya que cuando eres consciente de que tienes determinados pensamientos y sentimientos, dejas de estar perdido en la trama y puedes observar sin que tus emociones y creencias te secuestren.

Una de las herramientas que te propongo la empecé de un modo espontáneo, sin saber que estaba practicando la atención plena. No le he puesto nombre, así que paso a explicarte cómo funciona. Verás que es muy simple. Consiste en hacerte las siguientes tres preguntas:

1. ¿Qué emoción siento ahora mismo?
2. ¿Qué estoy pensando ahora mismo?
3. ¿Qué siento en mi cuerpo ahora mismo?

Este sencillo ejercicio es radicalmente eficaz para redimensionar cualquier situación. De hecho, me hice estas preguntas un día en mitad de la calle porque notaba que iba muy acelerada. Me pregunté: ¿Qué estoy sintiendo? Ansiedad. ¿Qué estoy pensando que me da esta ansiedad? Que no llego, que tengo el plato demasiado lleno, que me he metido en demasiados proyectos y que me da miedo que salgan mal. ¿Qué estoy sintiendo en mi cuerpo? Siento constricción en mi pecho, respiro superficialmente y camino muy rápido. Además, estoy impaciente y muy borde.

Con solo ser consciente de lo que sientes y piensas logras distanciarte y ver la situación desde otra perspectivas. Si a esto le añades cinco respiraciones profundas desde la barriga, tienes *bonus points*. El problema no habrá desaparecido, pero podrás ver la situación desde fuera, habrás dejado de reaccionar y podrás responder de forma proporcionada y compasiva.

En definitiva, la compasión hacia ti mismo es la actitud que te permitirá perseverar y seguir intentándolo, y es la base de todo lo que hemos estado hablando hasta ahora. La compasión es lo que hará que tu autoestima y tu sensación de merecimiento mejoren, lo que minimizará el síndrome del impostor o la parálisis por análisis, y eso te permitirá gestionar el miedo, la culpa y la vergüenza, lo que hará que puedas abrirte a la posibilidad. Así que, de nuevo, si pasado un tiempo, de este libro solo te acordaras de la compasión y gracias a él pusieras en práctica un discurso más amable contigo mismo, habré cumplido con mi propósito de ayudarte y me consideraré recompensada de todo el esfuerzo que he realizado para escribirlo.

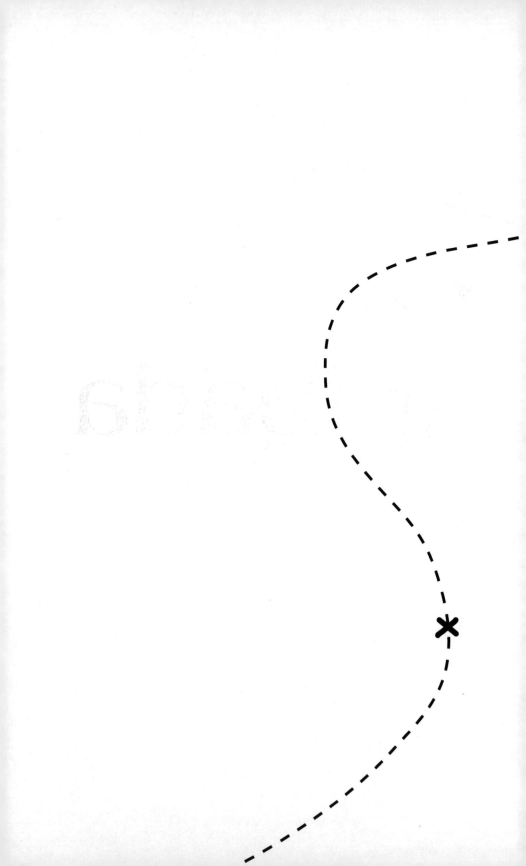

La arribada

FASE 5

Estamos llegando al final de tu viaje y ya hemos entrado en la bahía que elegiste como destino. ¡Qué bonita es! Ve bajando velas y ponte en posición para soltar el ancla mientras yo maniobro. Creo que aquí, en ese punto, es un buen lugar para fondear, ¿lo ves?

¡Hecho!

Enseguida bajaremos del barco, harás tuya la isla y te acostumbrarás a su gente y su geografía. Tu nueva vida. Nuestros caminos se separan, pero, antes del adiós, siéntate un momento conmigo. Ha sido una travesía larga e intensa y merecemos una buena despedida, ¿no? Podemos contemplar la espléndida puesta de sol mientras tomamos algo y mantenemos la última conversación. ¿Qué quieres? ¿Cerveza, agua, un gin-tonic? Toma.

¡Ah! Este momento… Fíjate. Es perfecto. Los últimos rayos de sol en la cara, la calma después del esfuerzo de la navegación y antes de adentrarnos en el barullo de la isla. Perfecto.

Quiero aprovechar este último rato que compartimos para contarte algunas cosas importantes, mis últimos consejos para crear la vida que quieres. Escúchame.

- 11 -

Cuánto y cuándo es suficiente

«Embarazada», ponía en el test.

Y acto seguido cerré el ordenador pensando: «Ya está, lo he conseguido».

No me refería al embarazo, que también, sino a mi visión. Mi sueño, aquello por lo que llevaba trabajando tantos años y de forma tan entregada se había hecho realidad. Mi «para qué» era mi familia, incluso cuando aún no la tenía, y ya estaba en camino.

Entré entonces en un momento empresarial desconocido para mí, que entonces me pareció muy desconcertante y preocupante: se me fue la ambición. Así, de golpe.

No me reconocía. No había rastro de la Laura que quería comerse el mundo. Veía a mis competidores haciendo grandes lanzamientos con resultados astronómicos, y yo no podía desear menos lo que ellos estaban haciendo.

Para mi sorpresa, la culpa y el miedo me consumían por dentro. «¿Por qué no quiero hacer semejantes lanzamientos? ¿Qué me ocurre? ¿Por qué me da una pereza horrible apostar por ese tipo de proyectos? Me estoy quedando atrás, todos me adelantarán».

El embarazo podía estar influyendo en mi repentino cambio en la forma de ver las cosas y es evidente que las náuseas no ayudaban a sentirme en mi máxima capacidad, pero he tenido un total de cuatro embarazos en mi vida y puedo asegurar que el *timing* no era más que una coincidencia, puesto que, más adelante, con el embarazo de mi hijo y con una niña de un año correteando a mi alrededor, volviéndome loca y estando agotada hasta la extenuación, sentía mi ambición brotándome por los poros.

Tardé más de un año en entender qué me estaba ocurriendo, y la respuesta era bien sencilla. Se me fue la ambición de golpe simplemente porque ya tenía lo que quería.

¿Recuerdas la visión que te he invitado a redactar en la parte dedicada a la ideación? Pues bien, en mi visión de 2016 había un bebé, un piso en Barcelona cerca de los míos, tranquilidad económica, un negocio rentable y significativo, y tiempo libre por las tardes para mí y para mi familia.

Cuando miraba a mi alrededor solo veía todo lo que había querido, y no deseaba más porque sabía que si iba a por más dinero o más reconocimiento y éxito externo el peaje que pagaría sería la calidad de vida que había conquistado. Si quería duplicar la facturación tendría que meter cantidades ingentes en publicidad, doblar el equipo, trabajar todo el día (seguramente fines de semana incluidos), y perder la paz mental y el equilibrio emocional que tenía. ¿Para qué? No conseguía verle el sentido a esa posibilidad. «¿Para qué quiero más dinero? ¿Para qué quiero el reconocimiento y la admiración de los demás? ¿Para finalmente tener la vida que quiero? ¡Pero si ya la tengo!». Tenía todo lo que quería.

Claro, mi visión era relativamente barata, comparada con lo que la gente puede imaginar. En ella no había coches de lujo, ni mansiones, ni viajes todos los meses, ni me veía viviendo en una ciudad cara como Londres o Nueva York. Mi vida ideal incluía comodidades pero no requisitos estrambóticamente caros. Incluso cuando me compré un coche opté por uno de los más baratos del mercado, debido a la rabia que me daba gastar dinero en algo que se iba a devaluar a la mitad con solo salir con él del concesionario.

Alcanzar mi vida ideal era bastante factible y mi ambición se nutría de mi visión, que actuaba como mi zanahoria. En el momento en que la alcancé, mi ambición se frenó en seco, hasta que un par de años después una nueva visión comenzó a gestarse.

Con esto no estoy diciendo que hay que pensar en pequeño y ser austero. ¡Nada más lejos de la realidad! Querer cosas no es sucio, no envilece a nadie ni te hace un ser menos consciente o menos evolucionado desde el punto de vista moral. Recuerda que tu ser social es también parte de ti, tiene su función y su utilidad. Si lo reprimes o te avergüenzas de él, solo conseguirás sentirte inadecuado. Es el desequilibrio entre nuestros dos seres, y un excesivo foco en lo de fuera y lo que hacen y piensan los demás, lo que nos hace infelices. Además, el dinero y las cosas en sí, como te conté en un apartado anterior, no tienen nada de malo, es la intención con la cual haces o quieres ganar ese dinero o tener esas cosas lo que determina si te llenará o te hará sentir vacío.

Tu ser esencial puede desear cosas materiales, no creas que solo anhela sentir. Puede perfectamente enamorarse de un piso, de un vestido o de un negocio. Y sabrás que es algo que tu ser esencial desea porque lo querrás para ti, no para impresionar a los demás ni para agradar, encajar o complacerlos.

Las cosas que quieras o tengas te harán feliz si vienen de ti, no de la comparación con los otros, porque, si no es así, en tu vida solo habrá carencia, jamás tendrás suficiente y siempre te sentirás insatisfecho e inadecuado.

De hecho, tendrías que ver mi *dream board* ahora mismo. A fecha de hoy fantaseo con tener una casa en el campo rodeada de bosque y con piscina, una mesa grande bajo una pérgola a la que sentarme con amigos y familia en las noches de verano a la hora de la cena y una hamaca en la sombra donde tumbarme a leer y dormir la siesta. Es decir, quiero cosas, pero sé que las cosas que quiero son para mí, y no para encajar, impresionar o complacer a los demás, ya que cuando pienso en lo que sueño y deseo me invade la calma y una sensación cálida de libertad. No hay nerviosismo en mí. Además, si mi «los otros» cambiara, es decir, si mis amistades cambiaran, mi profesión cambiara, mi competencia cambiara, si perdiera a todos los seguidores en las redes, o si mi cultura o sociedad cambiaran, estoy muy segura de que seguiría queriendo una casa en el campo porque no lo deseo por nadie ni para nadie, sino para mí.

Identificar cuándo y cuánto es suficiente requiere mucho valor. La tendencia es poner el foco fuera y medir nuestra valía comparándonos con los demás. Decirte «He llegado, aquí me planto» es un acto lleno de coraje y soberanía.

Identificar cuánto y cuándo es suficiente resulta liberador, porque dejas de caer en el agujero negro del más, más y más, y, en cambio, fomentas la satisfacción en el presente, poniendo la mirada en la abundancia que hay en tu vida.

Sin embargo, el riesgo que corro hablándote del cuánto y cuándo es suficiente es que te confundas y aplaques tu rabia y la insatisfacción diciéndote que tú ya estás ahí, que no necesitas más. De hecho, dudé en hablar de este tema porque, por un lado, temía parecer una pedante y, por el otro, me preocupaba alimentar a tu crítico interno (el guardián del reino de «las cosas como son») y que, al leer esto, se lo tomara como la excusa perfecta para que no cambies nada ni actúes.

Verás, en mi situación, tenía claramente suficiente porque no había insatisfacciones, sobre todo materiales. Me ganaba bien la vida, tenía un estilo de vida acomodado, y las repercusiones y consecuencias de ir a por más no compensarían el tiempo libre que perdería o el esfuerzo que debería realizar. Había alcanzado mi meta.

Sabrás, pues, que has llegado al punto de cuánto y cuándo es suficiente porque en tu vida habrá lo que deseaste en su momento y no desearás nada más.

El objetivo de este libro no es solo inspirarte y motivarte, sino también ayudarte a realizarte y a conseguir tus metas más significativas. Quiero el éxito para ti, pero no un éxito vacío. No quiero que un día te despiertes sintiéndote perdido a pesar de tener toda la admiración, el reconocimiento, el dinero o los fans del mundo. No quiero que te veas succionado por el agujero negro del más, más y más cuando hayas sobrepasado la línea de llegada que te indicaba tu alma.

- 12 -

Cuando lo consigues

Miraba por la ventana del tren y no me lo podía creer. ¿Lo había conseguido? Después de tantos años de gran precariedad económica, de todos los sacrificios, de trabajar hasta las tantas y de continuar a pesar de la incomprensión de muchas personas de mi entorno, mi negocio no solo empezaba a funcionar, sino que lo hacía con la suficiente rentabilidad para vivir de él completa y (¡encima!) cómodamente. Tenía maravillosos clientes e, incluso, ¡lista de espera! ¿Podía ser verdad? Parecía demasiado bonito. Era consciente de que no lo había logrado de la noche a la mañana, que había sido algo progresivo a lo largo de unos tres años, pero... ¿había llegado realmente? Estaba tan acostumbrada a la lucha que me costaba reconocer la victoria, y me sentía tan magullada por las batallas que había librado que temía confiarme y relajarme. ¿Podía ser cierto que lo había conseguido?... «Creo que sí», pensaba.

No sabía cómo describir lo que sentía, pero ahora pienso que era algo parecido al (y ahora vas a flipar pero de verdad lo pienso así)... éxtasis: una mezcla de euforia interna, fascinación, maravilla y emoción. Me sentía completamente viva y con una sensación física de expansión. Casi podías ver rayos de sol saliéndome de las orejas. La misma sensación que sentía cuando miraba, incrédula, a mi hija en el moisés después de buscarla durante años, o cuando sostuve este libro en mis manos por primera vez. «¡Ah! Así que esta es la sensación de la realización...», y acto seguido me sentí rara. Durante mucho tiempo.

Hay algo que debes saber, algo que uno siente cuando alcanza sus objetivos y sus sueños, y que confunde mucho. Algo de lo que es importante que hablemos un momento para evitar cualquier decisión precipitada que te lleve a destruir todo lo que has conseguido. Es lo siguiente: cuando llegas a tu meta, cuando por fin haces realidad algún anhelo, además de tener esa sensación de realización, después te sientes raro y fuera de lugar, como si no pertenecieras a aquello o a aquel club.

Me explico. Es muy común sentirte extraño cuando, después de mucho tiempo soltero y deseando tener pareja y una relación feliz, por fin la tienes. No te reconoces. «¿Cómo? ¿Que ahora soy del club de los emparejados?». ¡O al revés! Quizá querías separarte, y cuando por fin lo consigues y te ves solo en tu piso, te sientes tan raro que te preguntas si no te habrás equivocado. Es muy normal sentirte fuera de lugar y creer que no perteneces a esa clase cuando siempre has ido justo de dinero, un día triunfas y tu cuenta bancaria tiene más dinero que el que jamás habías ganado en varios meses. Es normal desear un hijo, pasar todo un embarazo feliz y cuando por fin te ponen a tu bebé en los brazos quedarte en shock semanas enteras, alucinando sin saber cómo digerir que ya eres madre o padre «¿Cómo y cuándo ha sucedido esto? ¿Pero si soy la misma cría inmadura de siempre? ¿Cómo que ahora soy responsable de la vida de una persona?».

Imagina si era delicada en mis inicios mi situación económica, que recuerdo haberme puesto muy nerviosa en una ocasión cuando vi que ingresaban tres mil euros en mi cuenta corriente en una semana. ¿Qué se suponía que tenía que hacer yo con esa cantidad (que, por otro lado, no es tan elevada)? ¡Pero si yo era pobre! Yo era del club de los que no llegan a fin de mes, de los que van en bici no por ser sostenible, sino por necesidad, de los que el café se lo toman en casa porque esas pijadas *takeaway* son caras, de los que no pueden viajar cuando les place, de los que deben elegir entre comprarse una prenda o comer una semana. ¿Qué hacía la gente que ganaba ese dinero o más cada mes? Creo que si hubiera atracado un banco no habría estado más nerviosa. Incluso llamé a una amiga que se ganaba muy bien la vida para comentarle lo que me acababa de suceder y, estupefacta, no supo qué decirme, porque para ella era normal cobrar un sueldo así y tener, además, algunas decenas de miles de euros ahorrados en el banco. ¡Justo lo que yo quería! ¿Por qué cuando mi sueño empezaba a asomar la cabeza me ponía tan nerviosa y me sentía tan impostora y tan fuera de lugar? Si te soy franca, tuvo que pasar al menos un año para que empezara a normalizar cierto nivel de abundancia.

Esta sensación de rareza, de no pertenencia, de estar fuera de lugar o, incluso, de nostalgia, es algo normal que todos experimentamos cuando por fin hacemos realidad nuestros sueños y la vida que queremos. Esta sensación puede durar días, semanas o meses, pero lo importante es que sepas que es temporal, que es un periodo de reajuste que debes dejar pasar sin tomar ninguna decisión ni llegar a ninguna conclusión precipitada hasta normalizarla y acostumbrarte a tu nueva realidad. Toma tiempo asimilar que uno ha llegado, sobre todo si el objetivo por el que ha peleado ha tardado mucho en llegar o ha requerido gran esfuerzo. Sentirte así no es en absoluto una señal de equivocación.

Gay Hendricks, en su libro *Tu gran salto*, habla de un concepto interesante muy relacionado con lo que te estoy comentando, el termostato de la felicidad. La idea es la siguiente: de la misma forma que un termostato para la calefacción cuando la temperatura llega a la que el aparato indica, nosotros, las personas, paramos la llegada de más felicidad y realización a nuestra vida cuando alcanzamos cierto nivel, el que estamos acostumbrados a tener o el que pensamos que merecemos. Una parte de nosotros no se identifica con esa nueva realidad y provoca reacciones y actitudes que nos llevan al autosabotaje. ¿Cómo se manifiestan? Montando una bronca con tu nueva pareja con la que estás increíblemente bien (porque no estás acostumbrado a que te quieran bien), despilfarrando todo el dinero que has ganado después de tanto esfuerzo (porque te has pasado toda la vida con lo justo) o tomando decisiones erráticas (como volver con tu ex a pesar de haber recuperado la tan anhelada independencia). Es como si no pudieras tolerar más felicidad y te la tuvieras que cargar. Por eso es tan importante profundizar en tu merecimiento, trabajo que has empezado a hacer en la primera parte de este libro.

En cualquier caso, te encuentres o no en la fase final de la consecución de la vida que quieres, es importante que conozcas esta tendencia, no solo para entenderte el día que te sientas extraño y desubicado a pesar de haber alcanzado tus sueños, sino para evitar boicotearte. No hagas nada. Simplemente date tiempo, saborea tu nueva vida y no tomes ninguna decisión. Te acostumbrarás a ser feliz.

- 13 -

Imagina

Imagina por un momento que despiertas y ya tienes la vida que siempre habías querido. No es un sueño, sino tu realidad. No ha sido fácil y seguramente te ha tomado más tiempo del que habías anticipado, pero aquí está. Es más, tu vida supera con creces tus expectativas y, en muchas cosas, es incluso mejor que tus primeros esbozos.

¿Qué hay?

¿Quién hay?

¿Dónde estás?

¿Qué sientes?

Hubo un tiempo en el que no parecía que fueras a conseguirlo, en el que todo eran contratiempos y decepciones. La vida fue desarrollándose y llevándote por rutas desconocidas con la única brújula de tu voz interior. Por suerte, te hiciste caso y aunque hubo momentos en los que te preguntaste si no era una locura obedecer las indicaciones de tu alma, al final la vida te dio la razón.

Estás satisfecho y aunque tu presente no está exento de retos y problemas, te sientes feliz y profundamente realizado.

Ha sido un camino lleno de curvas, cambios de sentido, equivocaciones garrafales y grandes lecciones, pero actuaste a pesar del miedo y los bloqueos, acudiste a ti en momentos de desorientación y supiste perseverar ante la adversidad. Es innegable que has crecido y que eres otra persona, la que tenías que ser para conseguir lo que querías, la que la vida que querías te pedía que fueras.

Ahora sabes que todo lo que imaginas es posible y que tienes el potencial de hacerlo realidad, ya que en ti está todo lo que necesitas para crear los recursos internos y externos, y alcanzar tus metas y anhelos.

Sabes que mereces lo que quieres, y aunque al principio te costó sentirlo así, la compasión hacia ti mismo y el haber puesto el foco en el crecimiento más que en los resultados te ayudaron a tratarte con comprensión, a aceptarte tal como eres y, paradójicamente, a seguir intentándolo. ¡Y vaya si lo intentaste! La vida de tus sueños se resistió, te puso a prueba, no vino de inmediato. Tuviste que perseverar como jamás te creíste capaz y desarrollaste una sorprendente tenacidad y empeño. No es que ahora no tengas miedo, ni tampoco que hayas evolucionado tanto que carezcas de ningún bloqueo. Eres imperfecto como todo el mundo y caerás en tus viejos patrones, si no prestas atención. Pero por suerte ahora tienes la conciencia y los recursos para navegar tu vida con más eficacia.

Ya no esperas a que las cosas te vengan o se den, y entiendes que tú contribuyes, en gran medida, al cambio en tu vida, gracias a tu acción y la toma de responsabilidad. Y aunque la vida también tiene que cumplir su papel, te encuentra, por fin, a mitad del camino, con el trabajo hecho, preparado para recibirla. Además, entiendes cómo funciona el proceso de realización de tus objetivos y anhelos. Este libro es tu mapa y sabes en qué fase te hallas y lo que puedes esperar que venga. Estás preparado.

No lo niegas, quizá tengas algún que otro anhelo pendiente de alcanzar, pero sabes que el hecho de que aún no lo hayas logrado no significa que no lo vayas a conseguir mañana. Ahora tienes las herramientas y, lo más importante, sabes que te tienes a ti.

Has llegado a tu mejor destino. ¿Es esto el final? ¿Es esto todo? En absoluto. Mientras sigas vivo seguirás navegando, pero esta vez siempre en dirección a tu verdadera felicidad.

Tu viaje no ha terminado.

Continuará.

- 14 -

Qué hacer a continuación

Me gustaría que el final de este libro no fuera un adiós, sino el comienzo de nuestra aventura juntos. Así que, a continuación, comparto contigo algunas formas con las que seguir en contacto para que pueda continuar inspirándote y ayudándote en tu realización personal y profesional:

1. Empieza por visitar mi web LauraRibas.com y apuntarte a mi lista preferente inscribiéndote a mi *newsletter*. Así podrás recibir mis consejos semanales para crear la vida que quieres.
2. No olvides descargar el cuaderno de trabajo en LaVidaQue Quiero.com/bonus para acceder a los bonus del libro.
3. ¡Conecta conmigo en las redes! Me puedes encontrar en:

   - Instagram: @laura_ribas_
   - Facebook: Facebook.com/LauraRibasEmpresa
   - YouTube: Youtube.com/lauraribasonline

4. Comparte fotos de tu lectura y experiencia con el libro y etiquétame para que pueda verlo. ¡Me hará muchísima ilusión!
5. Suscríbete a mi pódcast La Vida Que Quiero. Lo encontrarás en: Google Podcast, Apple Podcast, Spotify o iVoox. Es como una conversación íntima conmigo sobre temas apasionantes. ¡*Bonus points* si me dejas una *review*!

6. Comparte este libro con más personas o regálaselo, gente a la que sabes que le podría ayudar.

7. ¡Usa el libro! No se trata de lo que sabes sino de lo que haces con lo que sabes. Pon en práctica las herramientas que he compartido contigo porque funcionan y han cambiado mi vida.

¡Nos vemos en mi *newsletter* y en las redes!

Agradecimientos

Antes que nada, a quien primero quiero dar mi agradecimiento es a ti por tener este libro en tus manos. Solo imaginar que has leído estas páginas, y que mis palabras te han inspirado a reclamar tu felicidad y a caminar hacia la vida de tus sueños, me llena de una inmensa ilusión y justifica todo el esfuerzo que ha supuesto aterrizar todo lo que quería contarte. Espero que este libro haya sido el catalizador definitivo que necesitabas para ponerte en marcha hacia tu mejor destino.

Pero, evidentemente, no termino aquí. Este libro existe gracias a:

Mis hijos. Habéis sido la razón de todo, incluso cuando aún no existíais. Vuestra búsqueda ha sido mi proeza más grande y teneros en mi vida es mi mayor fuente de alegría y motivación. Gracias por elegirme.

Gracias, Alba Adell, por seguir tu intuición, mandarme aquel email, sincronizarte mágicamente con mi Google Calendar, aceptar mis cambios de dirección en el libro y por darme tanta libertad. Sin olvidarme de Carlos Martínez, ¡gracias por la segunda oportunidad!

Gracias a mi equipo, Nagore, Paula y Marta, por ayudarme a hacer realidad mi visión, mantener la empresa a flote mientras escribía, seguir mi ritmo y asentir con ironía cuando os prometo, año tras año, que el siguiente será más tranquilo.

Gracias a mi comunidad por leerme, ver mis vídeos, escuchar mi pódcast, acompañarme en mi evolución y dejarme ser parte de vuestro mundo. Literalmente, este libro no existiría si no fuera por vosotros.

Y gracias a la vida por todas las cosas maravillosas que me ha dado, por ejemplo, la oportunidad de escribir este libro, y por concederme el don de transformar todas las cosas malas en crecimiento y oportunidades.

¡Gracias, gracias, gracias!

Referencias y recomendaciones

Concibo este libro como una cápsula de información y conocimiento que quiero difundir por el profundo impacto que ha tenido en mi vida y por cuánto me ha ayudado a ser una persona más realizada. Y aunque gran parte de él es fruto de mi propia experiencia, no quiero negar la influencia de otros autores en mis palabras.

Llevo una década formándome, estudiando e investigando, y son muchas las personas que me han marcado. A lo largo del libro he hecho referencia a esta influencias, pero quiero dedicar este apartado a concentrarlas en un mismo lugar.

Para empezar, una de las personas a las que más admiro es a Martha Beck, por su sabiduría y la forma en la que transmite su conocimiento. La leí por primera vez en el 2012 y terminé cursando su certificación en *coaching* años después. No quiero olvidarme de Carol Dweck, cuyo libro *Mindset* me abrió la mente a una forma de interpretar la vida más constructiva y compasiva. Kristin Neff me salvó y me sacó de una depresión gracias a su investigación sobre la compasión hacia uno mismo y, en los últimos años, la obra de Russ Harris y su contribución a la terapia de aceptación y compromiso han sido no solo tremendamente útiles, sino también especialmente refrescantes.

Los libros de Ken Robinson y de Marcus Buckingham me ayudaron a identificar y a gestionar mi talento cuando cerré mi anterior negocio, y a crear una profesión y una nueva empresa que no sabía que podía existir, alineada esta vez con mis fortalezas. Y uno de mis más recientes *crushes* ha sido Cal Newport, autor de *Minimalismo digital*, libro con el que aprendí a desengancharme de la tecnología y cuyo contenido va más allá de la gestión a voluntad de las redes sociales.

Sin embargo, hay muchísimos más autores que me han inspirado. Sin ir más lejos, la obra de Martin Seligman me fascina y no veo el momento de seguir ahondando en ella, y la obra de Marianne Williamson me parece valiente y pionera.

Soy una eterna estudiante y uno de mis mayores placeres es aprender, hasta el punto de que a veces pienso que en una vida anterior debí de ser un monje encerrado en una biblioteca. A menudo siento que se me escurre el tiempo entre los dedos y me entristece pensar que no tendré suficiente vida para la montaña de cosas que quiero aprender y de libros que quiero leer. En cualquier caso, el día que sienta que he llegado a nuevas conclusiones, que he aprendido algo revolucionario y que mi vida ha mejorado gracias a algo, ten por seguro que haré lo posible por compartirlo contigo.

BIBLIOGRAFÍA

Bloom, Dr. William, *The Power Of Modern Spirituality: How to Live a Life of Compassion and Personal Fulfilment*, Londres, Piatkus, 2011.

Buckingham, Marcus, y Donald O. Clifton, *Now, Discover Your Strengths*, Washington, Gallup Press, 2001.

Cameron, Julia, *El camino del artista. Un curso de descubrimiento y rescate de tu propia creatividad*, Madrid, Aguilar, 2019.

Dweck, Carol S., *Mindset: la actitud del éxito*, Málaga, Sirio, 2016.

Harris, Russ, *La trampa de la felicidad*, Barcelona, Booket, 2017.

Neff, Kristin, *Sé amable contigo mismo. El arte de la compasión hacia uno mismo*, Barcelona, Paidós, 2016.

NEWPORT, Cal, *Minimalismo digital. En defensa de la atención en un mundo ruidoso*, Barcelona, Paidós, 2021.

ROBINSON, Ken, *El elemento. Descubrir tu pasión lo cambia todo*, Barcelona, Debolsillo, 2010.

SELIGMAN, Martin E. P., *La auténtica felicidad*, Barcelona, Ediciones B de Bolsillo, 2021.

THOMAS Lloyd J., y Patrick WILLIAMS (ed.), *Total Life Coaching: 50+ Life Lessons, Skills, and Techniques to Enhance Your Practice... and Your Life*, Nueva York, WW Norton & Co, 2005.

Mi historia

Empecé mi negocio en el año 2011 sin saber que terminaría siendo una empresa. Había cerrado un negocio y estaba llevando la comunicación de una ONG cuando decidí hacer un curso de *community management*, uno de cuyos ejercicios consistía en iniciar un blog. «¿Un blog yo? ¿De qué? Se han vuelto locos». Pero lo empecé. Aposté por mi marca personal, realicé un posgrado en marketing online y arranqué con mi plataforma en LauraRibas.com

Por esa misma época me mudé a Alemania por amor, con una mano delante y otra detrás, endeudada hasta arriba. Durante casi un par de años viví allí y compaginé el trabajo en un museo con mi negocio incipiente. Tardé al menos dos años y medio en vivir completamente de mi negocio.

Durante esa época empecé una etapa de autoconocimiento que me adentró en el mundo del desarrollo personal. Quería cambiar mi vida, ser más feliz. Así que realicé cursos, tomé certificaciones en *coaching*, hice procesos de transformación personal y empecé a devorar libros, hambrienta de saber cómo podía conseguir la vida de mis sueños (que implicaba tener un negocio significativo y rentable, alineado con mi talento y mi propósito, y la realización de mis sueños más personales, como tener una familia) y, aunque aún no sé ni cómo me dio tiempo, en esa misma época me saqué también el posgrado en marketing online.

En 2013 regresé a España (el amor se terminó) y no me quedó más remedio que apostar por la única carta que tenía: mi negocio. Desde entonces mi empresa no ha dejado de evolucionar. Aunque mi primer amor fue el marketing, mi estilo y mi metodología son ahora una mezcla de estrategia, desarrollo personal, liderazgo y espiritualidad.

Y es que lo que más me sorprendía después de trabajar con mis clientes era ver que lo que más destacaban era lo poderosos, capaces y motivados que se sentían después de trabajar conmigo, y no la estrategia que les había ayudado a implementar.

Me llamaba la atención observar que habían llegado a mí para hacer crecer sus negocios pero acababan transformando su forma de pensar, cómo rompían con sus limitaciones sobre lo que es posible, y cómo se despertaba en ellos una genuina sensación de merecimiento.

Tardé años en darme permiso para posicionar mi negocio como ahora lo ves (yo también tengo que lidiar con mis propios miedos y bloqueos). Pero si algo espero cuando leas estas líneas es que no pienses que tengo la vida solucionada, que tengo todas las respuestas y que elijo oportunamente la mejor solución ante cada obstáculo.

Soy una eterna aprendiz de la vida, estamos juntos en este barco. Solo espero, con el paso de los años, saber transmitir mi experiencia para que otros se beneficien de mis errores y aciertos.

Mi misión es, pues, ayudarte a tener la vida que quieres, tu mejor vida, que alcances tus objetivos, hagas tus sueños realidad y te sientas una persona feliz y realizada.

Llevo a cabo mi propósito a través de mis cursos y programas, y en mis vídeos, pódcast y blog comparto conocimientos, estrategias, herramientas e inspiración para que no solo tengas el plan, el «cómo» conseguirlo, sino que sientas también en lo más profundo que puedes lograr lo que anhelas, que mereces la vida que quieres.

Para seguir conociéndonos más, te invito a que te unas a mi comunidad suscribiéndote en mi web www.LauraRibas.com, donde, además, podrás descargarte mis recursos y acceder gratis a ellos.

También puedes seguirme en mis redes sociales:
◎ @laura_ribas_
🅕 Laura Ribas
▣ Laura Ribas